浙江省生态文明研究中心出版基金（2017年度）
浙江理工大学学术著作出版资金资助（2018年度）

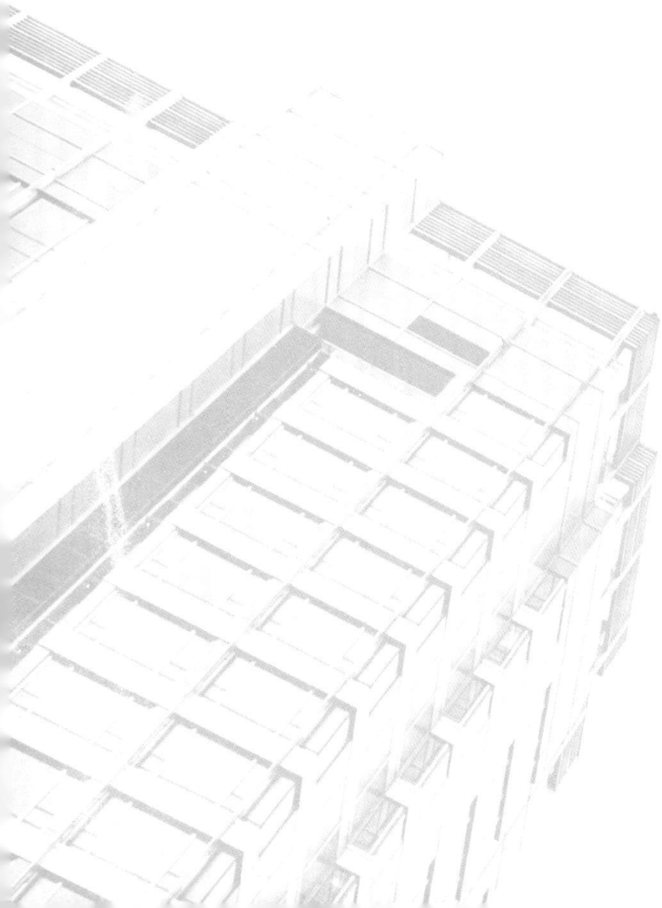

The Effect of Environmental Regulation on Green Industrial Transformation in China

环境规制下中国工业绿色转型问题研究

申　晨/著

图书在版编目（CIP）数据

环境规制下中国工业绿色转型问题研究/申晨著.
—北京：经济科学出版社，2019.2
ISBN 978-7-5218-0133-0

Ⅰ.①环… Ⅱ.①申… Ⅲ.①地方工业经济-绿色经济-转型经济-研究-中国 Ⅳ.①F427

中国版本图书馆CIP数据核字（2019）第011890号

责任编辑：李 雪
责任校对：杨 海
责任印制：邱 天

环境规制下中国工业绿色转型问题研究
申 晨 著
经济科学出版社出版、发行 新华书店经销
社址：北京市海淀区阜成路甲28号 邮编：100142
总编部电话：010-88191217 发行部电话：010-88191522
网址：www.esp.com.cn
电子邮件：esp@esp.com.cn
天猫网店：经济科学出版社旗舰店
网址：http://jjkxcbs.tmall.com
北京季蜂印刷有限公司印装
710×1000 16开 15.75印张 230000字
2019年3月第1版 2019年3月第1次印刷
ISBN 978-7-5218-0133-0 定价：56.00元
（图书出现印装问题，本社负责调换。电话：010-88191510）

本书得到教育部人文社会科学青年基金项目“环境规制下中国工业经济发展的就业效应研究：理论机制与实证分析”（17YJC790123）、浙江省自然科学基金青年科学基金项目“中国对外直接投资的母国绿色全要素生产率增长效应：影响机理与实证检验”（LQ18G030017）、国家自然科学基金青年项目“环境政策工具、生态创新与企业的竞争优势创造机制研究：基于政策工具组合的视角”（71603239）的资助。

前　言

工业作为中国实体经济的产业主体，是物质财富的重要来源，工业化道路使我国实现了综合国力由弱到强的历史巨变，但“高投入、高消耗、高排放、低效率”以及“先污染、后治理”的粗放型发展模式不仅造成了日益严峻的环境污染和生态失衡问题，也严重制约了工业经济的可持续发展。当前，世界各国对生态化转型的诉求日渐高涨，传统的中国工业经济增长模式已经遭遇发展瓶颈，而全球气候变化等环境议题又为世界各国提供了由传统经济向绿色经济转变的重大机遇。中国在科学发展观理念的指引下，发展政策导向中出现的“生态文明”因素已逐步被提升至国家战略高度。在此背景下，中国工业急需提高发展质量和效益，进行绿色转型，其本质为优化工业环境效率。我国工业绿色转型的关键在于强化完善制度体系，通过激励和约束机制引导企业，保障生产方式逐步向绿色化演进，尤其借助环境规制这一重要工具释放工业企业绿色转型源动力。据此，本书以中国工业绿色转型为目标，使用工业环境效率作为衡量绿色转型升级程度的指标，探究如何构建合理的环境制度促进效率优化。

现有围绕该主题的研究仍主要集中于实证分析层面，对环境制度本身的分析较少，研究结论尚不丰富，导致政策指导性不强。因此，基于环境规制演进的视角，从理论和实证两个层面揭示环境规制与工业环境效率之间的必然联系和影响机制，并进一步深入探究环境规制的内生机制，丰富环境规制治理效应的理论体系，这仍是当前学界值得深究的话题。本书主要试图研究回答以下四个方面的基本问题：第一，中国环境规制是如何演变的？其有何特征？第二，全国及各区域的工业经济和生态环境和谐发展度如何？从时间和空间上分别呈现何种趋势规律？第三，中国现行的环境规制工具治理效应如何，何种类型规制工具能够更好地促进工业绿色转型？其途径和作用机制是什么？第四，环境制度的内在形成机制是什么？在被规制对象（排污企业）和被保护对象（社会公众）的双重影响下，环境规制强度会有何变化？进而对工业绿色转型产生什么影响？

为回答这些问题，本书首先以能够反映工业绿色转型状况的“工业环境效率”概念作为测度指标，系统性地展示中国地区工业环境效率的实际状况和空间分布，在此基础上，将环境规制对经济发展和生态环境两方面的影响同时考虑，检验环境规制对中国地区工业环境效率及其空间分布的实际影响；其次，对环境规制影响中国工业环境效率的作用机制进行阐述和验证，分别说明作用途径的影响力；再次，探讨地方政府在同时受到被规制对象的私利诱惑和被保护对象的监督影响时，如何进行环境制度供给，并进一步考察在腐败贿赂和公众环保诉求的调节作用下环境规制对地区工业环境效率产生何种效应；最后，基于前文的分析提出适当的政策建议。本书的目标是为环境规制推动中国工业绿色转型、地区经济可持续发展问题提供一个较新的研究角度和证据支持。

经过理论研究和实证分析，本书得到以下主要结论：第一，中国环境法制化建设日趋完善，现行的主要环境规制工具实践中，仍表现出以“命令—控制型为主、市场激励型为辅”的局面，政府在环境治理中扮演着重要角色。第二，中国工业环境效率水平整体偏低，时间上呈上升的动态变化趋势，分区域结果为东部工业环境效率稳步上升，中部缓慢上升，西部趋于分化；从空间上看，呈“东高西低”的非均衡特征，非均衡问题主要来源于区域间差距；从全国范围来看，这种差异呈“收敛—发散”态势，从三大区域内部来看，东部差异缩小，收敛趋势明显，中部呈微弱扩大态势，西部表现出“先收敛、后发散”特征。第三，全国范围的命令—控制型规制手段对地区工业环境效率的影响呈现

"U"型关系，基于市场激励机制下"利用市场"的规制工具能够有效地促进工业环境效率的提升，但这一减排手段的成熟运用对"建立市场"的规制工具有挤出效应。分区域结果显示，东部地区的规制运行整体优于中部、西部地区，西部次之，中部最差。第四，环境规制影响中国工业环境效率的途径是技术效应和结构效应，但不同的环境规制工具影响地区工业环境效率的机制渠道存在差异性。工业治污效率对环境规制的敏感度最强，命令—控制型的环境立法还可通过结构效应，即限制污染产业市场准入、引导地区工业结构变迁对效率产生影响，而"利用市场"的经济激励型规制工具主要通过技术效应影响效率，且对生产效率和治污效率的作用存在"此消彼长"的替代效应特性。第五，被规制对象（排污企业）和被保护对象（社会公众）对地方政府治理环境产生较大影响。地方腐败不仅能直接导致环境效率的下降，而且通过弱化环境规制的制定和实施强度，扭曲了规制本身的作用效果。公众参与环境治理能直接促进地区工业环境效率的提高，环境立法在公众参与监督的条件下趋于严格，但由于规制实施的具体过程缺乏信息公开机制，不易被大众获知，致使公众监督机制失效。

为了进一步发挥环境规制在推动中国工业环境效率提升中的作用，可采取以下政策措施：第一，以"科学发展观"为指导，加快工业经济发展方式，推进"生态文明"建设，打造"美丽中国"；第二，构建政府与市场分权而治的全方位环境规制体系，采用命令—控制型和市场激励型相结合的复合型环境规制工具；第三，规范地方政府行为，调动企业、公民和非政府组织等各种利益群体的力量，共同参与环境治理。

目录

第1章

绪　　论

1.1　研究背景和意义

1.1.1　研究背景

1. 中国经济增长的资源环境代价高，工业绿色转型道路势在必行

改革开放以来，中国经济发展和社会进步速度令世人瞩目，而随之相伴的生态环境恶化现象，也日益成为中国的焦点和热点问题之一。工业作为中国实体经济的产业主体，是物质财富的重要来源，工业化道路使得我国成为“制造业中心”，综合国力显著增强，人民生活水平大幅度提高，但以“高投入、高消耗、高排放、低效率”及“先污染、后治理”的粗放型发展模式为典型特征的工业化历程（如图1-1所示），以及超常规发展的城市化进程，不可避免地促使我国提前出现了西方发达国家工业化道路中的环境污染和生态失衡问题。

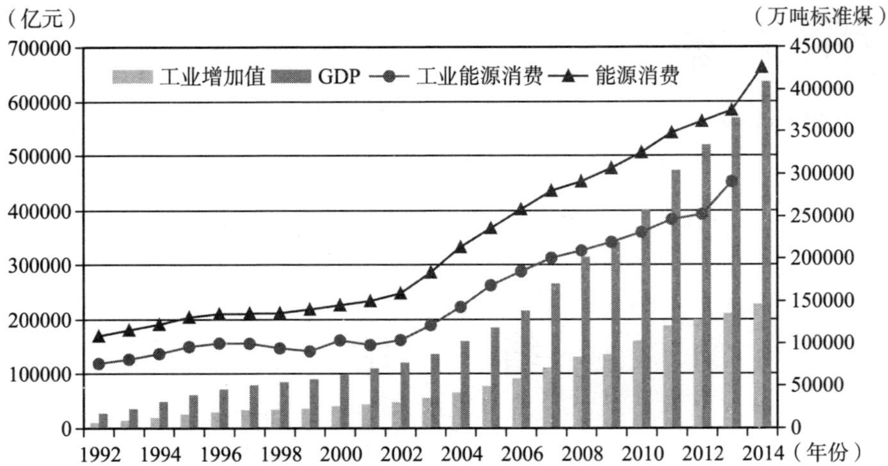

图 1－1　中国经济增长和能源消耗状况

资料来源：中国经济与社会发展统计数据库。

环境污染在中国已经造成巨大的经济损失。据中国社会科学院的《90年代环境与生态问题造成的经济估算》这一研究，1993 年的环境污染损失为 1029.2 亿元，占全年 GDP 的 3%；世界银行《碧水蓝天：21 世纪中国环境》采用支付意愿法的估计，中国大气污染和水污染的损失占当年 GDP 的 7.7%（王金南，2006）；据 2009 年的《中国环境经济核算报告》显示，我国经济发展随之相伴的环境污染代价持续攀升，2004 ~ 2009 年，基于退化成本的环境损失代价从 5118.2 亿元上升至 9701.1 亿元，2009 年环境退化和生态破坏损失总成本合计 13916.2 亿元，约占当年 GDP 3.8%；2012 年，中国部分省（市、区）共发生颇有影响的渔业水域污染事故 424 起，导致直接的经济损失高达 16117.71 万元，落实赔偿资金 1812.89 万元。

随着全球资源约束趋紧、环境污染严重、生态系统退化等状况的日益严峻，世界各国对工业发展模式转型的诉求日渐高涨，实现经济的绿色增长已成为世界各国的共识。近年来，我国政府逐步将遏制环境破坏、恢复生态建设、可持续发展作为主题，继“十一五”规划纲要提出的建设资源节约型、环境友好型社会的发展目标之后；十七大报告首次提出“生态文明”的理念；十八大进一步将生态文明建设纳入“五位一体”的总体布局；且“十三五”规划的十个目标中首度纳入生态文明，“绿色化”与“四化”并提形成新“五化”。“新常态”下解决好生态保护和经济发展、社会进步的关系问题，已经上升到关系广大人民的根本利益和国家兴衰成败的国家战略高度。在此背景下，中国工业绿色转型道路势在必行。实现工业绿色转型是长期、渐进的过程，由于微观经济主体存在机会主义倾向，单靠市场机制自身难以解决，因此我国工业绿色转型的关键是强化完善制度体系，通过激励和约束机制引导企业，保障生产方式逐步向绿色化演进，尤其借助环境规制这一重要工具释放工业企业绿色转型源动力。

2. 环境法律框架基本形成，环境规制工具呈多元化特征

我国的环境保护起步虽晚，但是从新中国成立至今，环保法制工作卓有成效，目前已经形成了以《中华人民共和国宪法》为基础、以《中华人民共和国环境保护法》为主体、以环境保护专门法及环境保护相关的资源法、资源保护行政法规、环境保护行政规章、环境保护地方性法规和行政规章为主要内容的环境法律体系，由此可见，我国的环境法制框架已基本形成。截至2012年年底，全国人大常委会共制定环境保护法律10件、资源保护法律20件；刑法、侵权责任法设立专门章节，分别规定了“破坏环境资源保护罪”和“环境污染责任”；国务院颁布环保行政法规25件；国务院有关部门制定环保规章数百件，其中环保部出台部门规章69件；全国人大常委会和国务院批准签署了《生物多样性公约》等多边国际环境条约50余件；地方人大和政府制定地方性环保法规和规章700余件。此外，国家还制定了1000余项环境标准（杨朝飞，2012）。与其他国家的立法相比，我国的环境立法在数量上居多。

在体制结构上，目前我国实行统一管理与分级（即行政等级，如省、市、地、县等）、分部门（即政府部门，如交通部、建设部等）规制相结合的、自上而下的纵向综合性规制体制（刘妍华，2007）。国务院环境保护行政主管部门统一监督管理全国的环境保护工作，各省、市、县人民政府的环境保护行政主管部门对本辖区的环保工作进行监督管理。因此，目前中国形成了国家、省（自治区、直辖市）、市、县四级环境监督行政管理体制结构（李红利，2012）。此外，我国还初步建成了华北、华东、华南、西北、西南、东北六大区域环保督查中心，其为国家环保派出的执法监督机构，是国家环境督政体系的雏形。

基于国外的先进经验及实现的摸索，我国在实行“命令—控制型”环境规制工具的同时，也是较早接受经济合作与发展组织（OECD）推行的排污收费制度的国家之一，成为采用经济手段进行污染减排的实践者。经过多年的经验积累，我国形成了环境保护六项基本制度，包括环境影响评价制度、“三同时”制度、排污收费制度、排污许可证制度、限期治理制度、环境污染与破坏事故的报告及处理制度。新推行的政策包括电力行业的排污权交易试点、中国电企业的强制清洁生产审核、绿色信贷等。近年来，更多激励政策倾向于鼓励资源环境保护行动，包括推行资源清洁生产审核、环境管理体系认证、环境标志认证等（陈红枫，2011）。

3. 生态环境形势依然严峻，环境规制运行陷于尴尬境地

在环境保护工作的长足发展之下，我国主要污染物的总量减排得到了一定程度的控制，但环境形势依然严峻。2014 年全国二氧化硫、氮氧化物、化学需氧量和氨氮排放量同比分别减少 3.40%、6.70%、2.47% 和 2.90%，中国 74 个重点城市细颗粒物（PM2.5）浓度同比下降 7.9%，可吸入颗粒物（PM10）浓度下降 6.5%，其中京津冀、长三角、珠三角空气质量状况比上一年有明显改善。然而，我国的环境形势依然严峻，主要表现如下：一是水环境质量不容乐观。2013 年，我国十大流域的国控断面中，Ⅰ～Ⅲ类、Ⅳ～Ⅴ类和劣Ⅴ类水质断面比例分别为 71.7%、19.3% 和 9.0%，河流流域的城市河段中，长江流域（昆明、成都、自贡）、黄河流域（太原、西安等）、珠江流域（广东、深圳）、松花江流域（哈尔滨）、淮河流域（济南）、海河流域（保定、邢台、德州）、西北诸河（喀什）为重度污染，大多为经济发达地区；2014 年，全国 202 个地级及以上城市的地下水水质监测中，较差级、极差级的监测点比例分别为 45.4% 和 16.1%。二是全国近岸海域水质总体一般。2013 年，Ⅰ类、Ⅱ类和Ⅲ类、Ⅳ类海水点位比例分别为 66.8% 和 15.0%，而劣Ⅳ类海水点位比例为 18.6%，长江口、杭州湾、闽江口和珠江口水质极差；2011～2012 年，全国沿海和内河水域共发生船舶污染事故 55 起，总溢油量 194.5 吨。三是严重的大气污染已经成为人民群众的“心肺之患”。2014 年，全国 161 个城市的空气质量新标准监测中，仅有 16 个城市的空气质量年均值达标；全国 470 个城市（区、县）的降水监测中，酸雨城市占比 29.8%，酸雨频率平均为 17.4%。四是面临土壤污染和水土流失问题。《土壤污染状况调查公报》结果显示，全国的土壤点位超标率为 16.1%，目前土壤侵蚀总面积占普查范围总面积的 31.12%①。此外，我国还呈现出“污染西迁”的趋势。1997～2013 年中西部地区工业废水中的化学需氧量排放占全国的比例亦从 55.2% 上升到 63.6%，工业废气的二氧化硫排放量占全国的比例从 54.4% 上升到 64%②，而工业固体废物排放量更是远远高于东部地区。

我国环境规制的运行处于一种尴尬境地。由于监控手段的不完善、违法成本低及地方政府短视等因素，中国的环境法律法规、政策工具在实际运行过程中存在“不完全守法”和“非完全执行”的现象。2007 年国家环保总局检查的 11 个省（自治区）的 126 个工业园区中，有 110 个存在违规审批、越权审批、降低环评等级和不落实“三同时”等违法问题，占抽查总数的 87.5%（郄建荣，2007）。中华环保联合会对 9 个省区 18 家工业园区的调研结果获悉，涉及水污染、大气污染和土壤污染的比例分别占 83.3%、55.6% 和 5.6%，一些地区“生态循环经济”的旗号获得工业园区的政府审批，实际上却纵容地方高污染企业、小作坊进行粗放型生产，甚至对一些国家明文禁止的污染类行业企业开通进园绿色通道，使之逃避监管，由此工业园区成为其违法经营的“保护伞”。一些地区的污染企业和相关管理部门形成了利益共同体，环境监

---

① 资料来源：《2013 中国环境状况公报》《2014 中国环境状况公报》。

② 资料来源：《1998—2014 年中国环境年鉴》。

管部门的环保工作变成了污染企业的服务部门，为其跑环评、跑关系、跑总量（杨烨，2014）。中国环境与发展国际合作委员会项目“中国环境行政执法能力建设研究”对中国环境行政执法独立进行了现状调查，对于企业认为受到的不合理的行政处罚（6种手段）可能采取的5种应对方式进行排序求均值发现（如表1－1所示），与环保部门协商、由政府协调是企业优先考虑的两个应对措施，而这与法定程序并不相符，按照《行政处罚法》的规定，行政相对人在受到处罚之后，如果认为处罚不合理，可以求助于行政复议和行政诉讼两种法定渠道解决，事实上企业在受到执法处罚后很少诉诸法律。

表1－1　　企业受到处罚后不同对策选择的排序

处罚形式	与环保部门协商	由政府协调	行政复议	行政诉讼	拒不执行
警告	1.070707	2.290698	2.821429	3.946667	4.740741
罚款	1.206186	2.471264	2.639535	3.670886	4.764706
行政处分	1.205882	2.279412	2.666667	3.813559	4.615385
限期治理	1.170732	2.269231	2.676056	3.870968	4.586957
吊销许可证或者其他具有许可证性质的证书	1.469697	2.144928	2.606557	3.678571	4.682927
责令停业、关闭	1.634921	2.028986	2.824561	3.627119	4.511628

资料来源：陆新元等．中国环境监察执法问题与对策［R］．中国环境与发展国际合作委员会环境执政专家组报告，2006.

基于以上背景，本书拟在“生态文明”理念的指引下，以工业绿色转型为目标，将经济发展和生态环境优化纳入统一分析框架内，使用工业环境效率刻画工业可持续发展状况，选择基于环境规制演进的视角，从理论和实证两个层面揭示环境规制与工业环境效率之间的必然联系和影响机制，并进一步深入探究环境规制的内生形成机制，力求为丰富环境规制治理效应的理论体系、坚持可持续发展、走新型工业化道路提出有价值的政策建议。

据此，本书试图回答以下四个方面的基本问题：第一，中国环境规制是如何演变的？其有何特征？第二，全国及各区域的工业经济和生态环境和谐发展度如何？从时间和空间上分别呈现何种趋势规律？第三，中国现行的环境规制工具治理效应如何，何种类型规制工具能够更好地促进工业绿色转型？其途径和作用机制是什么？第四，环境制度的内在形成机制是什么？在被规制对象（排污企业）和被保护对象（社会公众）的双重影响下，环境规制强度会有何变化？进而对工业绿色转型产生什么影响？

1.1.2 研究意义

1. 理论意义

第一，运用新指标、新方法重新测度中国工业经济与环境融合发展度，丰富可持续发展评价体系的研究。本课题尝试完善投入、产出的指标，基于数据包络分析（Data Envelopment Analysis，DEA）框架运用包含非合意产出的 Super - SBM 模型测算中国工业环境效率，探寻接轨中国现实的可持续发展评价方法，分析全国和各地区工业环境效率的时空特性和演变趋势并剖析内在原因，准确反映现阶段中国区域工业经济发展状况和特征。

第二，多角度探讨不同类型环境规制的治理效应，扩展了环境规制领域的理论研究。在归纳国内外已有文献研究的基础上，本书根据新古典环境经济学和演化经济学理论，结合我国环境规制政策特点与内涵，提出了以绿色转型为导向的环境规制体系构建方式。从中国视角，重点探讨以政府和市场为主导的两种环境规制方式的有效性，从理论和实证角度探索不同类型的环境规制对工业环境效率影响的内在作用路径，以期合理化环境治理中的政府与市场分权问题，完善目前研究环境规制的治理效应和机制的理论体系。

第三，试析政府治理环境过程中的规制失灵现象，弥补现有研究的不足。虽然已有学者从定性的角度分析中国污染防控问题上的政府失灵情形，然而鲜有文献在结合中国现行的环境管理体制背景下，深度剖析地方政府在提供环境制度供给时的“非完全有效”行径。本书以利益集团理论（规制俘获理论）和寻租理论为依据，在代表公共利益的地方政府效用函数中，考虑私利社会关系下腐败引致的私利诱惑，将地方政府视为同时考虑社会福利和个人私利总效用最大化的“经济人”，进而从理论上探讨规制形成过程，考虑环境规制在受到腐败和公众环保诉求影响条件下的治理效应，以及对工业环境效率产生的作用，弥补了现有研究的不足。

2. 现实意义

第一，为加快我国工业绿色转型的战略提供科学依据。本书核算了近20年中国地区工业环境效率，更清晰地观察了工业经济发展过程中的能源环境代价，更深刻地理解了可持续发展的重要性。从理论机制和实证验证分析环境规制对地区工业环境效率的影响机理，为政府构建可持续的经济发展模式提供了系统科学的政策建议，从而促使中国经济沿着快速、持续、健康的方向发展。

第二，为完善转型期的政府职能提供新视角。地方政府作为纠正市场失灵的重要主体，为保护地区环境提供制度供给，并以监管、区别引导不同类型企业发展等手段弥补市场中信息不对称、交易机制不完善等带来的问题，但政府干预模式不可避免地出现交易成本过高、腐败寻租等“政府失灵”的问题，本书认为理应在政府主导的基础上，调动企业、公民和非政府组织等各种利益群体的力量，共同参与环境治理，为转型期的政府职能建设提供参考。

1.2 研究范围的界定

环境规制分为正式环境规制和非正式环境规制，正式的规制工具又可归结为“命令—控制型（Command-and Control，CAC）规制”、“市场激励型（Market-based Incentive，MBI）规制”和“自愿性环境规制”。

我国现行的主要环境规制工具实践中，仍表现出以“命令—控制型为主、市场激励型为辅”的局面，政府在环境治理中扮演着重要角色，而自愿性环境规制仍处于起步阶段，非正式环境规制——公众参与环境保护的程度也远远不够。因而，本书主要探讨我国的两种主要的规制工具，即命令—控制型环境规制和市场激励型环境规制。

就具体的环境保护工作而言，我国在以政府为主导的污染防治管制体制下，中央与地方在环境问题上分权而治，中央制定国家层面的环境法律和较为宏观的环境政策，而地方权利机构、省政府和相关环保部门实则在环境保护管理中扮演更重要的角色。具体表现如下：第一，地方人大常委会和地方政府结合当地的具体情况，依据国家法律制定适合本地区特点的地方性环保法规和行政规章；第二，地方环保机构出台相应的地方级环境保护标准（包括地方环境质量标准和地方污染物排放标准）作为对国家环境质量标准和国家污染物排放标准的补充或提高，其效力更高；第三，各地环保部门是审批和监督执法的实际机构，其隶属于地方，服从上级环保部门和地方政府的双重领导，但是环保部门的人事权和财权都在地方，因而地方政府的领导才是实质性的。因此，我国环境规制的实际实施强度存在地方差异性，鉴于数据的可得性，本书以省级层面的环境规制强度为研究出发点进行探讨，这也构成本书理论与实证分析的重要基础。

工业绿色转型，指以资源集约和环境友好为导向，以创新驱动为核心，坚持走新型工业化道路，实现工业生产全过程的绿色化、可持续发展，获得经济效益与环境效益的双赢（中国社会科学院工业经济研究所课题组，2011；蓝庆新和韩晶，2012）。从内涵上而言，绿色转型是工业迈向“资源能源集约利用、污染排放减少、劳动生产率提高、可持续发展能力增强”的过程（中国社会科学院工业经济研究所课题组，2011）。绿色转型既要在供给侧改革中提高全要素生产率的贡献度，又需减少经济活动对环境的损害度，其本质为优化绿色全要素生产率（吴军，2009），也即环境效率或生态效率（本文统称为环境效率），因此本书选择以工业环境效率作为工业绿色转型的衡量指标。

对于环境效率的界定，本书根据世界可持续发展委员会（The World Business Council for Sustainable Development，WBCSD）所赋予的内涵和测度指标，利用数据包络分析（DEA）方法估计生产前沿面，并基于非径向、非角度的包含非合意产出的 Super - SBM 模型对包含了生产要素投入、工业产出、能源消耗和污染排放的环境效率进行测度。

1.3 研究内容和方法

1.3.1 研究内容

本书试图基于环境规制理论的研究基础，以工业环境效率的概念反映中国工业经济的可持续发展状况，探讨环境规制对工业环境效率的作用机制和影响状况。全书结构安排遵循“制度—机制—效率”的分析思路，运用经济学的分析工具，试图回答以上四个方面的问题。为回答这些问题，本书首先以能够反映工业绿色转型状况的“工业环境效率”概念作为测度指标，系统性地展示中国地区工业环境效率的实际状况和空间分布，在此基础上，同时考虑环境规制对经济和环境两个方面的影响，检验环境规制对中国地区工业环境效率及其空间分布的实际影响；其次，对环境规制影响中国工业环境效率的作用机制进行阐述和验证，分别说明作用途径的影响力；再次，探讨地方政府在同时受到被规制对象的私利诱惑和被保护对象的监督影响时，如何进行环境制度的供给，并进一步考察在腐败和公众环保诉求（公众参与和监督）的调节作用下环境规制对地区工业环境效率产生何种效应；最后，基于前文的分析提出适当的政策建议。本书的目标是为环境规制推动中国工业绿色转型、地区经济可持续发展问题提供一个较新的研究角度和证据支持。

全文共7章，各部分的内容简述如下：

第1章，即全文的绪论。首先在介绍本研究的背景与意义基础上，提出本书重点关注的四大方面问题，然后对本书所涉及的研究范围进行界定，并阐述具体的研究内容、结构和方法，最后对本书的研究难点和可能的创新之处进行说明。

第2章，回顾了环境规制治理效应的相关理论和文献。首先，对本书涉及的最核心概念——环境规制和环境效率的内涵进行阐述，并总结了国内外对于二者的测度方法；其次，对政府分别扮演“无为之手”“扶持之手”“掠夺之手”的角色时，所提供的规制方式和水平的经典理论进行梳理；再次，总结了当前研究环境规制和环境效率二者关系的文献，归纳了环境规制经济效应的两类学派观点，以及从效率评价和实证分析两种研究思路探讨环境规制与环境效率的文献；然后，分别从企业和公众影响政府环境管制水平的视角，对腐败与环境质量的文献（包括直接的“腐败—环境规制—环境污染”和间接的“腐败—经济增长—环境污染”两种思路），以及公众诉求、环境规制与环境质量的文献进行归纳总结；最后，在此基础上综合评述了围绕本书的研究主题，现有研究的可借鉴之处和不足之处，进而认为在对环境规制影响工业环境效率的作用机理展开深入分析之后，有必要进一步考察探究环境规制内在形成机制，并在此基础上讨论规制工具的治理效应。

第3章，对中国环境规制的演进轨迹进行全面回顾，包括中国环境法制体系的建立与完善、中国环境管理体制的变迁、中国主要环境规制工具的实践三个方面的内容，并对存在的问题进行深入剖析，基于此再归纳总结中国环境制度演变的特征。

第4章，对核心概念“环境效率”的内涵、测度指标和测度方法进行综述和说明之后，在此章以中国各省份、直辖市和自治区为观察对象，使用DEA方法估计生产前沿面，采用包含非合意产出的Super-SBM模型测算近20年各省区市工业环境效率值，对全国和各区域的效率演变特性进行原因剖析，同时运用核密度函数的分析工具研究省际间工业环境效率的动态演进，并利用差异分析和收敛分析的方法探讨中国区域间工业环境效率非均衡度及动态趋势。

第 5 章，从理论和实证两个方面系统地考察环境规制对地区工业环境效率的作用机制。首先，结合传统观点的“合规成本说”和修正观点的“波特假说”的理论思想，以成本—收益的经济学分析框架深入剖析环境规制对排污主体影响的微观机制；其次，借助理论模型探讨政府作为公共利益代表进行环境规制时，对经济和环境的影响；再次，在模型中引入环境效率的指标，结合前文的理论模型，推导出环境规制主要通过技术效应和结构效应影响区域环境效率的结论，基于理论模型和机制阐述得出实证分析的命题假说；最后，利用 1997 ~ 2013 年中国 30 个省区市的面板数据，分别使用 DK 方法、差分 GMM、系统 GMM 和 IV 估计分析了不同环境规制工具对地区工业环境效率的作用效应，进而又使用中介效应检验方法对作用机制进行了验证。

第 6 章，进一步考虑地方环境规制的内在形成机制。首先，以利益集团理论（规制俘获理论）和寻租理论为主要理论依据，将权力行使主体（地方政府机构）视为同时考虑社会福利和追逐个人私利的“经济人”，进而探讨其在环境规制制度供给时如何同时受被规制对象（排污企业）和被保护对象（社会公众）的双重影响；其次，依据理论分析构造包含中央政府、地方政府、被规制对象（企业）和公众四大主体的理论模型，地方政府的目标函数中包含社会福利和个人私利两部分，通过运用现任政府和排污者三阶段博弈模型分析环境规制的内生形成过程，进而得出相关理论命题；最后，运用 1998 ~ 2013 年中国 30 个省区市的面板数据对本书的核心命题进行实证检验，并进一步考察在腐败和公众环保诉求（公众参与和监督）的影响下环境规制对地区工业环境效率的作用效应。

第 7 章，在前文理论和实证分析的基础上，对本书的研究结论进行总结，回答本书开篇提出的四大方面问题，从制度的角度提出有利于中国工业绿色转型、工业环境效率提升、走可持续发展之路的一些政策建议，并对本书的不足之处和未来的可行研究方向进行说明。

本书的研究结构可用图 1－2 所示的技术路线更直观地表达。

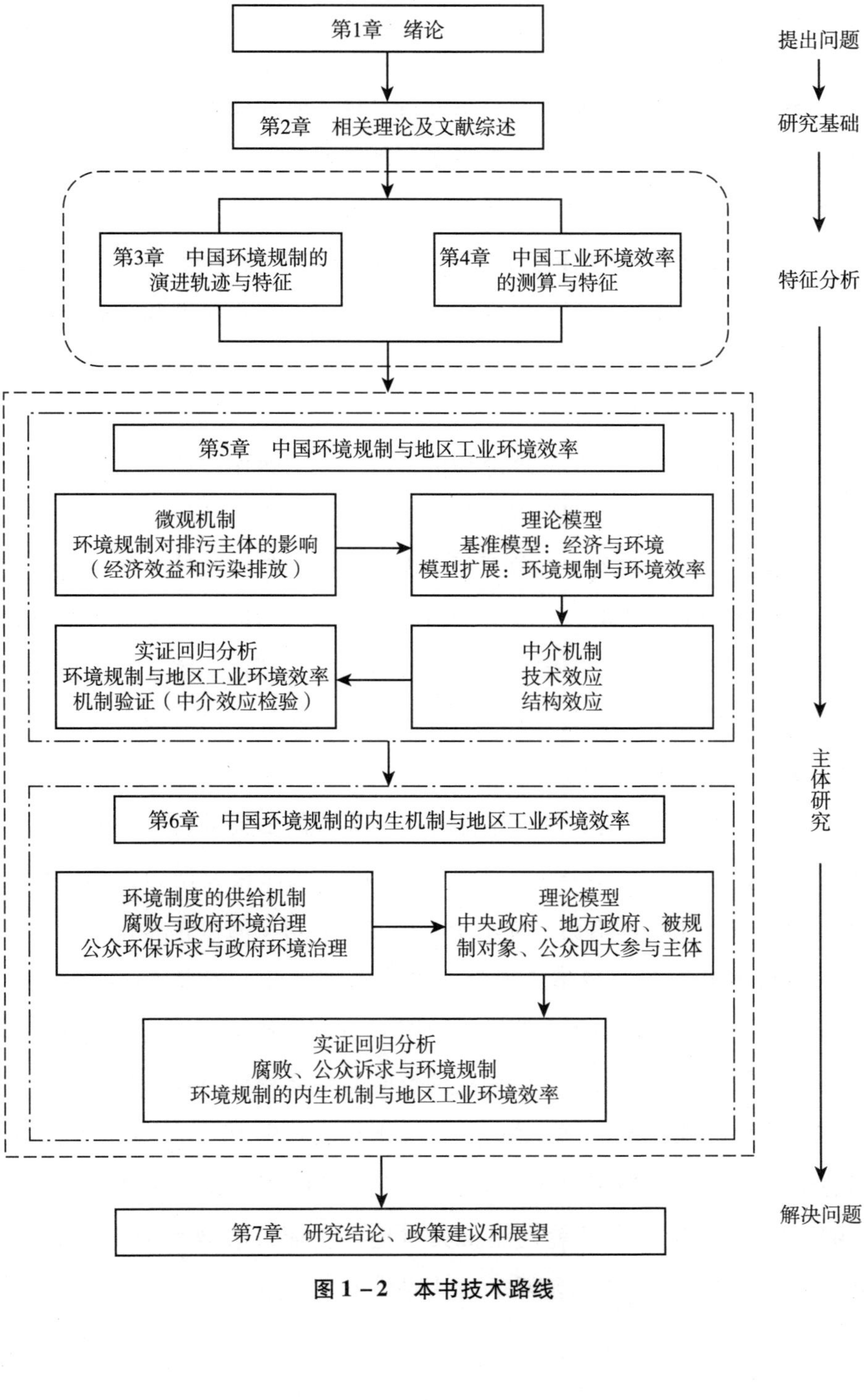

图 1－2 本书技术路线

1.3.2 研究方法

本书主要采用定性描述和定量分析、规范研究和实证研究相结合的方法，对中国区域工业环境静态效率、动态增长的特征及环境规制对工业环境效率的影响效应进行了较为深入的研究。

①采用交叉学科的综合分析方法。基于制度经济学、环境经济学、公共经济学、技术创新理论等多学科的内容，以促进工业绿色转型、可持续发展为研究目标，基于对环境规制的制度分析，探讨其促进工业环境效率的途径和机制。

②数理模型和博弈论的理论分析方法。本书运用均衡分析方法，借助经济与环境关系基准模型下的基本结论，进一步将环境效率纳入模型分析框架，得到公共利益视角下环境规制以结构效应和技术效应为中介渠道达到促进工业环境效率提升的命题。然后，构造了一个政府双重目标的效用函数，并通过运用现任地方政府和排污利益集团三阶段博弈模型分析腐败行为下环境规制强度的变化，并进一步考察政府失灵下的环境规制对工业环境效率的影响。

③基于数据包络分析和计量经济回归模型的实证分析方法。主要体现在两个方面：一是以 1997 ~ 2013 年中国省级面板数据为依据，利用 DEA 方法估计生产前沿面，并基于非径向、非角度的包含非合意产出的 Super - SBM 模型测算区域工业环境效率值，并进一步采用核密度函数的分析工具探索效率的动态演进，使用 Dagum 基尼系数及按子群分解方法研究中国工业经济与环境协调度的空间非均衡特征，且以收敛分析方法观察这种区域差异是否随着时间推移出现收敛现象；二是以省级面板数据为依据，分别使用 DK 方法、工具变量回归、差分 GMM 和系统 GMM 估计分析了不同环境规制工具对地区工业环境效率的作用效应，进而又使用修正的中介效应检验方法对作用机制进行了验证。

1.4 研究难点和创新

1.4.1 研究难点

①环境效率的测算问题。本书拟以工业环境效率衡量工业绿色转型升级状况，以此反映地区工业经济增长和生态环境协调发展程度。在现有研究中，不乏测算环境效率的文献，但是出现了结论上的差异，其中的重要原因在于测度方法和指标选取的不同。因此，在本书的研究中，如何选择符合中国现实背景的环境效率测算模型，以及投入、合意和非合意产出指标，得到确切的工业环境效率测算结果，并以此为依据进行实证分析成为本书的难点之一。

②核心变量的量化问题。本书的重点研究对象——环境规制、腐败水平和公众环境诉求强度的度量方法在当前仍是有待完善的难题。本书通过梳理国内外的文献，总结了四类度量环境规制的方法和思路，然而具体在分析我国的问题时，如何基于环境规制的体制构成和特征，分析当前我国环境规制的主要运用手段，并将其量化作为环境规制的代理变量进行实证回归分析是本书需克服的一大难点。此外，以往文献在衡量地区腐败水平和公众环境诉求强度时，也出现了不同的代理指标，本书以中国省区市样本为研究对象，如何找到合适的度量方法，并确保回归结论的稳健性也是本书需要克服的难点问题。

③制度的内生性问题。现有的实证文献已经指出环境规制与环境效率可能存在互为因果的关系，在实证回归分析中，如何控制环境规制与工业环境效率的内生性，从而得到稳健一致的估计结论，是本书的第三大难点。

1.4.2 研究的可能创新点

1. 研究视角

如何构建合理的环境制度促进工业环境效率优化为本研究的出发点，本书将环境规制的治理效应和内生形成机制纳入统一的制度分析框架，突破了已有研究仅从规制的效应或成因某一视角运用理论或实证方法进行分析的局限。已有文献在分析影响环境效率的因素时虽然考虑了环境规制这一重要制度因素，但很少有研究在探讨环境规制影响地区工业环境效率的作用途径基础上，进一步研究规制机构在进行环境制度供给时的内生机制，基于既需满足公共福利又要追逐个人私利的地方政府行为这一视角，深入考察在腐败和公众环保诉求的调节作用下环境规制对地区工业环境效率产生何种效应。因而本书以此为研究视角，深入探讨环境规制的内生机制与地区工业环境效率的关系，以期做出一些突破性尝试。

2. 研究内容

第一，本书弥补了现有研究中，从理论上对环境规制与地区工业环境效率二者关系分析不足的缺陷，系统性地探讨了不同类型的环境规制影响效应和作用途径。本书基于传统观点的“合规成本说”和修正观点的“波特假说”的理论思想，在剖析环境规制对排污主体影响的微观机制基础上，简化部分成本—费用因素，借助科普兰德和泰勒（Copeland & Taylor，2004；2005）构建理论模型，推导环境规制影响工业环境效率的作用机制，具体化为技术效应和结构效应，再分析不同规制工具的作用途径，并利用计量分析方法对理论命题和假设进行实证检验。

第二，剖析身为“经济人”的地方政府在供给环境制度时的利益倾向性，重塑环境监管主体的效用函数，将以往经济学研究中对于公众监督和企业贿赂分别影响环境规制的表述统一了起来，揭示了环境制度的形成过程。通过总结我国环境规制的特点发现，我国现行的主要环境规制工具实践中，仍表现出以“命令—控制型为主、市场激励型为辅”的局面，政府在环境治理中扮演着重要角色，这种导向扩大了社会私利关系发挥作用的空间和动力。当个人意志和长官意志在决策和执行环节中仍然起着重要作用时，腐败就难以根除，在环境保护领域，法治不健全和腐败对环境管制制度的效率产生负面影响。因而，本书以利益集团理论（规制俘获理论）和寻租理论为主要理论依据，在设定地方政府目标效用函数时，不仅包括公共福利部分，还包含个人私利部分，将其视为“经济人”，在构建理论模型中，同时纳入影响政府决策的被规制主体和被保护主体，在均衡条件下探讨考虑腐败和公众诉求对环境规制的影响，弥补了现有研究的不足。

3. 研究方法

第一，运用修正的方法测算效率，并使用相关量化分析工具深入分析测算结果的时空特性。在进行效率测算时，完善投入、产出指标，借鉴相关学者提出的修正的包含非合意产出的 Super - SBM 模型（Gómez - Calvet，2014）重新测算中国工业环境效率，在使用 Dagum 基尼系数及按子群分解方法研究区域非均衡性的基础上，进一步以收敛分析方法观察这种非均衡特性的收敛现象，相较于以往的效率分析，研究结论的经验证据更为充分。

第二，使用修正的中介效应检验方法验证环境规制对工业环境效率的作用机制。本书采用了修正的中介效应检验流程（温忠麟和叶宝娟，2014），将 Sobel 方法由 Bootstrap 方法取代，对文中提及的 Bootstrap 方法，本书以 Wild Bootstrap 方法进行抽样，研究结论更可靠。

第2章

相关理论及文献综述

2.1 主要概念与测度方法

2.1.1 环境规制

1. 环境规制的内涵

环境主要包括：“气”（大气环境，影响空气质量的首要污染物是颗粒物）、“水”（淡水环境，环境监测七大水系，即珠江、长江，辽河、海河、淮河、黄河、松花江）、“渣”（固体废弃物）和“声”（噪音、环境）。

安东尼·奥格斯（Anthony I. Ogus，2009）认为：工业化社会里，存在两类经济组织体系：第一类，称之为市场体系（market system），在这种体系中，私人、私经济组织可以自由地追求各自的目标，支撑这种安排的法律体系，其主要工具是私法；第二类，称之为社群体系（collectivist system），在这种体系中，被用来纠正市场失灵和满足公众利益的法律称为规制。与支撑市场体系的法律相比，规制有三种特征：第一，包含了一个更高主体的控制理念，具有指导的功能，私人受制于一个更高的主体——国家，并被要求按照特定的方式行为，如果违反规则，则以惩罚为后盾；第二，国家及其代理机构运用的主要工具是公法，不能通过私主体间的合同实施；第三，该法律体系是"集中化"（centralized）的。依据性质的不同，公共规制可以分为社会性规制（social regulation）[①] 与经济性规制（economic regulation）[②]（王雅莉和毕乐强，2011）。

本书的研究对象——环境规制是社会性规制的内容之一。环境规制可以被界定为由于环境污染具有外部不经济性，政府通过制定实施一定的法律制度、政策及环境质量标准等措施，运用行政、经济或市场手段，对企业在生产经营活动过程造成的环境污染进行纠偏和限制的过程。

2. 环境规制工具的分类

迄今为止，人类已设计出丰富多样的环境规制工具，依据规制工具的性质特点，不同学者对此进行了不同的分类。通过梳理国内外文献，笔者认为环境规制可大体分为正式环境规制和非正式环境规制（张嫚，2006），或分为显性环境规制和隐性环境规制（赵玉民等，2009），两类划分原则基本一致。正式环境规制（或显性环境规制）是指以环保为目标、个人和组织为规制对象、各种有形的法律、规定、协议等为存在形式的一种约束性力量；非正式环境规制（或隐性环境规制）指的是内在于个体的、无形的环保思想、环保观念、环保意识、环保态度和环保认知等（赵玉民等，2009）。正式的规制工具又可归结为"两分法"和"三分法"两种形式。"三分法"将环境政策工具分为三种类型：传统

---

① 植草益（1992）对社会性规制下的定义是，以保障劳动者和消费者的安全、健康、卫生、环境保护、防止灾害为目的，对产品和服务的质量和伴随着提供他们而产生的各种活动制定一定标准，并禁止、限制特定行为的公共规制。

② 维斯卡西（1995）等学者认为，经济性规制通常是指政府通过价格、产量、进入和退出等方面而对企业决策所实施的各种强制性制约。

的“命令—控制型（CAC）规制”，即第一代工具；“市场激励型（MBI）规制”，即第二代工具；“自愿性环境规制”，即第三代工具。“两分法”和“三分法”并无本质的区别，主要在于“两分法”将“自愿性环境规制”纳入到“市场激励型规制”工具之中，而“三分法”则将“自愿性环境规制”从市场化工具中分离出来。

（1）命令—控制型的环境规制

命令—控制型环境规制是指各国政府通过立法或制定行政部门的规章、制度来确定环境规制的目标、标准，并以行政命令的方式要求企业遵守，对于违反相应标准的企业进行处罚。由于规制目标的确定、规制机构的建立，以及规制的执行、监督和处罚都需经过法律的确认，因此这类政策也被称为法律规制（legal regulation）政策。此外，由于具体规制政策的制定、实施都由行政部门以命令的方式进行，对企业的出发也以行政部门的罚款或其他行政处罚为主，因而这类政策有时也被称为行政规制政策（张红凤和张细松，2012）。一般而言，命令—控制型规制工具要求厂商承担相同的污染控制责任，不考虑企业间的成本差异，属于该类型的工具包括排污量规制和强制性技术规制。排污量规制是指对污染排放者的污染物排放总量进行限定；强制性技术规制对污染排放者采用特定的清洁技术种类、水平进行限定，或对污染排放的区域、时段①等条件进行规制。

（2）市场激励型的环境规制

以市场为基础的激励性环境规制是指通过市场力量以经济刺激的方式来影响当事人环境行为的政策工具，其动力源泉是与当事人环境行为密切相关的经济利益，在经济利益的驱动下，这种政策能改变当事人环境行为的相关费用及效益，使环境成本内部化，激励排污者降低排污水

① 对位置或时段做出限定的规制工具有禁令和分区制等。禁令是强制性技术规制的一种形式，在禁令中，特定过程或产品的生产是不允许的；分区制则是将某些方法或技术禁止或局限于某个区域的一种规制形式（马士国，2009）。

平，或使社会整体污染状况趋于受控和优化的制度。市场激励型环境规制主要可分为“利用市场”和“建立市场”的政策工具两大类，前者以庇古税理论为基础，利用市场和价格信号科学制定资源配置政策，包括排污税（费）、补贴、押金—返还制度等；后者借用科斯定理的思想，即通过界定环境资源产权建立排污许可证或排污权交易市场等，以较低的管理成本解决资源环境问题（杨洪刚，2009）。

（3）自愿性环境规制

自愿性环境规制是指由行业协会、企业自身或其他主体提出的，企业有自愿选择权的、旨在保护环境的协议、承诺或计划。属于该类型的工具包括环境认证、环境审计、生态标签、环境协议等。自愿性环境规制是建立在企业自愿参与实施的基础上的，一般不具有强制性约束力。与前两类环境规制相比，自愿性环境规制更多强调的是企业、行业的主动性和主导作用，政府或置身于事外，或参与其中，但只是一个配角或合作伙伴，或即便充当主角，亦不再有刺激性经济手段的运用。实践中，自愿性环境规制主要有单边计划和自愿协议两种形式，单边计划由企业或行业发起倡议或承诺，政府并不参与其中，如3M公司的3P计划；自愿协议包括谈判协议和公共自愿计划两种类型，前者是企业或行业与政府之间通过谈判达成双边协议，如美国XL计划，后者由政府设计并提出各种计划，企业自愿决定是否参加，如美国的33/50计划（赵玉民等，2009）。自愿性环境规制可能源于企业的成本节约、效率提高，也可能源于企业外在的市场压力。

（4）公众参与型环境规制

环境保护的公众参与机制，是市场和政府在环境资源领域配置资源的重要补充，相对于政府正式的环境规制，公众参与环保作为非正式的环境规制进一步优化了政府在环境保护的运作模式（孙晓伟，2010）。环境保护的公众参与包括决策参与、过程参与和末端参与。决策参与指公众在经济环境政策、规划和计划制定中和开发建设项目实施之前的参与，过程参与指公众对环境法律、法规、政策、规划、计划及开发建设项目实施过程中的参与，末端指公众对环境污染和生态破坏发生之后的参与（王燕，2002）。

3. 环境规制的测度

目前，虽然以环境规制为研究对象的实证研究颇为丰富，学者也从各种角度量化环境规制，但仍然无法用一个很精确的变量刻画度量环境规制强度，加上环境规制变量数据难以获得且数据质量相对较弱，对经验研究造成了一定的困难。梳理国内外文献，业界学者设计的衡量标准主要遵循单一指标、赋值法指标或复合指标、替代指标、自然实验四种思路。

（1）单一指标

单一指标法直接采用某一种环境规制政策工具对污染排放的控制程度或者控制效果或治污成本来表示环境规制程度的高低，通常可基于污染治理投入或污染物的排放两个角度构建指标。从污染治理投入的角度来看，企业或政府的环境支出越高说明该地区的环境规制强度越高。摩根斯顿等（Morgenstern et al.，2002）、科尔和埃利奥特等（Cole & Elliott et al.，2007）基于美国环境保护署针对企业污染减排支出（PACE）的调查，利用行业加总的污染减排费用衡量环境规制强度。政府的污染治理投入是另一个重要思路，格雷（Gray，1997）运用美国在资源环境保护方面的财政预算作为代理指标。此外，政府的污染治理投入也表现为政府在执法监管上的努力程度，布鲁纳米尔和科恩（Brunnermeier & Cohen，2003）以规制机构对企业排污的检测和督查次数反应环境规制政策的执行力度；科尔等（Cole et al.，2008）采用环境相关的行政处罚案例为代理指标。由于我国提供了较为详细的地区及行业污染治理投资数据，因而该方法也被我国学者广泛使用，经验研究中通常采用工业污染治理支出作为代理变量（李钢等，2010；张成等，2011；沈能，2012 等）。基于污染物的排放也能够间接反应环境规制实施效果，高强度的污染排放意味着更宽松的规制环境。学者以污染物去除量与排放量的比重（梁冬寒，2009）、废水排放达标率（江珂，2010）、污染物排放量的变化（傅京燕和李丽莎，2010；李玲和陶锋，2012 等）和不同污染物排放密度（Cole & Elliott，2005；张文彬等，2010）等污染控制的实际效果作为环境规制强度的代理指标。

（2）赋值法指标或复合指标

赋值法是指在一定的依据下用数字对环境规制严格程度进行赋值。如范比尔斯和范登伯格（Van Beers & Van den Bergh，2000）使用典型的赋值法，从 1 ~ 7 对一国或地区的环境规制程度进行赋值，赋值越小，环境规制越宽松，反之越严格，但这种赋值法仅限于横截面数据的研究。李昭华（2009）为了使其适用于面板和时序数据的研究，将赋值法加以拓展，对先后出现的环境规制措施赋予环境规制变量一定的增量。这一方法较典型赋值法虽然有所改进，但缺点在于主观性太大，精确度不高。鉴于单一指标无法全面准确地衡量环境规制程度，一些学者通过综合几种环境规制度量方法的复合指标进行全面度量，该方法多见于国际环境规制比较与研究。如范比尔斯和范登伯格（Van Beers & Van den Bergh，1997）在 7 项环境指标的基础上计算出一国或地区的环境规制指数，该环境规制指数介于 0 ~ 1 之间；达斯古普塔等（Dasgupta et al.，1995）在联合国环境与发展会议提供的各国基于环境政策、环境立法、环境执法报告的详细信息基础上，研究给出 31 个国家环境规制严格程度的综合指标；埃利斯特和弗雷德里克松（Eliste & Fredriksson，2001）以同样的方法计算了 60 个国家农业部门的环境规制程度；本希德和祖格鲁（Ben Kheder & Zugravu，2008）进一步通过将 4 个选取的单变量标准化的方式得出一个综合指标来度量各国（地区）的环境规制程度。全面度量环境规制强度的方法为学界研究提供了一个新视角，可以更为全面的衡量一个国家（地区）的环境规制整体环境。

（3）替代指标

替代指标法是指选用与环境规制程度高度正相关的替代性指标为其代理变量。自有学者研究发现环境规制指标和国民生产总值及国内生产总值指标存在高度相关性（Xu，2000；Dasgupta et al.，2001）之后，国内外学者将人均GDP（收入）（Mani & Wheeler，2003；韩玉军和陆旸，2009等）作为环境规制强度指标的衡量运用于经验研究。此类环境规制代理变量的优点在于连续数据获得比较容易，适用于面板数据和时间序列数据的分析，但由于该替代性指标属于内生环境规制变量且独立于实际的污染排放，在计量研究中容易出现共线性问题（江珂和卢现祥，2011）。

（4）基于自然实验

在评估环境规制时，一个重要问题在于制度的内生性，而自然实验的倍差法（DID）成为克服这一问题的较好选择。有学者运用倍差法探讨了中国“两控区”环境政策对工业企业效率的影响（Tanaka et al.，2014），并找到了正向促进关系的证据；格林斯通和汉娜（Greenstone & Hanna，2014）亦采用此方法对印度140座城市的数据进行实证分析，发现空气污染防治的环境规制能够有效地提升控制质量，降低地区婴儿死亡率，而水污染防治的环境规制效果不显著。我国也有一些学者采用这种思路进行研究。李树和陈刚（2013）以2000年修订《大气污染防治法》为一次自然实验，使用倍差法研究了中国的环境制度对工业各行业全要素生产率的影响；汤韵和梁若冰（2012）检验了“两控区”政策对区域内外城市二氧化硫排放与经济增长的影响，结果表明该政策虽能显著控制污染排放，但也抑制了经济增长；亦有学者运用准自然实验的方法，在2012年国庆期间政府实施高速公路对特定车辆免费通行政策背景下，通过比较样本城市国庆假期期间实施该项政策和不实施该项政策的空气污染状况（Fu & Gu，2017）。

此外，环保意识通常被认为是非正式环境规制的核心，通常用它作为非正式环境规制强度的代理指标（Kathuria，2007；原毅军和谢荣辉，2014）。

2.1.2 环境效率

1. 环境效率的内涵

根据世界可持续发展委员会（WBCSD）所提出来的环境效率概念，也被称为生态效率或绿色全要素生产率，指在某个经济区域内以较少资源消耗和环境污染，生产出具有竞争力的产品和服务，来满足人类需求（Hinterberger，2000）。其核心是少投入、少排放、多产出，是在不对生态环境构成威胁的前提下努力发展区域经济，因而符合可持续发展有关经济、资源和环境协调发展的核心理念，成为测度可持续发展的重要概念和工具（Fet，2003）。WBCSD根据环境效率的含义，于1992在里约地球峰会上构建了环境效率（或称生态效率）的测度指标：

$$\text{环境效率/生态效率} = \frac{\text{产品或服务的价值}}{\text{生态环境负荷}}$$

由指标可见，环境效率可评价某一企业在牺牲一单位生态环境所能创造的价值。因此，提高环境效率，即为在不加重环境负荷前提条件下，维持或增加经济活动所创造的价值，提高社会福利水平。

在区域范围内，“产品或服务价值”主要为该区域经济活动的产出或服务的市场价值，可使用地区生产总值、地区增加值或地区总产出等指标衡量；“生态环境负荷”包含两个部分：资源、能源投入与污染排放（Muller & Sturm，2001；2004），资源消耗可以各种直接原料投入衡量，污染排放则可以各种污染物的排放量衡量，主要包括大气、水和固体废弃物污染的排放量等（Seppala et al.，2005；Zhang et al.，2008）。为便于后文计算，用符号表示以上公式为：

$$\delta = \frac{\text{Economic performance}}{\text{Ecological performance}} = \frac{\sum_r \mu_r y_r}{\sum_h v_h x_h}$$

其中，y_r 为第 r 种产品或服务的价值，x_h 为第 h 种资源消耗或者污染排放的数量；由于各种产品和服务，以及各种资源消耗和污染排放的单位不同，需要对其赋予合适的权重，以得到其效率，μ_r 和 v_h 分别表示产出和投入的权重。

2. 环境效率的测度

（1）效率的测度方法

投入产出比是我们通常用来衡量生产效率的指标。这种指标被称为"部分生产率测度（partial productivity measures）"，其原因是它没有考虑所有的产出与投入。与"部分生产率测度"相对应的"全要素生产率测度"考虑了多投入和多产出的情况。

在测算效率的方法中，考虑多投入和多产出的情况下，使用最广泛的效率测度方法是 Farrell 效率①和 Shephard 距离函数②测算效率。Farrell 效率和 Shephard 距离函数都是单一基于投入或产出测度，因而很多学者对此提出了质疑，最早将基于投入的 Farrell 效率和基于产出的 Farrell 效率结合起来构造一个新的效率测度，被称为 Graph hyperbolic 测度，考虑同时减少投入和增加产出。随后，方向距离函数③的被提出，克服了 Farrell 效率所要求的同比例调整缺陷，Farrell 效率是方向距离函数的特例。

上述测度效率的方法都是在固定时间下的静态测度方法。若考虑时间的变化，不仅企业自身的生产行为会发生变化，而且由于技术进步的影响，生产可能性边界也会发生移动。最常用的动态效率测度方法是 Malmquist 指数，它是一种测算全要素生产率增长的指标。该指标被定义为追赶（catch-up）效应和前沿移动（frontier-shift）效应的乘积。追赶效应衡量的是企业自身效率提升的程度，而前沿移动效应衡量的是技术

① Farrell 效率的基本思想是考察：为了生产 y，可同比例地减少 x 的程度；或者，固定投入 x，产出 y 可同比例地增加的程度。这种考虑同比例变化的效率测度方法被称为径向的（radial）效率测度。

② Shephard 距离函数是 Farrell 效率的倒数。

③ 考虑在 d_x 方向上减少投入并在 d_y 方向上增加产出的可行性，若同时考虑投入与产出，则令方向向量 $d=(d_x,\ d_y)\in R_+^m\times R_+^n$，由此定义方向距离函数：$e=\max\{e\in R_+\ |\ (x-ed_x,\ y+ed_y)\in T\}$。

进步带来的生产可能性边界的移动程度。

（2）传统DEA模型

法雷尔（Farrell，1957）研究企业效率时，首次引入了生产前沿的概念，生产前沿指给定要素投入下的最大产出能力，与此对应的前沿函数则指根据生产单元的投入—产出值，将最具效率的生产点连成一条生产效率边界。效率测算基于前沿函数的估计方法差异主要有参数和非参数两种思路（Berger & Humphrey，1997）：参数分析方法运用计量经济方法估计生产前沿函数，进而测算效率，其重要特点在于必须事先设定生产函数的具体形式及模型中随机扰动项的分布，随机前沿分析法（Stochastic Frontier Analysis，SFA）、自由分布法（Distribution Free Approach，DFA）和厚前沿分析法（Thick Frontier Approach，TFA）都是该种思路方法体系下的重要体现，该方法最大的局限性在于企业在生产过程中会受到各种不可控因素的影响，因而很难事先确定具体的生产函数形式；非参数方法无需用特定的函数形式来确定样本的效率边界，并假定不会受到随机因素的影响，而采用线性规划模型，产生一组最优权重值，计算多投入、多产出样本数据的相对效率情况，非参数法主要是采用数据包络分析法（DEA）是非参数方法体系下的重要工具，包括CCR模型①、BCC模型②和SBM模型③，CCR和BCC模型都是基于径向（radial）效率的DEA模型，SBM是一种非径向（non-radial）的效率测度。

（3）考虑非合意产出的DEA模型

谢尔（Scheel，2001）将在DEA模型中考虑非合意产出的方法分为间接方法和直接方法两种。间接方法是将非合意产出视为投入或对非合

---

① CCR模型中，假设可行生产技术集满足自由可处置性、凸性和规模报酬不变（Constant Returns-to－Scale，CRS）。

② BCC模型中，随着投入的增加，生产可能先经历规模报酬递增，然后规模报酬不变，最后规模报酬递减，换言之，在BCC模型中允许存在可变规模报酬（Variable Returns-to－Scale，VRS）的情况。

③ SBM具有两个重要的特点：①SBM不受投入与产出的量纲影响；②SBM随着投入与产出松弛的增加而单调递减。

意产出的数据进行适当地变换使它适用于传统的 DEA 模型。泰蒂卡（Tyteca，1997）将非合意产出当作投入处理；库普曼斯（Koopmans，1951）对非合意产出进行加法逆（additive inverse）变换，即取非合意产出数据的相反数；戈拉尼和罗尔（Golany & Roll，1989）则取非合意产出进行乘法逆（multiplicative inverse）变换，即取非合意产出数据的倒数。然而，有不少学者指出，间接方法不仅不能反映真实的生产过程，且可能破坏模型的凸性要求。直接方法则对 DEA 模型中的生产技术施加新假设后直接应用于非合意产出的数据，如将污染视为一种弱可处置性的非合意产出。主要有方向性距离函数（Directional Distance Function，DDF）（Chung et al.，1997；Färe et al.，2001）、基于非径向、非角度的包含非期望产出的 SBM（Slacks-based Model）模型（Tone，2003；Zhou et al.，2006）、基于松弛量效率损失的测算方法（SBI）（Fukuyama & Weber，2009），以及非径向、非角度的 RAM（range adjusted measure）模型（Sueyoshi & Goto，2006）。然而，也有学者指出，这种单阶段生产过程中考虑非合意产出的效率测算方法不能揭示绿色生产过程中的“黑箱”运作机制，或忽略了模型对 DMU 的同质性要求及随机干扰因素的影响，因而估计结果可能存在偏误。随后，一些学者从不同角度扩展了考虑非合意产出的效率测算模型，如网络 DEA 模型（Tone & Tsutsui，2009）、共同前沿（Meta－Frontier）分析法（Oh & Lee，2010；Oh，2010）、Bootstrap－DEA 方法（Simar & Wilson，1999；Zhang et al.，2015）。

2.2 经典理论

2.2.1 市场失灵理论

在新古典经济学的分析框架下，市场可以有效地在消费者之间配置产品，在厂商之间配置生产要素，使得资源配置实现帕累托最佳状态。然而，帕累托最优的实现条件包括以下假定：完全理性、完全竞争市场、完全信息、不存在公共物品、不存在外部性、没有交易费用等。然而，这些尽善尽美的假定条件在现实中很难实现，从而引发“市场失灵”的状态。在生态环境问题上，“市场失灵”表现得尤为突出。

1. 环境主体的有限理性

这里所指的环境主体，即环境资源的使用者——人，也指经济主体。环境主体的有限理性主要表现在以下两个方面：第一，人类对环境的认识需要经历一个历史过程。长期以来，人们认为环境资源具有不可耗竭性，可以任意使用。随着环境科学的发展，人们才意识到，人与自然实则是一种物质转换与能量流动的动态平衡关系，维持这一动态平衡有两个基本要求：一是人类向自然摄取的物质和能量不可超过自然界的可供给量；二是人类向自然环境排放的污染物不可超过环境可承载力（金瑞林，1995）。在人类还没有完全的环境科学意识之前，势必会出现有限理性的行为。第二，即使人类已经意识到环境问题的重要性和严重性，但仍然不得已采取以毁坏环境为代价的经济增长模式——“贫穷污染”模式，即由于经济发展停滞不前，工业化水平低，随着人口的增加，人均消耗的资源增多，由此不得不依赖于破坏生态环境资源的发展模式（沈满洪，2000）。

2. 环境资源的公共物品特性

一般而言，典型的公共物品具有非排他性、强制性、无偿性、不可分割性等特征。由于不可分割性，环境资源的产权难以界定或界定成本很高，因而通常环境资源都具有一定的公共性。因为生态环境资源向每个使用者开放，允许互不排斥地共同使用，当每个人都从追求个人利益最大化的角度出发，出于私利的考虑无限制地争夺有限环境资源，导致其日益变得稀缺，最终的结果是不可避免地导致所有人的毁灭——这种情况通常被称为“公地的悲剧”。

3. 环境污染的负外部性

环境是最典型的负外部性行为，它表现为私人收益与社会收益、私人成本与社会成本的不一致。当存在负外部性效应时，当某一厂商产生环境污染行为时，让公众、自然环境或公共资源去分担或全部承担应计入私人成本的那一部分，把自己对环境和资源应该承担的成本部分或全部地转嫁给社会和公众。同时，企业保护环境的自我约束、控制机制丧失，很容易造成环境污染和资源浪费。

4. 信息不对称

信息不对称易造成市场交易双方利益失衡，导致市场失灵，降低市场配置资源的效率。信息不对称与环境问题直接或间接相关：一方面，对环境科学本身的不确定性，如雾霾的原因、危害等至今无科学定论；另一方面，环境利益主体的信息不对称，如生产者、消费者、中央政府、地方政府对污染排放情况、污染治理等信息的了解存在差异。

2.2.2 “庇古税”理论

以福利经济学为代表的英国经济学家庇古（Pigou，1924）基于政府的“扶持之手”（公共利益目标理论）的规制思想，提出“庇古税”理论解决环境污染的外部性问题。政府的“扶持之手”这一理论思想有两个假设条件：第一，由于外部性问题等问题的存在，市场机制不能发挥作用，从而损失经济效率和社会福利；第二，政府是仁慈的，作为公共利益的代表，可以通过公共规制纠正市场失灵，提高资源配置效率以实现社会福利最大化。庇古指出，外部性问题导致边际私人成本和边际社会成本、边际私人收益和边际社会收益发生背离，建议通过征税或补贴的方式使外部性成本内部化，使得边际私人成本等于边际社会成本、边际私人收益等于边际社会收益，实现社会福利最大化，这种方法被称为

“庇古税”理论。然而，“庇古税”在现实运用中非常困难，因为无法完全掌握边际私人成本、边际社会成本、边际私人收益、边际社会收益等信息，因而难以科学确定税额或补贴金额。尽管如此，该思想仍受到广泛应用，环境税、排污收费制度、环境治理补贴等规制工具都是其典型代表。

2.2.3　科斯的产权理论

以产权理论为基础的科斯（Coase，1960）从环境污染问题入手，提出了在产权明确界定的前提下，污染者和污染受损者通过自愿谈判和市场交易的办法实现外部性的内部化。科斯的思想基于政府扮演着“仲裁者”或“守夜人”的职能，提供法律、秩序和国防，资源配置交由市场机制这只“看不见的手”，而政府充当“无为之手”的角色。科斯的思想后来被概括为“科斯定理”，即当交易费用为零时，只要允许自由交易，不管产权初始界定如何，都能实现社会总产值的最大化，即帕累托最优状态；当交易费用为正时，可交易权利的初始安排将会影响资源的最终配置；当交易费用大于零时，产权的清晰界定将有助于降低交易成本，改进效率（卢现祥和朱巧玲，2010）。科斯提出的方案主要基于产权清晰界定之上的协商定价，然而环境产权的模糊性限制了环境资源可交易的属性，即使在产权明晰的情况下，市场也不可避免地存在交易费用，当交易费用大于零时，人们就会对该次环境资源交易所支付的交易费用与实际收益进行比较。如果交易的净收入大于交易费用，那么交易就会发生；反之，在交易费用昂贵的情况下，交易活动仍然不会发生。但是，以自愿协商制度、排污权交易制度和可交易排污许可证制度等为代表的科斯手段，仍然取得了实践的价值。欧盟、美国、英国、澳大利亚、日本等国家开展的排污权交易、碳交易正是科斯的产权理论在环境领域的重要应用。

2.2.4 利益集团理论

以“扶持之手”（公共利益目标理论）的理论思想建立起来的“庇古税”理论，强调政府干预对弥补市场缺陷的积极作用，但在具体的实践中，效果却与预期往往存在一定的距离。因为这种研究假定政府是全体公众利益代表的框架下进行的，但在现实生活中，由于规制机构会追求自身利益的最大化，因而某些特殊的利益集团（主要是被规制企业）通过“俘虏”规制机构，使其提供有利于他们自己的管制的行为（Jordan，1972）。由此可见，规制有时并不是为了实现公共利益，而成了利益集团寻求保护的一种程序（Posner，1974）。利益集团理论一个派生理论就是政府规制俘获理论（或称政府规制的部门利益理论），与政府“掠夺之手”的理论思想一致，其出发点是：很多规制的实施目的其实是为了增加政治家自己的财富和权力。政治家们的目的并不是社会福利的最大化，而是追求自己的私利。独裁者运用他们的权力来维护自己的地位，将资源配置给自己的政治支持者，打击政敌、中饱私囊、以牺牲公共福利为代价（沈伯平，2006）。规制俘获理论始于斯蒂格勒（Stigler）在20世纪60~70年代的研究，此后经佩尔兹曼（Peltsman）和贝克尔（Beeker）及其他经济学家相继发展，这些学者基本都属于芝加哥学派。斯蒂格勒（1971）在《经济规制论》中将政府规制视为经济系统的一个内生变量，其规制的数量由政府的供给与产业部门的需求联合决定，他们都各自谋求自身利益最大化。佩尔兹曼（1976）进一步论证了施蒂格勒的观点，构建数理模型提出最优规制政策模型，模型中存在生产者和消费者两个集团，规制机构目标函数中的自变量具体化为商品或服务的价格（与消费者的政治支持相关）及生产者利润（与生产者的政治支持相关）。施蒂格勒与佩尔兹曼的分析中，规制者或立法者都是以实现政治支持最大化为目标，贝克尔则关注利益集团之间的竞争。贝克尔（1983）通过分析利益集团之间的竞争关系，得出政府以规制为手段，更倾向于对具有较大影响力的利益集团方提供福利的研究结论。

相比较于公共利益规制理论，利益集团理论更具说服力，打开了“规制的政治过程”黑箱，但也存在一定的质疑：第一，忽略了整个过程中的信息不对称问题，学者提倡应借用委托—代理理论框架分析规制俘获问题；第二，对于规制的供给方（规制机构）没有进一步分级，忽视了政府本身的委托方（规制制定）与代理方（规制执行）之间的委托代理关系。

2.2.5　寻租理论

寻租理论同样是政府作为“掠夺之手”的思想反应，但寻租理论强调政治家在规制中的主动作用，而非被动俘获。寻租活动指寻租者通过合法或非法手段获取租金的垄断权。詹姆斯·布坎南（James Buchanan）将寻租活动分为三个层次：第一层次，采用游说、行贿等手段促成政府行政干预经济，从而使游说方或行贿方获取产生的租金；第二层次，人们耗时耗力耗财争取政府官员职位，以满足权力带来的好处；第三层次，政府将暗租转为明租，将超额收入（部分或全部）转化为政府的财政收入，对这部分财政收入的争夺即为第三个层次的寻租活动。麦克切斯尼（Mechesney，1997）却以另一角度审视环境规制问题，构建抽租模型。他认为，政治家除创租外，还可以其他方式获利，指出规制者通常先威胁、再豁免，从此过程中抽取私人租金。此关键点在于，权力者拥有产权，该产权不仅创造政治租金，还能通过加以威胁抽取私人租金。抽租模型比创租模型普适性更强，且弥补了规制俘获理论中对规制需求方过度依赖的局限，在发展中国家更具现实意义。

2.3 环境规制与环境效率

环境规制对环境效率的影响，通过其对经济发展水平和生态环境状况两个方面的作用实现。因此，本书在梳理环境规制的经济效应和生态效应文献的基础上，再对直接探讨环境规制与环境效率的国内外研究进行了综述。

2.3.1 环境规制的经济效应

目前为止，学者们就环境规制水平与经济发展关系的学术争辩形成了两种代表性的观点。

1. 传统新古典经济学派的"不利论"——"合规成本说"

以传统的新古典经济学为基础的经济学家认为，二者相互矛盾、存在博弈关系，环境保护与企业竞争目标之间构成一种两难选择，因此环境规制势必导致产业竞争力的下降，以格罗珀和罗伯特（Gollop & Roberts，1983）、巴贝拉和麦康奈尔（Barbera & McConnell，1990）、沃利和怀特海德（Walley & Whitehead，1994）等为代表人物。该学派的经济学家主要是从"合规成本说"给出解释，实则沿袭了庇古与科斯的新古典外部性内部化理论，通过环境规制的途径解决负外部性导致的社会福利损失问题，使得企业的环境成本部分或者全部内在化。在技术条件不变的条件下，成本上升必将导致生产率降低，同时也会致使产品价格上升，需求不变时利润率下降。尤其当其他国家或地区的环境标准相对宽松时，竞争对手会严重削弱本地企业竞争力（赵红，2008）。在一些生产要素行业，由于环境规制导致的成本提高，其产业链下游行业的成本也会随之产生连带效应（Clift & Wright，2000）。许多经济学家并不满足于该假说的规范研究范式，通过实证分析的方法证实了该假说。克里斯琴森和哈夫曼（Christiansen & Haveman，1980）通过使用美国规制标准发现，环境规制的实施使得美国制造业劳动生产率在1958～1977年下降0.27%；戈洛普和罗伯特（Gollop & Robert，1983）考察了1973～1979年美国二氧化硫限制排放政策对56家电力企业的影响，结果发现该政策迫使企业采用低硫煤进行生产，总成本增加，每年电力产业全要素生产率下降0.59%；巴贝拉和麦康奈尔（Barbera & McConnell，1990）探讨了环境规制对美国1960～1980年化工、钢铁、有色金属、非金属矿物制品及造纸等重污染行业的影响，发现10%～30%的生产率下降可归于治理污染的投资。

“污染天堂假说”（Pollution Haven Hypothesis，PHH），也被称“污染避难所假说”[①]，是基于“合规成本说”派生出的一个假说，最早由沃尔特和厄格洛（Walter & Uglow，1979）提出，而后鲍莫尔（Baumol，1988）又进一步从理论上对该假说进行了系统的证明。该假说的基本逻辑为：由于严格的环境规制增加了污染密集型产品的生产成本，因此为了躲避本地区严格的环境标准，发达国家（环境规制严格地区）的污染密集型企业倾向于到发展中国家（环境规制宽松地区）选址；或发达国家扩大污染产品进口，以替代本国的污染产品生产，从而产生“污染避难所”现象（陆旸，2009）。“污染天堂假说”自提出后，引发了浩如烟海的研究，很多学者从经验研究的角度来获取更多的信息和对相关理论主张的支持。从投资母国环境规制与“资本外逃”的关系出发验证污染避难所假说的文献大多没有发现PHH效应的存在，环境规制对贸易模式影响的相关实证分析也出现了模棱两可的结论。我国学者主要基于环境规制影响中国吸引FDI流入及影响中国对于国际贸易的参与程度这两个方面的分析，并没有对PHH假说给予足够的支持。

---

① 在有关文献中，污染天堂假说（Pollution Haven Hypothesis）、产业区位重置假说（Industrial Relocation Hypothesis）和产业漂移假说（Industrial Flight Hypothesis）经常通用，表达方式虽有所差异，但含义基本类同，且污染天堂假说使用频率最高。

2. 修正观点学派的“双赢论”——“波特假说”

另一类与传统观点相对应的是支持“双赢论”的学者，他们从动态视角出发，认为企业并不总是能够作出最优的决策，所以合理设置的环境规制政策能够刺激企业进行环境投资改造，以及技术和管理的创新，保持甚至提高企业竞争力，从而使产业达到经济绩效和环境绩效同时改进的“双赢”状态，这一结论被称为“波特假说（Porter Hypothesis）”（Porter & Van der Linde，1995；Porter，1996）。“波特假说”有两个前提条件：一是从静态模型走向动态模型。与传统观点的静态假定条件不同，“波特假说”中的资源配置、技术和消费需求等条件是可变的；二是环境规制工具必须是“恰当设计的”。在此重要前提下，要求环境规制必须以市场机制为基础，对企业具有激励作用。“波特假说”得以成立的环境规制应具有三种特征：第一，规制目标应为企业创新提供最大空间；第二，促进企业连续创新，鼓励企业超过特定的技术目标；第三，规制过程分阶段实施，尽可能减少不确定性。环境规制按其运作模式及特点可分为命令控制性和以市场为基础的激励性环境规制，“恰当设计的环境规制”主要是针对后者而言的。基于“波特假说”的理论基础，本书将“双赢论”具体概括为以下三种实现途径：第一，“创新补偿（innovation offsets）”效应，包括产品（创新）补偿和生产过程（创新）补偿（张嫚，2004）；第二，先动优势（first-mover advantage），当一国的环境规制制度正确预期，并率先与国际环保趋势相一致时，该国企业更可能在国际市场上获得“先动优势”；第三，一国通过设定较高的环境规制壁垒，阻碍其他国家企业的进入，较高的进入门槛降低了行业内的竞争程度，对国内企业形成保护作用，使之获得垄断利润。

“波特假说”提出后，引发了有关环境规制与总体创新（生产技术和治污技术创新的综合）、企业生产率、治污技术创新、产业绩效和国际竞争力关系的大量实证研究。有学者使用 1972 ~ 1986 年美国、日本、德国的数据研究了环境规制对环境技术发明、扩散的影响，以污染治理支出和环境专利数量分别代表规制强度和技术创新，结果二者存在正向关系，但规制对创新的促进作用存在 1 ~2 年的滞后反应（Lanjouw & Mody，1996）；张成等（2011）在环境规制强度和企业生产技术进步之间构建了数理模型，对 1998 ~2007 年中国 30 个省份的工业部门进行了检验，研究结果表明，中国东部和中部地区的环境规制强度和企业生产技术进步之间呈现 U 型关系，而西部地区，受到环境规制形式的影响，效应不显著。

2.3.2 环境规制的生态效应

在生态侧面，环境规制是否能有效实现环境保护目标呢？国外学者主要通过经验分析的方法观察环境规制的实施效果。大部分学者的研究结果显示，正式的环境规制与环境质量表现呈正相关。马加特和维斯卡西（Magat & Viscusi，1990）、拉普朗特和莱尔斯通（Laplante & Rilstone，1996）分别采用加拿大魁北克省和美国的纸浆纸制品行业数据，以化学需氧量和固体悬浮物的排放量为环境质量代理指标，观察环境规制的减排效果，结果表明能促使企业的化学需氧量的排放能减少约 20%，固体悬浮物的排放量减少约 28%。我国也有学者同样发现了环境政策能够减少污染排放的证据（李永友和沈坤荣，2008；包群等，2013 等）。然而，也有一些学者的研究得出不同的观点。戈尔达和班纳吉（Golda & Banerjee，2004）的研究证实一些针对印度集群产业的环境规制与其下游水质只呈现了微弱的关系；巴拉克玛和基尔德加德（Blackma & Kildegaard，2010）的研究也发现墨西哥环境保护机构执行更多的环境监察次数并不能刺激企业采用“净化”技术，因而他们认为正式的环境规制缺乏真正的实施效力。

2.3.3 环境规制与环境效率

随着效率测算技术的日趋成熟，学者开始将污染排放、资源能源等因素纳入考察区域全要素生产率的分析框架内，近年来计算环境效率的文章层出不穷，主要可归结为两类文献：第一类文献主要侧重于效率测算，以此评估某区域的环境政策作用效果，环境效率越高则判定其环境制度相对严格；第二类文献则在测算效率的基础上，进一步通过实证回归分析深入探讨规制与效率的关系。

1. 效率测算方法的评价

效率测算基于前沿函数的估计方法差异主要有参数和非参数两种思路（Berger & Humphrey，1997）。部分学者采用的随机前沿分析法（SFA）对中国省级水平的环境效率进行测算是参数分析方法体系的重要体现（李胜文等，2010、2013；匡远凤和彭代彦，2012；Goel & Herrala，2016；Ghosh & Kathuria，2016），而大多数学者使用的数据包络分析法（DEA）则是非参数思路下的代表方法（Zofío & Prieto，2001；Mandal，2010；Bi et al.，2014）。我国也不乏学者运用DEA的方法考察环境资源约束下的全要素生产率，通常做法是先构建方向距离函数，然后基于DEA模型进行求解（胡鞍钢等，2008；涂正革，2008）；自基于松弛量的方法——SBM的模型被用于分析非期望产出（如污染排放）之后，程丹润和李静（2009）、王兵（2010）比较了有关非期望产出处理的DEA模型的优缺点，通过引入用非径向和非角度（SBM）模型处理非期望产出SBM模型，测算了年我国各省区的区域环境效率；而有学者认为传统DEA方法存在把环境技术当作了一个“黑箱”（The Black Box）问题，基于法尔（Fare）等（2011）的研究，涂正革和谌仁俊（2013）运用网络DDF－DEA模型、王兵和罗佑军（2015）使用网络RAM－DEA模型、李静和倪冬雪（2015）及何枫等（2015）采用非期望产出的网络SBM－DEA模型测算了中国工业或相关行业的环境技术效率。

从效率评价的结论来看，大部分学者认为，在考虑了环境污染的负外部性，即把污染排放作为非期望产出放入模型中进行测算后，所得到的环境约束下的全要素生产率和技术进步率要小于不考虑或者没有正确考虑环境因素的度量值（陈诗一，2010），这一结论与有学者所发现的二战后大部分亚洲国家（地区）的增长不是由生产率进步来推动的结论一致（Young，1995）。而渡边和田中（Watanabe & Tanaka，2007）利用中国各省工业数据检验了只考虑期望产出与同时考虑期望和非期望产出的两种技术效率度量方法，发现前者技术效率度量是有偏的，通常会高估真实的工业效率水平。

在分区域的效率测算结果比较中，大多发现中国省际的区域环境效率或工业环境效率呈现东部地区大于中西部地区的结果（李静，2009；刘伟明和唐东波，2012）。田银华（2011）用序列 Malmquist - Luenberger（SML）指数法对环境约束下的中国区域全要素生产率估算，样本区间内累积环境 TFP 指数最高的区域分别是东北沿海地区、南部沿海地区和北部沿海地区，累积环境 TFP 指数最高的是上海、北京、海南。

在分行业的效率测算结果的比较中，污染型行业的效率水平要比清洁型行业的低（沈能，2012）；而在污染型行业的比较中，李玲和陶峰（2012）认为以污染密集型产业和重化工业为主体的重度污染产业的环境效率要高于以生活用品制造业和部分重工业为主体的中度污染产业。

从动态效率的结果来看，考虑和不考虑环境因素测算出的效率变化均保持了上升的走势（李小胜等，2014），匡远凤和彭代彦（2012）用基于 SFA 的方法和 ML 指数、王兵（2010）基于 SBM 的方法和 ML 指数都发现区域环境全要素生产率的平均增长率都高于传统全要素生产率的平均增长率。这可能与环境管制促进技术进步的“波特假说”在中国得到初步验证有关，考虑环境因素的 TFP 主要是由技术进步推动（王兵，2010），但是，考虑环境约束之后的 TFP 增长对我国经济增长的贡献度很低，这反映了我国经济粗放增长的现实（田银华，2011）。然而，也有学者的研究出现了不一致的结论。李斌等（2013）的研究发现，2001 ~ 2010 年中国的绿色全要素生产率非但没有呈现上升的趋势，反而出现了一定的倒退，此发现与陈诗一（2010）的研究结论一致。韩元军等（2011）也认为从环境非规制到弱规制时，各省份和地区的工业综合技术效率趋向不变或下降。

2. 实证回归分析的验证

在运用计量回归分析的文献中，有分析认为环境规制能够促进环境效率的提升。蔡宁等（2014）通过实证分析发现，环境规制对东部、中部和西部地区绿色工业全要素生产率的相关系数均为正，并且对西部和中部地区工业的促进作用要高于东部地区。李玲和陶锋（2011）运用SBM方向性距离函数和Luenberger生产率测度了2004～2008年中国工业部门中19个污染密集型产业，考虑了4种非期望产出的绿色全要素生产率，发现环境规制程度对污染密集型产业的绿色全要素生产率提高具有推动作用。张各兴和夏大慰（2011）以中国30个省市区的发电行业为研究对象，用随机前沿生产函数（超越对数生产函数）估计了我国发电行业的技术效率，并进行了实证检验，结果显示短期内环境规制程度越弱，二氧化硫排放量越高，发电行业效率越高；而长期来看，环境规制程度越强，二氧化硫排放量越低，发电行业效率越高。但是，聂普焱和黄利（2013）认为当前环境规制强度阻碍了中度能耗产业全要素能源生产率的提高和技术创新，高度能耗产业环境规制强度对全要素能源生产率的影响不显著，低度能耗产业环境规制强度适应行业的发展需要，促进技术的进步。进一步将规制分为命令—控制型（CCR）、市场激励型（MBR）和补贴（GS），虽然在中国CCR应用广泛，但只有MBR和GS对效率有显著的正向促进作用（Zhao et al.，2014）。

也有学者认为环境规制与环境效率存在非线性关系。李玲和陶峰（2012）对分行业进一步研究发现，环境规制与以污染密集型产业和重化工业为主体的重度污染产业的绿色全要素生产率、技术创新和技术效率的关系呈倒“U”型，而对于中度污染产业和轻度污染产业，随着环境规制程度由弱变强、绿色全要素生产率、技术进步和技术效率会呈现先下降后提高的“U”型特征，相对于生产率和技术效率而言，技术创新能够更早突破“U”型拐点。沈能（2012）认为环境规制与工业环境效率正相关，一定程度上验证了“波特假说”的正确性；但是，通过非线性门槛面板模型考察我国环境规制和环境效率的“门槛效应”后发现，环境规制强度和环境效率之间符合倒“U”型关系，具有显著的三重非线性门槛特征，然而不同行业环境绩效对于环境规制强度的弹性系数和极值有所差异，污染密集型产业会出现先降、后升、再下降的情况。李斌等（2013）环境规制强度对工业环境效率的影响存在“门槛效应”，当规制强度低于 1.999，环境规制的作用不显著；门槛值介于 1.999 和 3.645 之间时，规制强度的提高将有利于促进工业行业绿色全要素生产率的提升；而当规制强度一旦越过门槛值 3.645，其会对工业发展方式产生负面效应。韩晶（2013）运用方向距离函数测算制造业各行业的环境效率水平后发现，制造业全行业存在三重“门槛效应”，环境规制与环境效率之间呈现出扁平的“U”型特征，重度污染行业也存在三重门槛，但呈现出明显的倒“U”型特点，中度污染行业和轻度污染行业分别具有三重门槛、两重门槛，环境规制系数在门槛区间内均具有“U”型特点。

2.4 腐败与地区环境质量

腐败对经济和社会影响的文献众多，但直至 20 世纪 90 年代才涉足腐败与生态环境的关系。罗宾斯等（Robbins et al.，2006）指出，腐败会增大自然保护区维护的难度；摩斯（Morse，2006）认为，腐败会降低环境的可持续性；威廉姆森等（Williams et al.，2009）发现，腐败增加了坦桑尼亚的娱乐狩猎，破坏了生物多样性；科尤恩等（Koyunen et al.，2009）揭示，腐败会导致森林面积的不断减少。现有研究框架主要有直接和间接两种思路。

2.4.1 腐败、环境规制与环境污染

从前文所述的利益集团理论和寻租理论可知，规制者通常并非从公

众利益最大化的视角出发，而是出于个人私利的考虑，凭借其掌控的稀缺公共资源，不仅创造政治租金，还抽取私人租金。因而，环境规制本身在政府官员选择行为影响下，存在被扭曲的可能性，这种政企合谋行径也会致使环境治理陷入困境。

腐败对环境规制或环境政策的影响通常作用于规制制定和执行两个方面。森德斯特伦（Sundstrom，2013）通过对南非渔民的微观分析指出，腐败影响环境效果主要有两个途径，在环境政策的制定方面，腐败官员制定的环境规制强度会比较低，在环境规制的执行方面，由于政府允许破坏环境的资源过度开采者免于承担责任，所以规制的服从度很低。达玛尼亚和弗里克森（Damania & Fredriksson，2003）指出，腐败水平的高低会决定社会福利和贿赂收益对于政府的相对重要程度，从而影响环境政策的制定。也有学者指出，这种对腐败影响环境政策制定过程的分析可以推广到其他的政府决策过程中（Dong & Torgler et al.，2013）。奥利维亚（Oliva，2015）研究了墨西哥排放测试中的欺骗行为及它对减少车辆排放这类规制实施效果的削弱程度，指出欺骗通常以贿赂车辆烟雾检测中心技术人员的方式，使驾驶员能够在没有达到排放标准情况下规避规制。

2.4.2 腐败、经济增长与环境污染

探讨腐败与环境关系的另一思路是以腐败、收入和环境污染作为基本框架，考察了腐败对环境的间接影响。洛佩兹和米特拉（Lopez & Mitra，2000）指出，腐败会上移环境库兹涅茨曲线，导致在收入水平一定的情况下，污染程度高于没有腐败时 EKC 确定的社会的均衡水平，EKC 的拐点会出现在收入更高、污染更严重的时候。雷涛（Leitao，2010）也指出，腐败水平决定了不同国家的 EKC 曲线的位置，腐败水平越高，拐点的收入水平就越高，污染水平偏离社会最优的程度就会越高。

有学者在研究中同时包含“腐败—环境规制—生态环境”的直接效

应和“腐败—收入增长—生态环境”的间接效应，探讨腐败对环境产生的影响。韦尔施（Welsch，2004）发现，腐败对环境效果的直接影响是负向的，但是腐败通过阻碍经济发展从而影响环境效果的间接影响可正可负，从数值上看却很小，因而最终增加了环境污染，这种极影响在低收入水平的发展中国家更显著特。科尔（Cole，2007）基于Welsch的研究构造了包含直接和间接两种效应的方程，使用1987～2000年96个国家数据发现，腐败对空气污染的正向直接效应小于负向的间接效应，除了最发达的国家，腐败对空气污染的整体效应是负向的。

2.5 公众环保诉求、环境规制与地区环境质量

有研究表明公众投票机制能显著地影响政府制定环境治理政策（List & Sturm，2006），而赋予社会公众更大的权利、强化民主监督对环境政策的实施效率起到提升的作用，可以改善地区环境质量（Farzin & Bond，2006）。有学者对公众环保诉求的环境治理效应展开了大量的实证分析，大多文献的结论表明公众诉求推动了地方政府环境保护的积极性，对地区环境治理有极大的促进作用。兰帕普和希姆谢克（Langpap & Shimshack，2010）调查了美国公众对环境污染的诉讼案件，发现公众监督作为一种非正式环境规制对美国的水污染治理发挥了显著地功效。学者对中国85个乡镇展开调查后发现，来自上级政府与辖区内公众的压力会促使地方政府强化环境规制水平，提供更多的环境服务（Wang & Di，2002）。达斯古普塔等（Dasgupta et al.，2001）的研究发现公众抱怨会影响当地环境执法稽查行为，进而对环境污染排放产生影响；同时，也有学者在分析中国3000家企业数据之后，也指出民众环境投诉越多的地区，企业缴纳的排污费强度越高（Wang & Wheeler，2005）。郑思齐等（2013）采用中国2004～2009年86个城市的面板数据分析公众诉求对于城市环境治理的推动机制，实证结果表明，公众环境关注度

能够有效地推动地方政府更加关注环境治理问题，通过环境治理投资、改善产业结构等方式来改善城市的环境污染状况，并促使环境库兹涅茨曲线的拐点提前到来。然而，张翼和卢现祥（2011）的研究表明公众以信访的形式参与环保对于降低中国碳排放强度和人均碳排放量起到了积极作用，但政府与公众参与的联合治理机制对于碳减排的作用比较有限。

2.6 文献述评及本书的贡献

2.6.1 文献述评

如上所述，国内外学者对环境规制的经济效应或社会效应，包括环境污染状况（李永友和沈坤荣，2008；余长林和高宏建，2015）、经济绩效（经济增长；赵霄伟，2014）、产业竞争力（傅京燕和李丽莎，2010）、企业绩效（Féres & Reynaud，2012）、技术创新（Tombe & Winter，2015；张成等，2015）、产业结构（韩晶等，2014；原毅军和谢荣辉，2014）、出口贸易（Hering & Poncet，2014；任力和黄崇杰，2015）、资本流动（朱平芳，2011；Tang，2015）、企业选址（Zhu，2015；周浩和郑越，2015）、劳动力就业（Gray et al.，2014；Hanna & Oliva，2014）、公共健康（Greenstone & Hanna，2014；Tanaka，2015）等视角进行了大量深入的研究，并取得丰硕的成果，相关理论和实证研究文献已初具规模，研究方法上亦取得了长足的进展。然而，笔者认为以下几个方面的研究仍亟待深入进行：

第一，在环境效率的研究方面，目前的测算方法已日趋成熟，但仍存在以下几个问题：一是效率指标的概念名称和内涵混淆（王兵，2014）。目前，多数文献通过将污染排放视为“非合意”或“坏”产出的方式，把考虑环境因素后测算得出的效率称之为环境效率，然而文献综述还存在环境全要素生产率（李小胜等，2013）、绿色全要素生产率（李玲、陶锋，2012；李斌等，2013）、环境敏感性全要素生产率（魏楚等，2011）等不同名称；二是在指标选取上，对于期望产出水平，通常选用地区视角研究的地区生产总值或工业视角研究的工业增加值、工业总产值作为数据指标，资本、劳动力和能源消费（或煤炭消费）作为投入要素，而关于“非期望”产出指标的选取存在较大的争议，尚未形成统一标准，大多学者只以工业二氧化硫一种污染物的排放表示。

第二，在环境规制与环境效率二者关系的探讨上，存在如下不足之处：一是直接实证检验二者关系的应用研究颇多，鲜有文献从理论上深入分析环境规制对环境效率的理论机制，再以此基础找寻中国的经验证据；二是实证回归分析中，仅少数文献结合环境规制体系全面考察规制工具的运用，大多仅以某单一指标间接代理环境规制变量，测度方法单一，对制度本身剖析尚浅，政策指导性不强；三是经验研究中，鲜有文献考虑了环境规制的内生性问题，因此得出结论的可靠性难以保证。

第三，虽然我国已有学者开始探讨环境规制的形成机制，然而在以下方面有待完善：一是鲜有文献在探讨政府在进行环境管制时，会同时受到公众监督的制约和企业行贿的诱惑双重影响，将其放在一个框架下研究地方政府的行为选择；二是虽然已有大多文献从定性分析的角度出发，试析中国环境问题上政府规制的失灵和治理（许庆明，2001；张秋，2009；曾丽红，2013），但定量研究的成果依然匮乏，少数实证分析的文献也仅仅只探讨了腐败对某一侧面的规制政策的作用效应；三是鲜有文献进一步讨论分别在腐败和公众诉求的影响下，环境规制的治理效应。

2.6.2 本书较以往研究的改进之处

第一，在清晰界定环境效率指标内涵的基础上，完善投入、产出的指标，将污染治理投入及 CO_2 也纳入研究框架，选择包含非合意产出的 Super - SBM 模型测算中国地区工业环境效率，重新评价中国区域的可持续发展状况及分析空间非均衡特征，并采用 Dagum 基尼系数及按子群分解方法探索中国工业环境效率空间非均衡的来源。

第二，在环境规制与环境效率二者关系的讨论上，理论上剖析环境规制影响效率的微观机制和作用路径，弥补现有研究机制探讨的不足，实证上对比考虑命令—控制型和市场激励型两种环境政策工具的作用效应，克服环境规制的内生性问题，并运用中介效应方法对作用机制进行验证，为中国环境规制工具的合理选择提供了科学依据。

第三，探讨考虑地方政府在环境规制制度供给时如何同时受被规制对象（排污企业）和被保护对象（社会公众）的双重影响，并进一步考察在腐败和公众环保诉求的调节作用下环境规制对地区工业环境效率产生的效应，为构建政府、企业、社会共治的环境治理体系提供有力的理论支撑。

第3章

中国环境规制的演进轨迹与特征

改革开放之前，中国的环境问题已经凸显。1949～1957年，以火电厂为典型代表的重度污染工业企业沿河而建，且缺乏“三废”排放的技术处置，江河成为其排污出口；进入“大跃进”时期后，在“大练钢铁”“大搞群众运动”方针的指导之下，盲目发起大规模经济建设，工业发展无序，任意布点，“三废”排放肆意，1958～1965年生态环境遭遇巨大破坏；1966～1972年，一些不恰当的工农政策导致环境污染迅速蔓延，生态环境进一步恶化，环境问题“触目惊心”；1972年成为我国环保工作转折点，受国内外环保事业推动的影响，中国开始采取一些污染控制措施，然而生态环境恶化问题并没有得到根本的制止。改革开放以后，中国现代化、工业化进程加快，经济进入高速增长时期，但中国也为此付出了沉重的资源环境代价，污染问题集中暴露，生态系统面临退化的形势严峻。2014年，中国工业废水中主要污染物化学需氧量排放量为311.3万吨，占排放总量的13.57%；工业废气中重要污染物二氧化硫排放量为1740.3万吨，占排放总量的比重高达88.14%。面对日益严峻的环境问题，中国政府在环境保护法律法规体系的建立与完善、环境管理体制的构建与变迁、环境规制工具的设计与运用上付诸不少的努力，污染控制及治理方面取得一定成效，但仍存在一些问题，在此情况下剖析探索中国环境规制体系的特征、探索最优规制模式意义重大。

3.1 环境法制体系的建立与完善

3.1.1 环境保护法制化历程

我国环境法制化大致经过了环境规制的萌芽（新中国成立至20世纪70年代末）、起步（20世纪70年代末至80年代末）、发展（20世纪80年代末至90年代末）、完善（21世纪初至今）四个阶段，掀起了三次立法高潮。

1. 新中国成立至20世纪70年代末：萌芽阶段

新中国成立之后，我国开始进行社会主义新中国的建设事业，在满足人民群众的基本需要和集中力量发展经济的过程中，出现了一些污染环境、破坏资源的局部现象，为了应对这些问题，国家和政府制定了一些法律法规，如1951年4月的《矿业暂行条例》、1953年12月的《国家建设征用土地办法》、1957年6月的《关于注意处理工矿企业排出有毒废水、废气问题的通知》等。但是，这一时期的大部分有关环境保护的法律法规效力等级都比较低，多为行政法规与行政规章，表现出很强的政策性，同时缺乏综合性的、基本的环境保护法，法律规范的内容十分零散（张璐，2010）。所以，这些零星的国家规定无论从立法位阶上看，还是从实际内容上看，都谈不上是真正的环境立法，只能说是孕育了环境立法的萌芽。

2. 20世纪70年代末至80年代末：起步阶段

中国环境立法发展始于20世纪70年代，中国派代表参加了1972年在瑞典斯德哥尔摩召开的联合国人类环境会议，这次会议给中国带来了现代环保理念，从而促使中国真正开始了环境立法工作。1973 年 8 月，中国召开了第一次全国环境保护会议，通过了《关于保护和改善环境的若干规定（试行）草案》，确定了国家有关环境保护的一些方针政策。随后国务院正式批准了此规定。1978 年修订的《宪法》明确了“国家保护环境和自然资源，防治污染和其他公害”，第一次以国家根本大法的形式规定了环境保护的内容，将自然保护和污染防治确定为环境保护和环境法的两大领域，从而奠定了中国环境法体系的基本构架和主要内容，并为中国环境保护进入法制轨道开辟了道路（左家，2009）。1979 年 9 月，第五届全国人大常委会通过了《环境保护法（试行）》，该法的内容全面系统，是我国环境与资源保护法走向体系化的第一步，也是其成为独立法律部门的标志。此后，环境与资源保护的单行法也有了一个较快的发展，包括污染防治与自然资源保护方面的法律［《海洋环境保护法》（1982 年）、《水污染防治法》（1984 年）、《大气污染防治法》（1987 年）等］、环境管理方面的行政法规［《征收排污费暂行办法》（1982 年）、《建设项目环境保护管理办法》（1986 年）等］等。此阶段是我国环境立法从无到有的阶段，也成为我国环境资源法发展的黄金时期（蔡守秋，2005），中国环境法体系的雏形初现。

3. 20 世纪 80 年代末至 90 年代末：发展阶段

1989 年全国人大常委会通过了《环境保护法》，标志着我国环境与资源保护法进入一个新阶段。1993 年 3 月，全国人大成立了环境与资源保护委员会（简称环资委），从 1994 年起，环资委的立法工作全面展开，由此形成了第二次环境立法高潮（蔡守秋和王欢欢，2009）。这一阶段环境保护法有两大特点：一是重视现有法律、法规的完善和执行工作，对原有法律法规进行修改、补充；二是在加强和完善中央立法的同时，开展地方环境立法工作，这一阶段地方环境立法在某些方面比中央环境立法更为活跃。但是地方立法内容上机械地从属于中央立法，缺乏地方特色，很少能够结合本地实际制定既符合统一法律、法规，又符合本地环境实际的地方环境法规，这些立法活动的产物大多是全国性环境立法的翻版。在实践中，往往国家立法没有解决的问题，地方环境立法也不能解决国家立法的空白或薄弱环节。

4. 21 世纪初至今：完善阶段

进入 21 世纪后，我国于 2001 年 11 月加入了 WTO，为了迎接 21 世纪和中国加入 WTO 后的挑战，我国再一次加强了环境资源法制建设工作。这个阶段的环境立法主要有三个特点：一是修订前期不完善条款，同时也制定了几部新环境资源法律，涉及了一些环境保护的新领域，如《防沙治沙法》（2001）、《医疗废物管理条例》（2003）、《海岛保护法》（2009）等；二是地方立法具备了一定的自主性，部分省份开始结合自身环境特点立法，立法技术日渐成熟；三是中国环境法从第一代迈向第二代，具体表现为防治为主的“末端治理”型法律逐步转向预防为主的“源头控制”型法律，强调首端治理和全过程控制，鼓励和促进循环经济和清洁生产，如 2002 年《中华人民共和国环境影响评价法》《中华人民共和国清洁生产促进法》的出台、2005 年颁布的《可再生能源法》都是明显的例证（曹明德，2006）。

3.1.2 现行的环境法制体系构成

我国环境法制体系包含环境法律体系和环境标准体系两个部分。环境法律体系，又称立法体系，是指由相互联系、相互补充、相互制约，有关环境资源开发、利用、保护、改善，以及其管理的法律、法规、规章和其他具有法律约束力的规范性文件所组成的系统（蔡守秋，2005）。新中国成立以来，我国的立法体制经历了由 1954 年宪法下的高度集中的“一元立法体制”，向目前的“一元性与多位阶、多系性的立法体制”的转化（郭道晖，1998）。1982 年开始，宪法将立法权由全国人大扩展至全国人大常委会、国务院及各省、自治区和直辖市等地方政府。依据现行宪法及《立法法》的规定，我国目前实行一元多层次的立法体制，即中央统一领导、中国与地方适当分权的立法体制。因此，从现行立法体制看，我国法律体系主要由宪法、环境法律、环境行政法规、环境部门规章、地方环境法规、地方政府环境规章和其他环境规范性文件7个层次构成。依据法律规范的效力等级自上而下排列，中国环境立法体系整体呈"金字塔"形结构，目前已经形成了以《中华人民共和国宪法》为基础，以《中华人民共和国环境保护法》为主体，以环境保护专门法及与环境保护相关的资源法、资源保护行政法规、环境保护行政规章、环境保护地方性法规为主要内容的环境法律体系（如图3－1所示），中央层面的主要法律见附表1。环境标准是中国环境法制体系的一个重要组成部分，目前中国的环境规制标准由国家环境保护标准、地方环境保护标准和国家环境保护行业标准构成（如图3－2所示）。

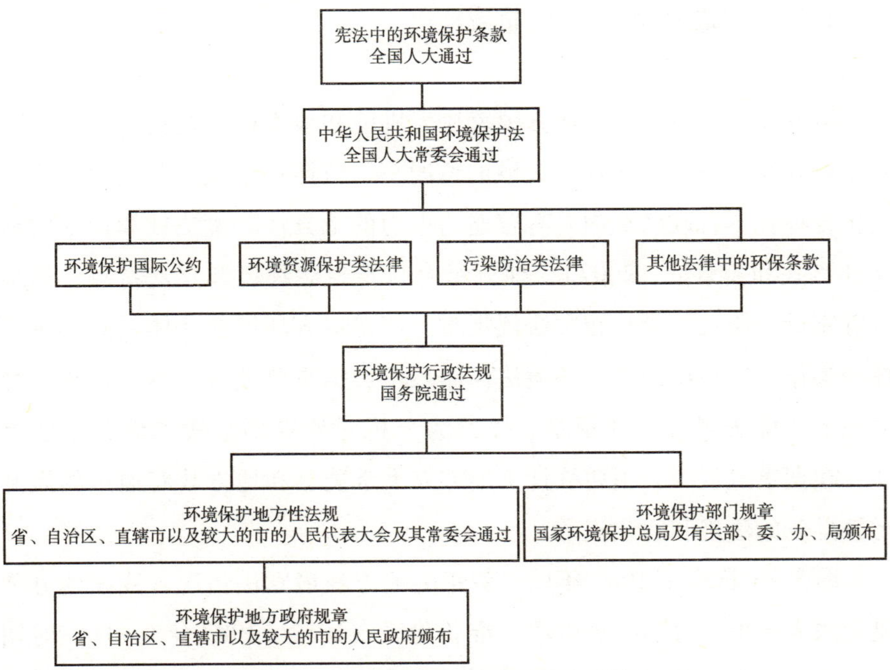

图3－1　中国环保法律法规体系

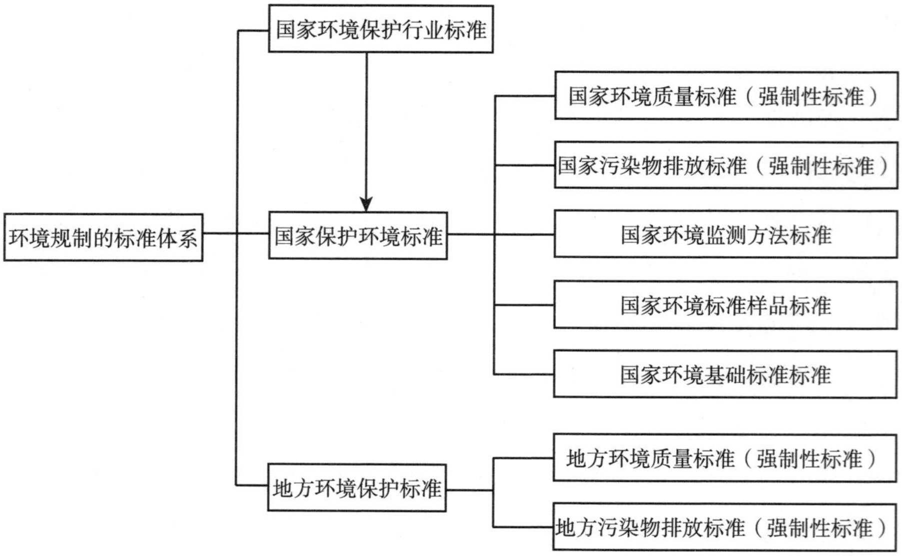

图 3－2　中国环境标准体系

3.1.3　地方环境立法情况

地方环境立法，是指地方国家权力机关和地方行政机关在不与宪法和现行环境行政法律法规相抵触的情况下，依照法定程序制定、修改和废止各种在本行政区域内具有普遍约束力的地方性环境法规和规章的活动（肖兴和姜素红，2007）。地方结合自身自然环境和立法特点，因地制宜制定、修正或废止相关法规规章，使得地方环境立法体系更具灵活性和操作性，在我国整个环境法律体系中占据重要地位。本书搜集了部分地方环境法规和行政规章，以此为分析对象观察了我国地方立法特征，在搜集过程中，主要统计了地方人大常委会和地方政府通过的限制污染排放的法规和行政规章。

图 3－3 给出了 1982 年以来各年的地方环境立法情况，我国地方环境立法大致可以分为三个阶段：准备阶段（1982～1987 年），这一时期的地方环境立法数量有限，只是个别省份偶尔为之，并且大多为环境保护、河道管理的暂行条例或水系水资源保护条例（试行）等；发展初期

（1988～1996年），由于中央政府在20世纪90年代初将生态环境保护正式纳入到政府工作议程，地方层面的环境立法工作随之活跃，覆盖的环境问题的种类也日渐丰富，不仅有执行性立法也有了自主性探索性立法；继续发展与修订完善阶段（1997年至今），这一时期在立法数量有了大幅度的提高，地方环境立法技术日渐成熟，各省针对自身环境特点立法，具备了一定的自主性，特别是1997年立法数量高达36条，且大部分是修改修订前期不完善的法规条款，这一过程反映了在多年粗放式经济增长发展模式带来的环境问题之下，各地也逐渐开始重视地方的环保法制工作。

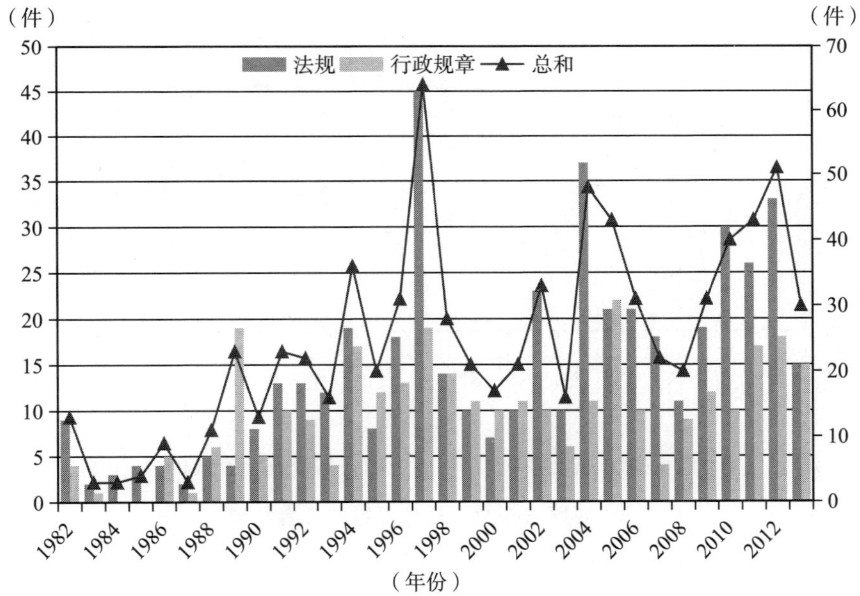

图3－3　1982～2013年中国各省颁布的法规总数、规章总数及二者总和

资料来源：全国法律法规数据库手工整理。

由图3－4可以看出，各地环境法规也存在较大的差异。首先，经济发达省份往往趋向于采取更为严格的环境立法，例如截至2013年年底，广东、江苏、山东和浙江这四大中国制造业活跃省份累计有效的法规和行政规章总数分别达到25条、21条、19条和24条之多，大多高于其他经济欠发达省份。其次，由于山西省的经济发展主要以煤炭等资源型产业为主，环境污染、资源破坏压力更大，因此其累计有效的环保法规远高于其他地区。此外，云南、海南和青海三省的生态旅游资源丰富，为保证第三产业的可持续发展，也倾向于实施较为苛刻的法规监管。河南省的法规和规章总数虽然较多，但法律效力更高的法规并不多，多数规范性文件为指导环境管理的行政规章。

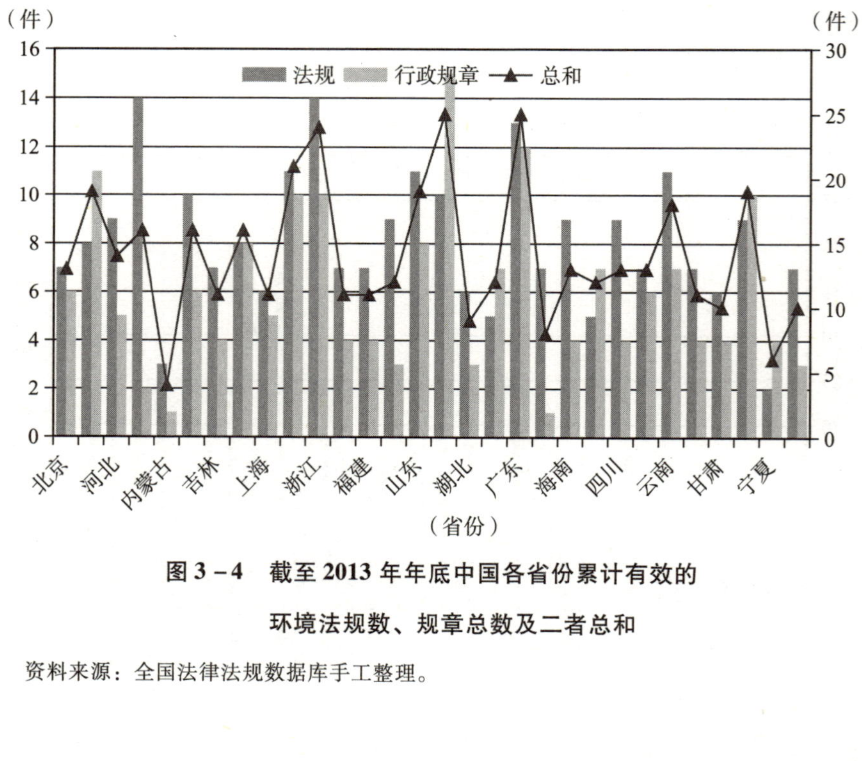

图3－4　截至2013年年底中国各省份累计有效的环境法规数、规章总数及二者总和

资料来源：全国法律法规数据库手工整理。

从针对工业“三废”排放的地方法规和行政规章数量来看，针对工业废水、污水排放的环境法规最多，各地都纷纷出台了有关江河湖海水资源保护、水污染防治和河道管理等条例或办法。地方针对大气污染防治和固体废物（含危险废物和辐射废物）污染防治颁布和修订的法规数量差距不大，然而各省对固体废物污染防治修正的频率更高，虽然有12个省份涉及了大气污染防治的条例，但除了陕西和北京分别于2013年和2014年进行了修正以外，其余省份几乎常年没有更新变化。

3.2　环境管理体制的变迁

中国环境管理体制历史沿革总结而言，有“两阶段”说（曾祥坤，2005）、“三阶段”说（吕忠梅，2002）和“四阶段”说（韩德培和陈汉光，1998）。实际上，直至1972年受到斯德哥尔摩召开的联合国环境大会的影响，我国才正式开始重视环境保护问题，开展相关工作。因而，学界的主流观点认为，我国真正意义上的环境管理应开始于20世纪70年代。在此，本书将环境管理体制的变迁阶段分为初创时期（1971～1979年《环保法》试行前）、发展时期（1979～1989年《环保法》试行期间）和形成时期（1989年《环保法》施行后）三个阶段（铁燕，2010）。

初创时期：1971年，国家计委成立了环境保护办公室，中国政府机构的名称中第一次出现“环境保护”；1972年，中国政府派代表团参加了在瑞典斯德哥尔摩召开的人类环境会议；1973年，国务院召开了第一次全国环境保护会议，通过了《关于保护和改善环境的若干规定（试行草案）》；1974年，国务院环境保护领导小组正式成立，领导小组下设办公室，由国家建委代管，负责日常工作。由此开始，中国建立了专门的环保机构。

发展时期：1979年，是中国环境保护发展历史上的一个里程碑，《中华人民共和国环境保护法（试行）》中明确要求中央和地方各级设立环境保护行政机构，政府各部门、企业和事业单位按需设立环境保护机构；在1982年的国家机构改革中，国务院环境保护领导小组办公室与国家建委、国家城建总局、建工总局、国家测绘总局合并，组建城乡建设环境保护部，内设环境保护局，并实行计划单列和财政、人事权的相对独立；1984 年，国务院成立环境保护委员会，其办公室设在城乡建设环境保护部，由环境保护局代行其职，同年 12 月，城乡建设环境保护部下属的环境保护局改名为国家环境保护局，作为国务院环境保护委员会的办事机构，但仍归城乡建设环境保护部领导；在 1988 年的政府机构改革中，国家环保局从建设部中分离出来，成为国务院的一个直属机构，这对加强中国环境保护管理体制有重大意义。

形成时期：1998 年，国家环境保护局升格为正部级的国家环境保护总局，标志着中国环境保护管理体制的建设进入了一个新阶段；2008 年，国家环境保护总局进一步升级为国家环境保护部，从直属机构变为国务院组成部门，提高了环保机构的权威性。

3.3 主要环境规制工具的实践

3.3.1 命令—控制型环境规制

我国命令—控制型规制工具的手段众多，包括禁令、标准、区划、许可证制度、使用限制、配额等。在我国，该种方式是环境治理的主导工具，按照发生阶段，可分为“事前”“事中”“事后”三种污染控制类型（杨洪刚，2009）。

1. 事前控制

事前控制手段包括环境规划制度、污染排放标准控制、浓度排放控制和总量控制、“三同时”制度、环境影响评价制度等。自《环境保护法》开始实施，县级以上环保部门责备要求制定环境保护规划，要求一定时期内对生态环境采取保护行动计划，环境规划以环境问题的事前预防为基础原则。污染排放标准通常是命令—控制型环境规制工具的“第一道防线”，浓度排放控制和总量控制则为改善区域环境质量的“第二道防线”。“三同时”制度1973年开始得以通过，是在我国出台最早的一项治理制度，即要求环境保护设施和主体工程“同时设计、同时施工、同时投产”。1979年颁布的《中华人民共和国环境保护法（试行）》首次提出环境影响评价制度，某地区进行可能影响环境的工程建设，在规划或其他活动之前，对其活动可能造成的周围地区环境影响进行调查、预测和评价，并提出防治环境污染和破坏的对策，以及制定相应方案。

2. 事中控制

排污许可证制度属于典型的事中控制手段，指凡是需要向环境排放各种污染物的单位或个人，都必须事先向环境保护部门办理申领排污许可证手续，经环境保护部门批准后获得排污许可证后方能向环境排放污染物的制度。企事业单位按规定向环保部门申报登记污染物排放设施、处理设施及正常作业下污染物的排放种类、数量和浓度，对不超过国家及地方规定的污染排放总量和标准的企事业单位颁发许可证。因此，排污许可证制度以排污总量控制为基础，自20世纪80年代中期开始在水污染防治领域试点，作为环保部门执法的重要依据。

3. 事后控制

事后控制即政府对违规企业的行政处罚，以限期治理制度和企业的关停并转为主要手段。2014年上半年，全国共处罚环境违法案件19289件，处罚金额74325.1万元，北京、河北、上海、江苏、浙江、福建、广东、陕西等省（市）工作较为突出。从处罚情况看，违反环评及“三同时”制度仍是最主要的违法行为，占案件总量的51.57%；违反水污染防治管理制度、大气污染防治管理制度、固体废物污染防治管理制度、噪声污染防治管理制度的案件分别占12.48%、13.70%、5.06%、4.09%（周丽燕，2014）。在我国主要的6种环境处罚手段（包括罚款、限期治理、警告、停产停业、吊销证书和行政处分）运用过程中，罚款成最常用手段。据中国环境与发展国际合作委员会环境专家组的调查报告，根据环境行政处罚手段使用频数由高到低（如图3－5所示），罚款占总频数的60%，但调查显示，排前2位最有效的处罚手段却分别是责令停产停业和罚款，其中责令停产停业占总频数的47.5%，罚款占28.8%。对企业而言，停产停业属于重大处罚，攸关企业生存，是一种极具威慑性的处罚方式，然而也正因为此处罚后果严重，因此法律给予了严格的使用规定：第一，执法机构不能直接做出停产停业的处罚规定，而只能由执法机构所隶属的政府做出；第二，企业的违法情节要严重（路新元等，2006）。由此可见，停产停业因其严重的后果性及严格的使用条件，它必然并不能成为执法机构常用的处罚手段之一。而罚款在最有效和最常用执法手段排名中均进入前两位，可见其在中国环境行政处罚手段中的地位。罚款与其他手段相比，处罚弹性大、适用范围广，且直接触及企业自身的经济利益，因此优势明显。

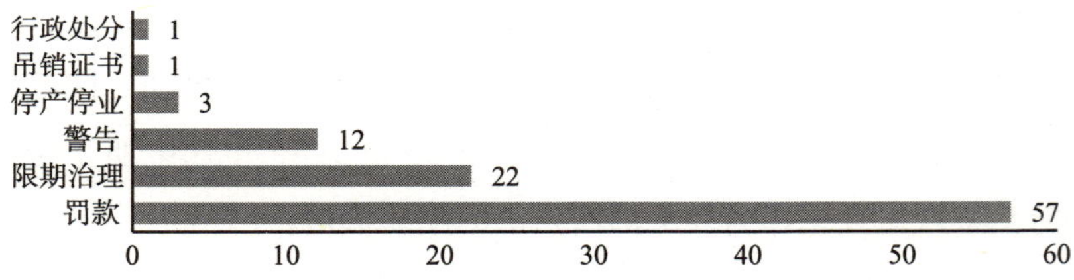

图3－5　执法机构最常使用的行政处罚手段

资料来源：陆新元等．中国环境监察执法问题与对策［R］．中国环境与发展国际合作委员会环境执政专家组报告，2006.

命令—控制型环境规制工具在我国得到了广泛运用，成为各级政府最频繁使用的污染控制工具。然而，由于命令—控制型规制工具自身设计的缺陷、环境管理条块分割的体制问题、经济发展与环境保护双重目标约束、政府环境管理能力欠缺等因素，加上命令—控制型环境规制成本大、激励弱、效率不高的现实状况，环境治理效果并不尽如人意。

3.3.2　市场激励型环境规制

市场激励型环境规制是给予企业自主选择排污的行为，排污费征收和排污权交易是运用经济手段治理环境问题的两大重要实践。

1. 排污收费制度

排污收费制度是中国最为重要的一项环境规制手段之一。1978 年，依据“污染者付费”的原则，中国开始提出实施排污收费制度，据此 1979 年颁布的《中华人民共和国环境保护法（试行）》第 18 条正式将此制度法律化，各地方政府随即开始尝试排污收费制度，截止到 1981 年年底，中国的 29 个省份中有 27 个省、市、自治区都已试行此项环境管理政策。地方政府经过一段时间的试行后，国务院于 1982 年 2 月颁布了《征收排污费暂行办法》，从排污费征收原则、污染物排放种类、数量浓度的核定、排放标准、排污费计算方法及排污费的使用等方面对排污收费制度进行了详细的规定，且明确了排污费的用途，80% 可被企业或相关环保部门作为补助资金用于治理污染源。随后，排污收费制度又经历了几次调整：1991 年，国家环保总局对超标污水的排放标准进行了重新核定，并将超标噪声纳入排污收费对象；1992 年，开设地方试点（贵州、广东两省等和柳州、南宁、桂林、杭州、青岛、重庆、长沙、宜昌、宜宾 9 市），对工业燃煤排放的二氧化硫征收排污费，1996 年将二氧化硫征收排污费的制度扩至“两控区”；1994 年，全国对排污收费制度的改革实现了由污水的超标排污收费向排污收费、单一浓度向总量与浓度相结合、单因子向多因子、静态向动态的转变（环境保护部环境监察局，2009）；2003 年，国家对排污收费制度进行了一次最大程度的调整，通常称 2003 年之后的排污收费制度为“新排污收费制度”（具体见附录）。

附　录

——2003 年之前的排污收费制度

将某企业 j 排放的第 i 种污染物污水和大气污染物排放浓度分别记为 C_{ji}^{W}(mg/L) 和 C_{ji}^{A}(mg/m^3)，对应的排污标准分别为$\overline{C_i^W}$和$\overline{C_i^A}$。若 $C_{ij}^{k} \leqslant \overline{C_i^k}$(k = W，A)，则该企业为合规企业，若 $C_{ij}^{k} > \overline{C_i^k}$(k = W，A)，则该企业为非合规企业。

①污水类排污费

对于没有超标的合规企业而言，所有的污染物排放浓度都在标准所规定的范围之内，即 $C_{ij}^{W} \leqslant \overline{C_i^W}$(i = 1，…，M)，其需要上缴的污水类排污费为：

$$L_j^W = W_j \times R_0^W$$

其中，为企业 j 的污水排放总量，R_0^W 为对污水排放征收排污费的费率，2003 年之前 R_0^W =0.05 元/吨。

对于超标排污的非合规企业而言，其需要上缴的超标排污费为：

$$L_j = \max\{L_{ji}，\ i = 1，\ \cdots，\ M\}$$

$$L_{ji}^W = \begin{cases} R_{i1}^W P_{ji}^W & \text{if} \quad P_{ji}^W \leqslant T_i^W \\ R_{i1}^W T_i^W + R_{i2}^W \ (P_{ji}^W - T_i^W) & \text{if} \quad P_{ji}^W > T_i^W \end{cases}$$

$$P_{ji}^W = \max\left[0，\ W_j \frac{C_{ji}^W - \overline{C_i^W}}{\overline{C_i^W}}\right]$$

其中，T_i^W 为污水中第 i 类污染物的超标排放阈值，R_{i1}^W 和 R_{i2}^W 分别是排污收费的费率，且 $R_{i1}^W > R_{i2}^W$，P_{ij}^W 为污水的第 i 种污染物超标排放量。在中国，对 T_i^W、R_{i1}^W 和 R_{i2}^W 这三项参数值的设定因工业部门和地区的差异而不同。

②废弃类排污费

依据征收排污费的规定，仅针对未能达到大气排放标准的非合规企业征收排污费，计算方法如下：

$$L_{ji}^{A}=\max\{0,\ R_i^A A_j(C_{ji}^A-\overline{C_i^A})\}$$

其中，R_i^A 为污染物 i(i=1，…，N) 的征收费率，A_j 为大气污染排放总量。

Water	Pollutant	T_i^W	R_{i1}^W	R_{2i}^W	$\overline{C}_i^W$ (mg/liter) by industry		
		(ton)	(¥/ton)	(¥/ton)	Pulp paper	Textile	Beverage
	COD	20000	0.18	0.05	350	180	100
	BOD	30000	0.18	0.05	70	60	30
	TSS	800000	0.03	0.01	100	100	70
Air	Pollutant	R_i^A	$\overline{C}_i^A$				
		(yuan/kg)	(mg/m^3)				
	SO_2	0.04	0.06				
	TSP	0.02	300				

——2003 年之后的排污收费制度

新排污收费制度对排污费的征收计算方法进行了较大的修正，第一步，需要对各污染物排放量统一转化为污染当量数（污水污染物排放量转化为 COD 当量，大气污染物排放量转化为 SO_2 当量）：

$$\text{某污染物的污染当量数}=\frac{\text{该污染物的排放量（千克）}}{\text{该污染物的污染当量值（千克）}}$$

$$E_{ji}^{K}=\begin{cases}W_jC_{ji}^W/e_i^W & \text{污水污染物}\\ A_jC_{ji}^A/e_i^A & \text{大气污染物}\end{cases}$$

其中，E_{ji}^K为污水或大气污染物污染当量数，e_i^W 和 e_i^A 分别为污染物的污染当量值，2003 年国家颁布的《排污费征收标准管理办法》规定，化学需氧量（COD）的污染当量值为 1，二氧化硫（SO_2）的污染当量值为0.95，通常对生态环境容易造成更大危害的污染物被赋予更小的值。第二步，依据污染当量数从高到低的顺序（最多不超过3项），对每一排放口的污染物种类征收排污费：

污水排污费收费=0.7元×前3项污染物的污染当量数之和

废气排污费收费=0.6元×前3项污染物的污染当量数之和

$$L_j^K = R_K \sum_{i=1,2,3} E_{ji}^K$$

超过国家或地方规定的污染物排放标准的，按照排放污染物的种类、数量和规定的收费标准计征污水排污费的收费额增加一倍征收超标准排污费，即 $R_W = 1.4$。实践证明，新排污收费制度对企业排污行为处罚力度更强（Jin Y. & Lin L.，2013）。

作为我国最为重要的一项规制实施工具之一，其在污染控制方面起到举足轻重的作用。然而，即使是改革后的“新排污收费制度”也未完全达到预期的成效，究其原因，主要表现在以下几个方面：第一，收费标准偏低，征收范围偏窄。实际运作过程中，相较于企业的污染治理成本，排污收费强度偏低，致使企业宁愿选择缴纳排污费而非污染治理。据统计，我国的排污费征收额仅占污染设备运转成本大约50%，个别征收项目甚至不到10%（王萌，2009）。此外，由于监测技术难以实现，对移动污染源暂不征收废气排污费和超标排污费，一些毒性相对较小的污染物（如氨氮、总磷等）及温室气体（二氧化碳、氟利昂等）没有被纳入征收范围。第二，征收刚性不足，依赖于地方实施严格度。排污费征收采用“企业自行申报—环保部门核实”的程序，一方面可能由于监测技术落后，数据真实性会有所折扣；另一方面，由于政企的私利关系可能导致“协商”收费，排污收费强度失真。由此可见，现实中存在严重的少缴、漏缴、拖缴现象。第三，转嫁现象严重。我国会计制度规定允许企业将上缴的排污费计入定价成本，参与利润抵减，这将致使部分议价能力强的垄断企业将排污成本转嫁于消费者，失去控制企业污染排放和促使其创新转型的初衷（刘伟明，2013）。

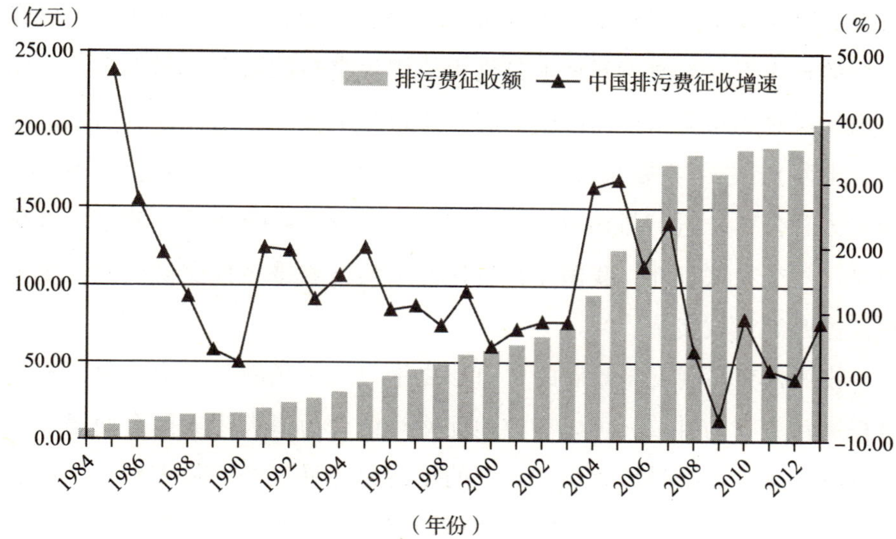

图 3-6　1984～2013 年中国排污费征收额和增速

资料来源：历年《中国环境年鉴》。

2. 排污权交易

中国排污权交易制度工作可追溯至 1988 年开始的排污许可证制度试点。我国于 20 世纪 80 年代末至 90 年代初首先在上海开始了排污权交易的理论研究和实践探索。1991 年，原国家环保总局在中国 16 个城市进行了“大气污染物排放许可证制度”的试点，1994 年起又在其中 6 个城市（包头市、太原市、贵阳市、柳州市、平顶山市、开远市）进行了大气污染物排放权交易试点。1998 年，太原市通过了《太原市大气污染物排放总量控制管理办法》，成为中国第一部包括排污权交易的总量控制地方法规。1999 年，中美两国环保局签署协议，以加速南通和辽宁本溪作为最早的试点基地，在中国开展“运用市场机制减少二氧化硫排放研究”的合作项目。在辽宁本溪试点中，双方草拟的《本溪市大气污染排放总量控制管理条例》将排污权交易作为重要工具和手段，明确规定了排放监测、申报登记、许可证分配和超额排放处罚等重要内容（张红凤和张细松，2012）。2001 年 9 月，江苏省南通市顺利实施中国首例二氧化硫排污权交易。2002 年在亚洲开发银行的协助下和有关研究机构的合作下，太原市开展了二氧化硫排污交易的试点，同年 7 月，原国家环保总局与美国环保协会一起，开始在 4 个省份（江苏、山东、河南、山西）、三个主要城市（上海、天津、柳州）及一家企业（中国华能电力总公司）进行排污权交易试点，简称为“4 +3 +1”。除了二氧化硫排污权交易试点外，我国还积极探索水污染物排污权交易试点，率先在江苏西湖流域实施。

排污权交易制度将政府的“有形之手”与市场的“无形之手”相结合控制污染物的排放，可以有效地促使污染者为追求污染剩余而增加治污投资，减少污染排放。虽然我国的排污权交易正经历从无到有，由点到面的施行，但是实践中仍存在有效运转的瓶颈，主要归结为以下几点：第一，一级市场的排污权配额分配方法不够规范。排污权实则为一种财产权，初始分配会直接影响企业的利益。目前排污权有偿使用定价方法和依据还不够清晰明确，没有形成一个公开公正的排污权初始分配机制，现有分配方案主要采用对老企业无偿分配、新改扩建企业有偿购买的方式，虽然可以体现效率优先原则，但损害了公平。第二，市场交易价格机制尚不完善。由科斯定理可知，越接近完全竞争市场，适用性越好。而在我国的试点城市，一级市场基本上靠政府定价，二级市场交易主体活跃度低，很多市场交易都在政府牵头下达成协议，并不能反映供需市场下的真实价格。第三，多种减排手段挤压了排污权交易的空间。污染排放标准控制、排污收费或收税等行政或经济手段的实施，对排污权交易有挤出效应，如污染控制标准极其严格的火电行业，为达排放标准投入大量资金购买并维持运转减排设备，因而不再有动力考虑排污权交易。

3.3.3 自愿性环境规制

与发达国家相比，我国的自愿性环境规制工具并没有得到广泛运用。ISO14000 环境质量管理认证于 1997 才被我国认识和接受，1998 年下半年开始推行，2002 年由国家认证和监督委员会负责。ISO14000 的施行大大改善了我国资源利用效率低下的现象，但总体而言该环境质量认证体系在我国开展广度有限。据调查，仅 1/4 的浙江中小企业通过或即将通过 ISO14000 环境质量认证体系（王俊豪和李云雁，2009）。而自愿环境协议在我国也只处于起步和尝试阶段，2003 年 4 月山东省政府与济南钢铁集团总公司和莱芜钢铁集团有限公司签署了我国第一份自愿性环境协议，这两家企业承诺 3 年内节能 100 万吨标准煤，比原来设定的目标多节约标煤 14.5 万吨，这成为我国自愿环境协议试点开始实施的标志。

3.3.4 公众参与型环境规制

环境保护的公众参与机制作为非正式的环境规制，相对于政府正式的环境规制，进一步优化了政府在环境保护的运作模式。在我国现行环境保护体制内，公众可以通过多种途径参与环境保护：（1）通过参与项目的环境评价表达自己的关切，阻止严重污染企业项目上马；（2）通过上访、信访的方式向环境保护部门表达自己的利益诉求，或者诉诸媒体和社会舆论，对污染企业和保护污染企业的地方政府施加压力；（3）通过民事诉讼直接和污染企业对簿公堂，运用正式法律途径维护自己的合法权益，要求污染企业停止侵害；（4）随着我国公民社会的逐渐成熟，民间团体的力量逐步加强，通过环保民间组织和志愿者间接表达环保理念和意愿也进入了公众的视野（肖宏，2008）。在执行过程中，我国的公众参与度远远不够：首先，相关环保部门并没有完全披露环境质量、环境监管等信息，公众在参与环境治理过程中仍缺乏一定知情权；其次，民主通常重形式、轻实质，虽然一些涉及公众利益的项目落地会以听证会或论证会的方式倾听当地公众的声音，但一般都是走过场，民众的决策影响力匮乏；最后，环保公益诉讼面临立案难、取证难、判决难的困境，因而环境受侵害者难以通过司法途径要求停止侵害，获取赔偿。

3.4 环境制度演变的特征

3.4.1 环境法制理念从“人类中心主义”到“非人类中心主义”

随着环境法治化进程的推进，我国立法理念逐步得到提升。以《环境保护法》为例，旧环保法第1章第1条中指出“为保护和改善生活环境与生态环境，防治污染和其他公害，保障人体健康，促进社会主义现代化建设的发展，制定本法”，可明显看出立法理念的落脚点为人类的利益，保护和改善生活环境与生态环境、防止污染和其他公害仅仅只是实现人类利益的手段。新《环境保护法》的修订，将“生态文明”理念纳入其中，同时第4条将旧法中的“使环境保护工作同经济建设和社会发展相协调”改为“使经济社会发展与环境保护相协调”，凸显了环保优先的原则，一定程度上借鉴吸收了非人类中心主义的理念。

3.4.2 环境治理模式从“政府管制”到“多元共治”

长期以来，我国的环保工作主要依靠政府监管，然而政府监管力量有限，需借助社会各方力量的参与。我国实践中，政府通过依赖其法制性、行政性等手段，规范社会各界污染排放、资源利用的行为，并强制要求其承担相应的生态责任，以此解决市场这只“看不见的手”在处理环境污染上存在的“市场失灵”问题，发挥了极大的功效。但这种生态治理模式过度强调政府的主体作用，不可避免地出现交易成本过高、腐败寻租等“政府失灵”的弊端，且自上而下的政府强制模式也未能遏制环境日渐恶化的事实。从西方国家的环境治理经验来看，借助单一的治理模式（市场调控、政府强制或企业自觉等），虽能一定程度缓解生态环境恶化，但长期都会陷入治理困境。由此，我国开始意识到，必须充分利用政府的权威性、市场的高效性、企业的自愿性、社会组织的公益性及公众的公正性等优势，“十三五”规划建议明确提出构建政府、企业、社会共治的环境治理体系。这种从政府直接管控向社会制衡的转变，需要政府、市场与社会三方力量的协同合作，其中治理主体代表着各自不同利益，势必展开以自我利益为中心的博弈（如府际间、政企间、政社间等利益博弈）。因而，为实现各治理主体间的正和博弈，需进一步优化共治组织结构，共享生态环境信息，强化制度建设。除了赋予社会各方环境治理的权利、明确了各方义务之外，新《环境保护法》第6条对地方各级人民政府、企业事业单位和其他生产经营者及公民都明确规定了其应承担的相应环保责任。

3.4.3　环境监控方式从“点源控制”到“区域联防联控”

新《环境保护法》中的环境监控方式的重心开始从点源控制转移至区域间协调联动防治污染。工业点源（即工业污染源）的管理和污染控制一直都是环境保护和环境管理最基础、最重要的工作内容之一，也是环境管理部门最主要、最根本的任务。《大气污染防治法》在2015年修订以前，主要侧重于点源控制，法律条文中没有涉及大气污染区域联防联控的内容。然而，当前我国的环境问题已呈现点、面源污染相重合的特征，为应对环境污染的挑战，新修订法律中的监管模式重心发生转移。如新《环境保护法》第2章新增第20条："建立跨行政区域的重点区域、流域环境污染和生态破坏联合防治协调机制，实行统一规划、统一标准、统一监测、统一的防治措施"；2015年修订的《大气污染防治法》亦新增"重点区域大气污染联合防治"的专题章节。2014年，京津冀及周边地区大气污染防治协作小组办公室印发《京津冀及周边地区大气污染联防联控2014年重点工作》，率先推动大气污染治理联防联控，成立协作小组工作网站，共享区域空气质量监测、污染源排放、气象数据、治理技术成果、管理经验等信息，搭建空气质量预报预警平台，会同气象部门建立区域空气重污染预警会商机制，针对区域空气重污染天气，共同启动应急联动机制。

3.4.4 污染防治思路从"末端治理"到"源头削减、过程控制"

纵观欧美发达国家污染防治的发展阶段，从20世纪70年代末端治理至80年代循环经济，再至90年代清洁生产，最终到21世纪生态效益，可见源头削减、过程控制是污染防治、节能减排持续推进的必然选择。全过程的污染管控包括源头削减、过程控制和末端治理三个环节，源头削减指更多使用清洁能源，减少污染排放可能性；过程控制指降低能源消耗量，减少污染物的产生；末端治理指通过污染治理设施去除污染物（张平淡和何晓明，2014）。从我国整个工业体系来看，化学需氧量、二氧化硫等主要污染物的减排均依赖末端治理实现，这种做法的弊端实则已经暴露。我国化学需氧量、二氧化硫等主要污染物虽然排放量有所下滑，但产生量实际呈上升态势，而末端治理投资和运行费用无疑成为企业的一大高昂成本投入。倡导企业摒弃末端治理、推行污染预防的方式不仅要靠直接的资金支持，更需系统的政策体系及严格的环境法律法规、监管，形成了对企业的压力动力机制。2002年颁布的《中华人民共和国环境影响评价法》《中华人民共和国清洁生产促进法》、2005

年出台的《可再生能源法》标志着中国环境法从第一代迈向第二代；“十一五”之初，环保部提出在生产领域推进由末端治理向源头和全过程转变（周生贤，2016）；上述皆表明中国污染防治的规制思路正发生着转变。

3.5　本章小结

本章对中国环境规制的演进轨迹进行了全面回顾，包括中国环境法制体系的建立与完善、中国环境管理体制的变迁、中国主要环境规制工具的实践三方面的内容，并对存在的问题进行了深入剖析，基于此再归纳总结中国环境制度演变的特征。从制度变迁的视角梳理中国环境制度体系，主要发现了以下规律：

第一，中国环境法制化大致经过了环境规制的萌芽（新中国成立至20世纪70年代末）、起步（20世纪70年代末至80年代末）、发展（20世纪80年代末至90年代末）、完善（21世纪初至今）四个阶段，掀起了三次立法高潮。具体立法进程呈现以下特征：环境立法范围从“中央”到“地方”；立法理念从“人类中心主义”到“非人类中心主义”转变；污染防治立法内容从“末端治理”到“源头削减、过程控制”。

第二，中国环境管理体制的变迁阶段分为初创时期（1971～1979年《环保法》试行前）、发展时期（1979～1989《环保法》试行期间）和形成时期（1989年《环保法》施行后）三个阶段。目前我国实行的是统一管理与分级（即行政等级，如省、市、地、县等）、分部门（即政府部门，如交通部、建设部等）规制相结合的，自上而下的纵向综合性规制体制，环境治理监控方式表现出“点源控制”向“区域联防联控”改变。

第三，我国现行的主要环境规制工具实践中，仍表现出以“命令—控制型为主、市场激励型为辅”的局面，政府在环境治理中扮演着重要角色，而自愿性环境规制仍处于起步阶段，公众参与环境保护的程度远远不够。命令—控制型规制成为各级政府最频繁使用的污染控制工具，按照发生阶段，可分为“事前”“事中”“事后”三种污染控制类型，但由于自身设计的缺陷、环境管理条块分割的体制问题、经济发展与环境保护双重目标约束、政府环境管理能力欠缺等因素，加上命令—控制型环境规制成本大、激励弱、效率不高的现实状况，环境治理效果并不尽人意。排污费征收和排污权交易是运用市场激励型环境规制治理环境问题的两大重要实践，但排污费收费制度由于收费标准偏低，征收范围偏窄、征收刚性不足、依赖于地方实施严格度、转嫁现象严重等问题效果仍未完全发挥，而排污权交易制度在实践中亦存在一级市场的排污权配额分配方法不够规范、市场交易价格机制尚不完善、被多种减排手段挤压了空间等阻碍了其有效运转的瓶颈。我国已经开始意识到，必须充分利用政府的权威性、市场的高效性、企业的自愿性、社会组织的公益性及公众的公正性等优势，环境治理正逐步从“政府管制”朝着政府、企业、社会“多元共治”的模式转变。

第4章

中国工业环境效率的测算与特征

改革开放以来，中国经济增速惊人，工业化道路使得我国综合国力实现了由弱到强的历史性巨变。工业一直在国民经济的发展中占有主导地位，对国民经济的年均贡献率超过45%，尤其是制造业的迅猛发展，使我国迈向世界“制造业中心”。但与此同时，我国工业化进程依赖于高消耗、高排放、高污染不循环的传统粗放型经济发展路径。面对资源约束趋紧、环境污染严重、生态系统退化等日益严峻的生态状况，世界各国对生态化转型的诉求日渐高涨，传统的中国工业经济增长模式已经遭遇发展瓶颈，而全球气候变化等环境议题又为世界各国提供了由传统经济向绿色经济转变的重大机遇。在此背景下，中国工业急需提高发展质量和效益，进行绿色转型，中国工业绿色转型的本质为优化绿色全要素生产率。绿色全要素生产率也即环境效率或生态效率，指在某个经济区域内以较少资源消耗和环境污染，生产具有竞争力的产品和服务，满足人类需求（Hinterberger et al.，2000），是测度可持续发展的重要概念和工具（Fet，2003）。据此，本章试图解答以下问题：（1）统筹考虑工业经济绩效与生态环境牺牲成本，长期以来中国及各地区工业经济和环境协调发展的状况如何？（2）全国及各区域的工业环境效率趋势演变呈现何种规律？内在原因是什么？

(3) 中国各地区的工业环境效率是否存在空间差异性？怎样降低这种非均衡程度？本章以中国各省份、直辖市和自治区为观察对象，采用非合意产出的 Super - SBM 模型测算了近 20 年各省区市工业环境效率值，对全国和各区域的效率演变特性进行了原因剖析，同时运用核密度函数的分析工具研究省际间工业环境效率的动态演进，并利用差异分析和收敛分析的方法探讨了中国区域间工业环境效率非均衡度及动态趋势。

4.1 工业环境效率的测算

托恩（Tone，2001）提出的 SBM 模型在效率测算中得到广泛运用，且针对出现的多个决策单元效率值都为 1 的情况，托恩（2002）对松弛变量进行了进一步修正，提出 Super - SBM 模型，用于继续排序有效单元。由于生产过程会同时产生“非合意产出”，为考虑该情形，托恩（2003）对传统的 SBM 模型进行了扩展，构建了包含非合意产出的 SBM 模型。如前所述，该方法下测算出的效率值易出现多个决策单元完全效率的情况，因而少量文献借鉴托恩（2002）的思想，尝试从不同角度建立包含非合意产出的 Super - SBM 模型（Li et al.，2013、2014；周泽炯和胡建辉，2013；Gómez - Calvet et al.，2014；Zhang et al.，2015）。大多文献沿着李虹等（Li et al.，2013）的思路方法对中国的区域或者行业环境效率进行了测度，但有学者指出，他们的研究定义的指数存在偏误，对非合意产出变量的设定不满足预期的单调性（Gómez - Calvet et al.，2014）。据此，本书选择戈麦斯·卡尔韦等（Gómez - Calvet et al.，2014）修正的包含非合意产出的 Super - SBM 模型来计算工业环境效率。

4.1.1　测算模型与方法

1. 基于非径向、非角度包含非合意产出的SBM模型

假设有L个决策单元（Decision Making Unit，DMU），其投入集、合意产出集和非合意产出集可分别表示为 $X=[x_1, \cdots, x_L] \in R_+^{m\times L}$，$Y^g=[y_1^g, \cdots, y_L^g] \in R_+^{s_1\times L}$ 和 $Y^b=[y_1^b, \cdots, y_L^b] \in R_+^{s_2\times L}$。可行生产技术集可表示为式（4-1）：

$$T=\{(x, y^g, y^b) \mid x \geqslant \sum_{j=1}^{L}\lambda_j x_j, 0 \leqslant y^g \leqslant \sum_{j=1}^{L}\lambda_j y_j^g,$$

$$y^b \geqslant \sum_{j=1}^{L}\lambda_j y_j^b, l \leqslant e\lambda \leqslant u, \lambda \geqslant 0\} \tag{4-1}$$

其中 $\lambda=(\lambda_1, \cdots, \lambda_L)' \in R_+^L$ 为权重向量，$e=(1, \cdots, 1) \in R_+^L$。参数l和u决定对规模报酬的假设。包含非合意产出的SBM模型通过求解如下最优化问题得到效率值式（4-2）：

$$\rho^*=\min_{(\lambda, s^-, s^g, s^b)}\left\{\frac{1-\frac{1}{m}\sum_{i=1}^{m}s_i^-/x_{i0}}{1+\frac{1}{s_1+s_2}\left(\sum_{r=1}^{s_1}\frac{s_r^g}{y_{r0}^g}+\sum_{k=1}^{s_2}\frac{s_k^b}{y_{k0}^b}\right)}\right\}$$

$$\text{s. t. } x_0=X\lambda+s^-$$

$$y_0^g=Y^g\lambda-s^g$$

$$y_0^b=Y^b\lambda+s^b$$

$$s^-\geqslant 0, s^g\geqslant 0, s^b\geqslant 0, l\leqslant e\lambda\leqslant u, \lambda\geqslant 0 \tag{4-2}$$

其中 $s^- \in R_+^m$ 和 $s^b \in R_+^{s_2}$ 分别表示投入和非合意产出过剩，$s^g \in R_+^{s_1}$ 表示产出损失。模型中，下标0表示被评价的决策单元。ρ^* 为最优化问题的解，其取值范围为 $0\leqslant\rho^*\leqslant 1$。当 $\rho^*=1$，且 $s^-=s^b=s^b=0$ 时，说明被评价的决策单元有效，否则被评价单元需在投入产出上进一步改进，提高效率。上述最优化问题可以通过查恩斯和库珀（Charnes & Cooper，1962）变换转化为等价的线性规划问题，如式（4-3）所示：

$$[LP]\ \tau^* = \min_{(t,\Lambda,S^-,S^g,S^b)} \left\{ t - \frac{1}{m}\sum_{i=1}^{m} S_i^- / x_{i0} \right\}$$

$$\text{s. t. } 1 = t + \frac{1}{s_1 + s_2}\left(\sum_{r=1}^{s_1}\frac{S_r^g}{y_{r0}^g} + \sum_{k=1}^{s_2}\frac{S_k^b}{y_{k0}^b}\right)$$

$$x_0 t = X\Lambda + S^-$$

$$y_0^g t = Y^g\Lambda - S^g$$

$$y_0^b t = Y^b\Lambda + S^b$$

$$S^- \geqslant 0,\ S^g \geqslant 0,\ S^b \geqslant 0,\ \Lambda \geqslant 0,\ t > 0 \tag{4-3}$$

其中，$\Lambda = t\lambda$，$S^- = ts^-$，$S^g = ts^g$，$S^b = ts^b$。此时，该最优化问题的解 $\tau^* = \rho^*$ 即为考虑非合意产出的 SBM 方法下测算的环境效率值。

2. 基于非径向、非角度包含非合意产出的 Super－SBM 模型

实际应用中，SBM 有效的决策单元通常不止一个。据此，采用（Gómez－Calvet et al.，2014）提出的包含非合意产出的 Super－SBM 模型来计算 SBM 有效的决策单元的环境效率。第一步，根据托恩（2002）的思想，戈麦斯·卡尔韦等（Gómez－Calvet et al.，2014）定义排除了一个决策单元的（x_0，y_0^g，y_0^b）的有限可行生产技术集为式（4－4）：

$$T\backslash(x_0, y_0^g, y_0^b) = \{(\bar{x}, \bar{y}^g, \bar{y}^b) \mid \bar{x} \geqslant \sum_{\substack{j=1\\ j\neq 0}}^{L} \lambda_j x_j,$$
$$0 \leqslant \bar{y}^g \leqslant \sum_{\substack{j=1\\ j\neq 0}}^{L} \lambda_j y_j^g,\ \bar{y}^b \geqslant \sum_{\substack{j=1\\ j\neq 0}}^{L} \lambda_j y_j^b,\ l \leqslant e\lambda \leqslant u,\ \lambda \geqslant 0\} \tag{4-4}$$

第二步，定义生产可能性集 $T\backslash(x_0, y_0^g, y_0^b)$ 的子集 $\bar{T}\backslash(x_0, y_0^g, y_0^b)$ 为式（4－5）：

$$\bar{T}\backslash(x_0, y_0^g, y_0^b) = T\backslash(x_0, y_0^g, y_0^b) \cap \{\bar{x} \geqslant x_0,\ \bar{y}^g \leqslant y_0^g \text{ and } \bar{y}^b \geqslant y_0^b\} \tag{4-5}$$

可以通过求解如下最优化问题得到超效率值，如式（4－6）所示：

$$\delta^* = \min_{(\lambda,\ \bar{x},\ \bar{y}^g,\ \bar{y}^b)} \left\{ \frac{\frac{1}{m+s_2}\left(\sum_{i=1}^{m} \frac{\bar{x}_i}{x_{i0}} + \sum_{k=1}^{s_2} \frac{\bar{y}_k^b}{y_{k0}^b}\right)}{\frac{1}{s_1}\left(\sum_{r=1}^{s_1} \frac{\bar{y}_r^g}{y_{r0}^g}\right)} \right\}$$

$$\text{s. t. } \bar{x} \geqslant \sum\nolimits_{j=1,\ \neq 0}^{L} \lambda_j x_j$$

$$\bar{y}^g \leqslant \sum\nolimits_{j=1,\ \neq 0}^{L} \lambda_j y_j^g$$

$$\bar{y}^b \geqslant \sum\nolimits_{j=1,\ \neq 0}^{L} \lambda_j y_j^b$$

$$\bar{x} \geqslant x_0,\ \bar{y}^g \leqslant y_0^g,\ \bar{y}^b \geqslant y_0^b$$

$$\bar{y}^g \geqslant 0,\ \bar{y}^b \geqslant 0,\ l \leqslant e\lambda \leqslant u,\ \lambda > 0 \tag{4-6}$$

通过引入变量参数 $\phi \in R^m$，$\psi \in R^{s1}$ and $\gamma \in R^{s2}$，得到式（4－7）：

$$\bar{x}_i = x_{i0}(1 + \phi_i)\ (i = 1,\ \cdots,\ m)$$

$$\bar{y}_r^g = y_{r0}^g(1 - \psi_r)\ (i = 1,\ \cdots,\ s_1)$$

$$\bar{y}_k^b = y_{k0}^b(1 + \gamma_k)\ (k = 1,\ \cdots,\ s_2) \tag{4-7}$$

由此，将参数 ϕ，ψ 和 γ 代入式（4－6）可等价为式（4－8）：

$$\delta^* = \min_{(\lambda,\phi,\psi,\gamma)} \left\{ \frac{1 + \frac{1}{m+s_2}\left(\sum_{i=1}^{m} \phi_i + \sum_{k=1}^{s_2} \gamma_k\right)}{1 - \frac{1}{s_1}\left(\sum_{r=1}^{s_1} \psi_r\right)} \right\}$$

$$\text{s. t. } \sum\nolimits_{j=1,\ \neq 0}^{L} x_{ij}\lambda_j - x_{i0}\phi_i \leqslant x_{i0}$$

$$\sum\nolimits_{j=1,\ \neq 0}^{L} y_{rj}^g\lambda_j + y_{r0}^g\psi_r \geqslant y_{r0}^g$$

$$\sum\nolimits_{j=1,\ \neq 0}^{L} y_{kj}^b\lambda_j - y_{k0}^b\gamma_k \leqslant y_{k0}^b$$

$$\phi_i \geqslant 0(\forall_i),\ \psi_r \geqslant 0(\forall_i),\ \gamma_k \geqslant 0(\forall_i),$$

$$\lambda_j \geqslant 0,\ l \leqslant e\lambda \leqslant u,\ \lambda > 0 \tag{4-8}$$

类似地，将式（4－8）通过 Charnes－Cooper 变换，上述最优化问题可以转化为如下线性规划问题，如式（4－9）所示：

$$[\text{LP}]\ \delta^* = \min_{(\Lambda,\Phi,\Psi,\Gamma)} \left\{ t + \frac{1}{m+s_2}\left(\sum_{i=1}^{m} \Phi_i + \sum_{k=1}^{s_2} \Gamma_k\right) \right\}$$

$$
\begin{gathered}
\text{s.t. } 1 = t - \frac{1}{s_1}\left(\sum_{r=1}^{s_1}\Psi_r\right) \\
\sum\nolimits_{j=1,\neq 0}^{L} x_{ij}\Lambda_j - x_{i0}\Phi_i - x_{i0}t \leqslant 0,\ (i=1,\ \cdots,\ m) \\
\sum\nolimits_{j=1,\neq 0}^{L} y_{rj}^{g}\Lambda_j + y_{r0}^{g}\Psi_r - y_{r0}^{g}t \geqslant 0,\ (r=1,\ \cdots,\ s_1) \\
\sum\nolimits_{j=1,\neq 0}^{L} y_{kj}^{b}\Lambda_j - y_{k0}^{b}\Gamma_k - y_{k0}^{b}t \leqslant 0,\ (k=1,\ \cdots,\ s_2) \\
\Phi_i \geqslant 0(\forall_i),\ \Psi \geqslant 0(\forall_r),\ \Gamma \geqslant 0(\forall_k), \\
\Lambda_j \geqslant 0,\ lt \leqslant e\Lambda \leqslant ut,\ \Lambda \geqslant 0,\ t > 0
\end{gathered}
\tag{4-9}
$$

其中，$\Lambda = t\lambda$，$\Phi = t\phi$，$\Psi = t\psi$，$\Gamma = t\gamma$。该最优化问题的解 δ^* 即为考虑非合意产出的 Super－SBM 方法下测算的环境效率值，其具有以下特性：第一，属于考虑非合意产出的 DEA 模型；第二，解决了投入、产出变量的松弛问题；第三，对多个同时有效的决策单元进一步区分排序。

在应用 DEA 模型进行效率评价时，需要假设规模报酬不变（Constant Returns to Scale，CRS）或需要假设规模报酬可变（Variable Returns to Scale，VRS），对于选择哪种规模报酬假设，并无一致的结论。大多文献选用了 CRS 假设，亦有学者采用 VRS 假设（王兵等，2010；刘瑞翔和安同良，2012；周五七和聂鸣，2012）。在此，本书选择 VRS 假设，理由如下：一是 DMU 在 CRS 假设下的规模实则为理想的规模，实际上各 DMU 的生产规模不尽相同，可能处于递增、递减阶段，因而 CRS 假设可能降低测算结果（国涓等，2013）；二是依据郑京海等（Zheng et al.，1998）的建议，当 CRS 和 VRS 假设下得出的测算结果有差异时，应该优先选用 VRS 假设得到的结果。

动态分析中，现有文献关于基准生产前沿面的主要构建方法包括当期 DEA、序列 DEA、窗口 DEA 和全局 DEA。当期 DEA 按照当期横截面数据构建生产前沿面，此方法难以避免经济波动等外生因素冲击对效率测算结果的影响，动态分析中可能得出技术退步的反常结论（王兵，2010）。序列 DEA 利用当期及之前所有时期的投入、产出数据确定技术集（Tulkens & Eeckaut，1995），序列 DEA 能有效避免技术退步的情形，也有利于减少混合期线性规划无可行解的情况，但不能彻底消除非可行解问题（周五七，2015）。窗口 DEA 利用当期及前两期的投入、产出数据构造技术集，其初衷是为了解决小样本数据在构建生产前沿面存在的 DMU 数量不足问题（Charnes et al.，1985），但窗口 DEA 与序列 DEA 一样，不能彻底避免非可行解的出现。全局 DEA 是将所有时期的全部投入、产出数据构造生产技术集作为不同时期共同的生产前沿面，可避免基准生产前沿面变动导致不同时点的效率和生产率缺乏可比性问题，且基于全局 DEA 的 GML 指数既满足可传递性要求，又具有可避免线性规划无可行性解的优点（Oh，2010）。据此，本书主要采用全局 DEA 对环境效率进行测算，然而为确保全书相关结论的稳健性，书中进一步以序列 DEA 的测算结果作为对比，并以此为基础进行实证回归分析的稳健性检验。

4.1.2　变量和数据情况

为全面考察中工业环境效率的发展状况，本书选取了 1997～2013 年中国各省份、直辖市和自治区规模以上①的工业企业投入、合意产出及非合意产出数据对工业环境效率进行测算②，鉴于西藏存在较多缺失值，因而本书不予考虑，选择除西藏以外的 30 个省区市的工业作为本书的研究对象。各类数据主要来源于 1998～2014 年《中国工业经济统计年鉴》《中国能源统计年鉴》《中国环境年鉴》、2004 年和 2008 年经济普查、各省区市统计年鉴，以及中国经济与社会发展统计数据库，缺

① 1998～2006 年，规模以上工业企业为全部国有及规模以上非国有工业企业，2007 年起，规模以上工业企业调整为年主营业务收入在 500 万元以上的工业企业。

② 近年来经济发展迅速的重庆市从 1997 年开始直辖，为保证完整性，本书的测算从 1997 年开始；另外，DMU 为选取的中国各省区市，其中西藏自治区的部分数据缺失，港澳台的统计制度体系与中国大陆存在较大差别，因此本书选取的 DMU 中不包含这些地区。

失数据以插值法补齐。

1. 投入

众多研究使用了资本存量 K 和劳动力 L 这两种主要的生产要素作为投入指标。对于劳动投入，理论上有劳动时间和从业人数两类衡量指标，由于劳动时长这一指标数据的缺乏，本书采用了各地区规模以上工业企业全部从业人员年平均人数作为劳动投入变量的指标。资本投入指标则选取各省份规模以上工业企业工业固定资产净值（吴军，2011；涂正革和刘磊珂，2011），并且以 1997 年为基期使用固定资产投资价格指数进行平减。此外，由于能源消耗是非合意产出尤其是温室气体 CO_2 的主要来源，因此本书还包含了折算为标准煤单位的工业能源消耗量作为第三种要素投入纳入模型计算之中。与多数文献的不同之处在于，本书还引入了工业污染治理投入（万元）这一变量作为投入指标进行研究，它代表企业生产行为过程中用于污染减排的资本投入，包括了工业污染源治理投资、建设项目的“三同时”环保投资及废水和废弃治理设施运行费用三个部分的总和。借用固定资产投资价格指数将工业污染治理投入平减至 1997 年基期价格水平。

2. 合意产出

对于合意产出的数据指标选择，学界有选用工业增加值和工业总产值的两类文献。大多学者选用了前者（Kaneko & Managi，2004；涂正革和肖耿，2009；杨俊和邵汉华，2009；王兵和王丽，2010），而部分学者也采用了工业总产值作为合意产出进行计算（陈诗一，2010；董敏杰等，2012；涂正革等，2013；王兵，2015）。本书考虑工业生产过程的能源消耗，其具有工业中间投入品的特性（当期从外部采购、投入后一次性完全消费掉），并且鉴于数据的完整性，最终选定工业总产值为合意产出的指标变量，并利用工业品价格出厂指数（PPI）调整至 1997 年为基期的价格指标。

3. 非合意产出

在当前测算环境效率的文献中，选择的非合意产出指标也不尽相同。有学者以“十一五”规划纲要，将工业废气中的二氧化硫（SO_2）和废水中的化学需氧量（COD）这两种代表性污染物作为主要控制对象为依据，认为这两大指标与经济活动密切相关，统计口径科学完整，又避免了工业废气、废水和固体废弃物排放量等指标的同质性较差、量纲等问题，因而选择其为非合意产出的变量指标（陈德敏和张瑞，2012；王兵和黄人杰，2014；王兵和刘光天，2015）。此外，也有学者利用现有可获取的指标如：工业废水、废气、固体废弃物、烟（粉）尘、SO_2、CO_2、COD、氨氮等污染物的排放量，通过熵值法、主成分分析等方法选择性地将上述指标计算成为一个污染排放综合指数引入效率测算模型中作为非合意产出（袁晓玲等，2009；王恩旭和武春友，2011）。由于DEA 测算方法对投入产出的指标个数有一定的限制性要求，即投入和产出个数之和的三倍以及投入个数与产出个数的乘积都不应该大于 DMU 的个数，因而本书也尽量避免了非合意产出指标过多所可能引发的潜在问题。在此，选择我国长期以来重点控制的 SO_2 和 COD，同时考虑当今世界主要关注的温室气体 CO_2 排放量这一指标。

现有的国内外研究 CO_2 的文献之中，CO_2 排放量的数据主要有四种获取方式：一是依据政府间气候变化专门委员会（International Panel on Climate Change，IPCC）指导目录提供的方法估算出二氧化碳排放数据；二是国际能源能总署（International Energy Agency，IEA）每年公布的数据；三是美国能源信息署（Energy Information Administration，EIA）公布的全国以及各国化石燃料（煤炭、石油、天然气）的碳排放数据；四是由美国橡树岭实验室的二氧化碳信息分析中心（Cabon Dioxide Information Analysis Center，CDIAC）提供的全球以及各国化石燃料（气体燃料、液体燃料、固体燃料、水泥生产和废气燃料）的碳排放数据（刘华军，2012）。中国现有统计年鉴中仍然缺乏 CO_2 排放量的数据，多数研究都是主要基于能源消费量以及各能源的二氧化碳排放系数进行估算。本书亦采用 IPCC 的方法计算我国 1997 ~ 2013 年各省份工业二氧化碳的排放量，具体如式（4 - 10）所示：

$$CO_2 = \sum_{i=1}^{n} CO_{2,i} = \sum_{i=1}^{n} E_i \times NCV_i \times CEF_i \times COF_i \times (44/12) \tag{4-10}$$

其中，n 为能源种类数，E_i 为第 i 种初级化石燃料（包括煤炭、焦炭、石油、汽油、煤油、柴油、燃料油和天然气等）的消耗量，NCV_i 为第 i 种一次能源的平均低位发热量，CEF_i 为能源 i 单位发热量的碳含量，COF_i 为第 i 种能源的碳氧化因子，44 和 12 分别是二氧化碳和碳的分子量，因而式（4－10）中的 $NCV_i \times CEF_i \times COF_i \times (44/12)$ 即为第 i 种能源的二氧化碳排放系数。IPCC（2006）和 2010 年《中国能源统计年鉴》提供了各种能源平均低位发热量（NCV）、单位发热量的碳含量（CEF）及碳氧化因子（COF）的具体数值，据此可计算出二氧化碳排放量。鉴于数据的完整可得性，本书主要选取工业煤炭、石油、天然气三种主要的化石燃料消耗量计算二氧化碳排放量，在此需说明的是本书采用的是各地区消费的能源量，而非终端消费量，因为工业能源终端消费数据不包括能源加工、转换与运输过程中的损失量（如表 4－1 所示）。

表 4－1　各种指标及系数

燃料类型	标准煤折算系数（kgSCE/kg）	平均低位发热量（kj/kg）	碳含量（kg/GJ）	有效 CO_2 排放系数（kg/TJ）
煤炭	0.7143	20908	26.0	95333
石油	1.4286	41816	20.0	73300
天然气	1.3300	38931	15.3	56100

注：天然气的标准折算系数和平均低位发热量的单位分别为 kgSCE/m^3 和 kj/m^3。
资料来源：《中国能源统计年鉴》、IPCC（2006）。

以上所有指标数据的统计性描述如表 4－2 所示。

表 4－2　　投入、产出与价格变量的统计性描述

	变量	单位	最大值	最小值	平均值	标准差
投入	年平均从业人员数	万人	1568.0	11.6	248.8	262.1
	固定资产净值	亿元	30282.1	173.9	4135.5	4512.4
	污染治理投入	亿元	598.0	0.6	69.8	87.3
	能源消费量	万吨标准煤	30247.5	218.4	6560.0	5467.4
合意产出	工业总产值	亿元	134649.0	147.4	12519.7	19838.4
非合意产出	二氧化硫（SO_2）	万吨	176.0	1.7	60.2	38.7
	化学需氧量（COD）	万吨	108.5	0.3	17.4	14.8
	二氧化碳（CO_2）	万吨	98248.0	289.1	19506.3	16895.1
价格指数	工业品价格出厂指数	1997 年为 1	3.2	0.9	1.2	0.3
	固定资产投资价格指数	1997 年为 1	1.7	1.0	1.2	0.2
样本量　N＝510						

4.1.3　测算结果

实际操作中，本书运用 Matlab 编写程序进行计算。经过测算，本书得到了 1997～2013 年各省区市的工业环境效率值。附表 2 和附表 3 分别为基于全局 DEA 和序列 DEA 方法下的数据测算结果。

4.2　工业环境效率的特征和趋势

4.2.1　全国层面

测算结果发现，与前人研究相比，该方法和指标体系下测算的中国工业环境效率水平整体偏低。从时间趋势上看，1997～2013 年中国工业

环境效率水平整体呈上升的动态变化趋势（如图 4 -1 所示）。“九五”（1997 ~2000 年）、“十五”（2001 ~2005 年）、“十一五”（2006 ~2010 年）和“十二五”（2011 ~2013 年）效率平均水平分别为 0.23、0.25、0.30 和 0.43。“九五”和“十五”期间效率变化幅度低，而自 2006 年开始，中国工业环境效率水平加速增长，且“十二五”期间效率增速快于“十一五”。我国“十一五”期间开始对化学需氧量（COD）、二氧化硫（SO_2）两种主要污染物实行总量控制计算管理，要求至 2010 年，全国排放总量比 2005 年减少 10%；“十二五”期间进一步将主要污染物扩大至化学需氧量（COD）、氨氮（NH3 - N）、二氧化硫（SO_2）、氮氧化物（NOx）四项，并落实减排目标责任制。从中央到地方的减排目标制一定程度上缓解了环境恶化趋势，主要污染物的排放量下降，受环保政策的影响，工业环境效率上升趋势显著。空间分布图显示，工业环境效率呈“东高西低”的特性，高效率地区主要聚集于以环渤海、长三角、珠三角三大经济圈为核心的东部一线“弓”型区域和长江经济带附近。

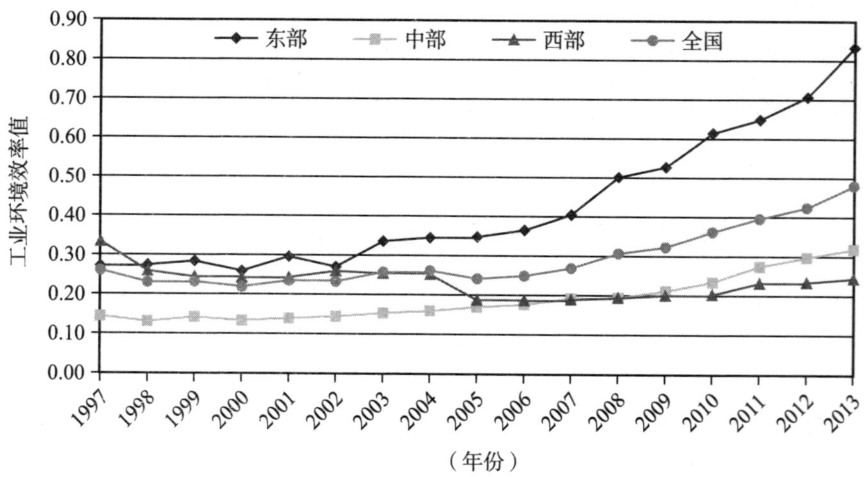

图 4 -1　1997 ~2013 年中国及东部、中部、西部三大地区工业环境效率变化趋势

4.2.2　区域层面

本书对中国三大区域的工业环境效率特征和趋势进一步分析，发现工业环境平均效率最高的是东部地区，且呈稳步上升趋势，中部地区呈缓慢上升趋势，西部地区除个别省份外，效率多趋于下降。

东部地区在1997～2013年的工业环境效率均值为0.43，呈现“稳步上升”的趋势，大部分省份保持工业增长与环境协调发展。南部沿海省份中，海南省效率值偏高且一直处于生产性边界，呈波动变化态势，究其原因，主要为海南省依托得天独厚的热带资源和生态环境，以绿色环保的旅游产业为其经济发展主要驱动力，且其国际旅游岛建设已上升为国家战略，中国政府高度重视保护海南的资源环境，对进岛内的工业项目严格把控，从而使得其工业环境效率值高于其他省份。广东和福建两省效率水平虽位于全国前列，但在1997～2002年出现了下滑，这主要缘于两省毗邻港澳台，与国际市场连接紧密，两省抓住了中国加入WTO的契机，利用外向型经济优势大量引进重工业，导致污染排放量增多所致；而1997～2002年广东和福建两省重工业的工业总产值占比分别由28.52%和37.31%急速增长至46.47%和48.86%。2003年，随着科学发展观的贯彻深入，两省通过提高环保安全生产要求、节能减排机制淘汰“三高”企业，工业环境效率逐步回升。长三角地区的上海、江苏、浙江三省效率值处于全国高水平之列，其中上海最高。为迎接2010年世博会，上海市高度重视治理大气污染和保护水资源，而自2010年开始，上海市工业环境效率骤然上升，且至今保持全国领先水平。东部沿海工业发展相对成熟，生产技术效率进步是拉动地区增长的主因，但金融危机导致的国外市场萎缩对三省冲击也较大，2008年东部生产效率平均下降0.2%，高于全国其他地区。另外，环渤海经济区的京津冀圈、山东半岛圈呈现稳步上升的态势，自2003年开始，工业环境效率急速攀升，尤其是北京和天津在金融危机年份也能保持快速增长势头，但河北省工业效率值偏低。北部沿海地区总体向好的主要原因在于，一方面奥运会的举办对该地区的生态环境提出较高要求，为此积极努力减少污染排放、加大环境治理，为国际赛事期间留住更多的“蓝天白云”；另一方面，以北京和天津为首的省份率先主动优化产业结构，实现由工业为主导向以高端制造业和现代服务业为主导的现代产业体系转变。而河北省的效率均值只有0.17，接近中低水平，主要由河北省作为“京津后院”承接较多低端工业所致。

中部地区在1997～2013年的工业环境效率均值为0.19，除山西和黑龙江两省外，其他省份的工业环境效率总体上呈现“缓慢上升”的趋势。与沿海地区相比，该区域不具备有利的区位优势，在19世纪末20世纪初时期，工业化进程和经济增速都有所“塌陷”，为此国家提出“中部崛起”战略，随后武汉城市圈、环长株潭城市群、环鄱阳湖城市群、皖江城市带承接产业转移示范区等区域规划开始带动区域经济重新起飞，经济总量增加使得效率也随之进步，但由于主要承接沿海地区的污染类产业，“非合意产出”排放也增多，综合环境效率仍偏低。山西和黑龙江两省工业环境效率值在全国垫底。山西省工业主要由煤炭等资源依赖型产业拉动，其长期以资源消耗和污染环境为代价发展地区经济，忽略了工业化进程中的技术创新，以致其工业环境效率一直偏低，这种不可持续的经济增长模式亟待改变。黑龙江则是我国重要的石油工业基地，这种传统的污染密集型工业增长模式给地区环境带来了较大负担，加上受地理位置和生态环境限制，资金、人才和技术等要素占有率和利用率低等影响，工业环境效率值也处于低位。

西部地区在1997～2013年的工业环境效率均值为0.23，西南地区和大西北地区分别呈现“先降后升”和“前高后低”的特征。近年来，随着重庆“两江新区”“成渝经济区”和“北部湾经济区”等区域规划的实施，“诸侯经济”逐渐被打破，重庆、四川和广西与发达地区的经济差距不断缩小。尤其是重庆直辖市，其开始发挥区域龙头、窗口等作用，工业环境效率涨势较快。而在西部大开发战略下，大西北地区的工业规模有所增加，但产业基础薄弱、市场容量有限、基础设施不完善和人才匮乏等制约了它们的经济增速，同时由于开发初期各地区对资源环境的保护度相对不高，使得西部地区的大部分省份工业环境整体效率逐年下降。

4.3　工业环境效率分布的动态演进

进一步运用非参数估计的方法刻画中国工业环境效率的动态演进。非参数估计——核密度分布的分析方法从数据本身出发，依靠分布图对工业环境效率及其变化情况清晰描述，近年来在经验研究中的广泛运用，具有一定优越性。令 X_1，X_2，…，X_n 为独立同分布的样本，f(x) 为序列 X 在 x 处的概率密度函数，则 f(x) 的核密度分布函数如式（4－11）所示：

$$\hat{f}(x) = \frac{1}{nh}\sum_{i=1}^{n} k\left|\frac{X_i - x}{h}\right| \quad (4-11)$$

其中，n 为样本个数，k(·) 为核函数，满足条件 $\int |k(u)| du < \infty$ 且 $\int k(u) du = 1$。h 为带宽，满足条件 $\lim_{n\to\infty} h_n = 0$ 且 $\lim_{n\to\infty} nh_n = \infty$。本书在具体估算时，带宽 h 的选择采用 LSCV（Least Square Cross－Validation）的方法，核函数选用 Epanechnikov 形式（support：$|x| < \sqrt{5}$），具体如式（4－12）所示：

$$k(u) = \frac{3}{4\sqrt{5}}\left(1 - \frac{1}{5}u^2\right) \quad (4-12)$$

图 4－2 为代表性年份的核密度函数分布图，具体而言如下：

第一，从横轴位置上看，1997～2013 年总体核密度函数分布曲线呈现向右平移的趋势，直观反映出大部分省份工业环境效率有上升趋势。

第二，从形状上看，2005 年以前，工业环境效率主要以“单峰”

模式为主，右尾端稍有凸起，说明我国绝大部分省份在低效率水平上集中；2005 年开始，由“单峰”向“双峰（多峰）”改变；2010 年工业环境效率出现了明显的“双峰（多峰）趋同”也称“两俱乐部趋同”模式，意味着我国部分省份在低效率水平上集中，另一部分省份在高效率水平上集中，省域间环境效率非均衡发展，差距明显。

第三，从峰度上看，1997 ~2013 年效率水平上出现了由尖峰向宽峰变化的趋势。1997 年省域工业环境效率还表现出显著地尖峰特征，随后峰度逐渐平缓，存在右拖尾现象，右端面积增加，虽然尖峰分布退化为宽峰意味着效率水平趋异，但是依然表明低效率水平组的部分省份环境效率值向右平移，环境效率不断进步。2010 年的右尾端隆起表现也反映了高效率水平地区的环境效率向更高水平优化。

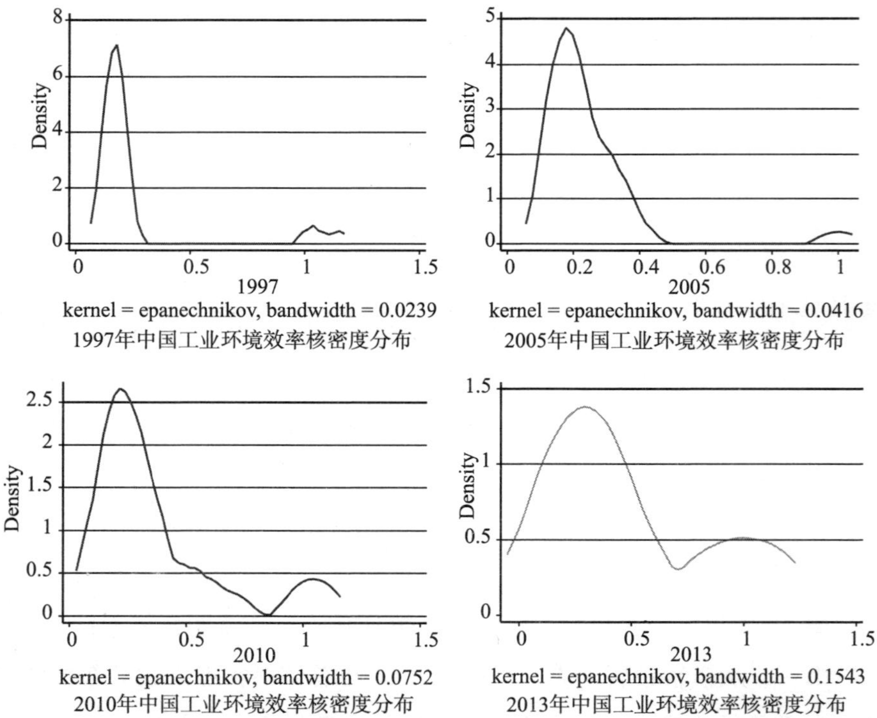

图 4-2　1997 年、2005 年、2010 年和 2013 年中国工业环境效率核密度分布

4.4　工业环境效率的空间非均衡分析

从前文分析可见，中国工业环境效率呈“东高西低”的特性，区域间存在差异性，换言之，中国工业的经济与环境协调度具有空间非均衡特征。那么，这种差异性到底有多大？随着时间推移又会发生何种变化，能否出现收敛现象？基于动态演进的视角，准确把握趋同（趋异）过程中的动态变化？为此，本节利用差异分析和收敛分析的方法探讨中国区域间工业环境效率非均衡度及动态演变过程。

4.4.1　工业环境效率区域差异

1. 差异测度方法

通常测度差异的常用指标有变异系数①、泰尔指数和基尼系数等，变异系数虽能刻画区域的整体差异，但不能分解，无法体现差异的内部结构并揭示差异的来源。泰尔指数是被学界广泛采用测度不同组别差异性的指标，并可通过指数分解反映各差异对整体差距的贡献度。泰尔指数在测度差异时要求各组别样本服从正态分布，且不同组别之间独立同方差，但泰尔指数在分解方法上存在很大缺陷，即仅考虑了子样本的不同，而没有考虑不同组别的子样本分布状况（Dagum，1997a、1997b）。基尼系数是分析不同组别差异的传统方法，但传统的基尼系数不能揭示各类差距的贡献度，研究中受到很大局限性。达格姆（Dagum，1997）提出的基尼系数子群分解方法既突破了传统基尼系数的局限，又克服了

---

① 变异系数 $= CV = \frac{S}{\overline{EE}}$，标准差 $= S = \sqrt{\frac{\sum_{i=1}^{N}(EE_i - \overline{EE})^2}{N}}$。

泰尔指数分解方法的缺陷。

2. Dagum 基尼系数及按子群分解方法

达格姆（1997）按照子群方法分解基尼系数（G）可将区域差距解构为区域内差距的贡献（G_w）、区域间净值差距的贡献（G_{nb}）和超变密度（intensity of transvariation）的贡献[①]（G_t）三部分，即 $G = G_w + G_{nb} + G_t$。根据达格姆（1997）对基尼系数的定义，计算公式可表达为式（4-13）：

$$G = \frac{\sum_{i=1}^{n}\sum_{r=1}^{n}|y_i - y_r|}{2\bar{y}n^2} = \frac{\sum_{j=1}^{k}\sum_{h=1}^{k}\sum_{i=1}^{n_j}\sum_{r=1}^{n_h}|y_{ji} - y_{hr}|}{2\bar{y}n^2} \tag{4-13}$$

其中，k 为一国划分的区域个数（本书 k = 3，指东部、中部、西部三大地区）；n 为全国省份的个数，n_j 和 n_h 分别表示区域 j（或 h）内省份的个数；y_{ji}和 y_{hr}分别表示区域 j（或 h）省份 i（或 r）的工业环境效率值，$\bar{y}$ 为全国工业环境效率均值。

首先，分解基尼系数之前，先依据地区工业环境效率的均值对地区进行排序，如式（4-14）所示：

$$\overline{y_h} \leqslant \cdots \leqslant \overline{y_j} \leqslant \cdots \leqslant \overline{y_k} \tag{4-14}$$

其次，进一步将基尼系数分解为三个部分，即 $G = G_w + G_{nb} + G_t$。书中式（4-15）为区域内的基尼系数 G_{jj}，式（4-16）为区域间的基尼系数 G_{jh}；式（4-17）为区域内差距的贡献（G_w）；式（4-18）为区域间差距的贡献（G_{nb}）；式（4-19）表示超变密度的贡献（G_t）。

$$G_{jj} = \frac{\sum_{i=1}^{n_j}\sum_{r=1}^{n_j}|y_{ji} - y_{jr}|}{2\overline{y_j}n_j^2} \tag{4-15}$$

$$G_{jh} = \frac{\sum_{i=1}^{n_j}\sum_{r=1}^{n_h}|y_{ji} - y_{hr}|}{(\overline{y_j} + \overline{y_h})n_j n_h} \tag{4-16}$$

① 超变密度贡献是划分子群体时由于交项的存在而对总体差距产生影响的贡献。

$$G_w = \sum_{j=1}^{k} G_{jj} P_j S_j \quad (4-17)$$

$$G_{nb} = \sum_{j=2}^{k} \sum_{h=1}^{j-1} G_{jh}(P_j S_h + P_h S_j) D_{jh} \quad (4-18)$$

$$G_t = \sum_{j=2}^{k} \sum_{h=1}^{j-1} G_{jh}(P_j S_h + P_h S_j)(1 - D_{jh}) \quad (4-19)$$

其中，$P_{j(h)} = \frac{n_{j(h)}}{n}$，$S_{j(h)} = \frac{n_{j(h)} \overline{y_{j(h)}}}{n\bar{y}}$，$j(h) = 1, 2, \cdots, k$；$S_j$ 和 S_h 分别表示区域 j（或 h）工业环境效率之和占全国的工业环境效率总和的比重；且满足 $\sum_{j(h)=1}^{k} P_{j(h)} = \sum_{j(h)=1}^{k} S_{j(h)} = 1$，$\sum_{j=1}^{k}\sum_{h=1}^{k} P_j S_h = \sum_{h=1}^{k}\sum_{j=1}^{k} P_h S_j = 1$。$D_{jh}$为区域 j 和区域 h 之间的工业环境效率相对比值，具体定义如式（4－20）所示：

$$D_{jh} = \frac{d_{jh} - P_{jh}}{d_{jh} + P_{jh}} \quad (4-20)$$

其中，d_{jh}为区域 j 和区域 h 之间工业环境效率之差，即区域 j 和区域 h 内所有 $y_{ji} - y_{hr} > 0$ 的所有样本值之和的期望；P_{jh}为超变一阶矩，即区域 j 和区域 h 内所有 $y_{ji} - y_{hr} < 0$ 的所有样本值之和的期望，具体如式（4－21）和式（4－22）所示：

$$d_{jh} = \int_0^{\infty} dF_j(y) \int_0^{y} (y - x) dF_h(x) \quad (4-21)$$

$$p_{jh} = \int_0^{\infty} dF_h(y) \int_0^{y} (y - x) dF_j(x) \quad (4-22)$$

其中，$F_j(F_h)$ 分别为区域 j(h) 的累积密度分布函数。

3. 中国工业环境效率的区域差异及地区分解

按照以上方法，本书估计了 1997～2013 年中国工业环境效率的基尼系数，并依据东部、中部、西部三大区域对中国工业环境效率的基尼系数进行分解，计算结果如表 4－3 所示：

表 4-3　　　中国工业环境效率的基尼系数及分解

年份	G（总体）	区域内差距			区域间差距			贡献率（%）		
		东部	中部	西部	东-中	东-西	中-西	区域内	区域间	超变密度
1997	0.3862	0.3340	0.1617	0.4349	0.3388	0.4085	0.4319	33.1805	39.1342	27.6853
1998	0.3588	0.3676	0.1117	0.3715	0.3731	0.3804	0.3436	33.3027	34.6809	32.0164
1999	0.3588	0.3917	0.1293	0.3571	0.3664	0.3945	0.3128	33.6857	35.2207	31.0936
2000	0.3467	0.3374	0.1060	0.3801	0.3479	0.3814	0.3231	33.0549	33.2574	33.6877
2001	0.3683	0.3778	0.1199	0.3797	0.3875	0.4050	0.3206	33.1182	37.8176	29.0642
2002	0.3306	0.2959	0.1487	0.3608	0.3376	0.3587	0.3251	32.3196	32.6265	35.0539
2003	0.3536	0.3366	0.1247	0.3544	0.3962	0.3950	0.3012	31.5229	42.6683	25.8087
2004	0.3302	0.2858	0.1156	0.3309	0.3865	0.3759	0.2805	29.8776	46.3216	23.8007
2005	0.2663	0.2726	0.1206	0.1310	0.3626	0.3266	0.1420	27.2199	63.4604	9.3197
2006	0.2662	0.2316	0.1327	0.1293	0.3671	0.3431	0.1463	24.5336	65.7389	9.7276
2007	0.2743	0.2121	0.1420	0.1182	0.3733	0.3744	0.1505	22.3483	67.9214	9.7303
2008	0.3345	0.2803	0.1328	0.1204	0.4535	0.4522	0.1479	23.2662	69.7176	7.0162
2009	0.3362	0.2669	0.1637	0.1358	0.4410	0.4577	0.1727	23.0549	69.9977	6.9474
2010	0.3625	0.2659	0.1444	0.1516	0.4595	0.5098	0.2021	21.7155	72.9074	5.3771
2011	0.3412	0.2067	0.1767	0.1952	0.4236	0.4839	0.2438	20.3909	71.6439	7.9652
2012	0.3522	0.2061	0.1728	0.1963	0.4280	0.5112	0.2560	19.6887	73.5126	6.7987
2013	0.3705	0.1742	0.1857	0.2054	0.4627	0.5543	0.2719	17.1318	76.9621	5.9061

从图 4-3 可以看出，样本期内中国工业环境效率的基尼系数均值为 0.3375，2007 年之前整体呈下降趋势，之后出现反转，呈现缓慢上升趋势。虽然中国省际间工业的可持续发展程度存在空间差异，但不均衡程度并非很大。1997~2006 年间，除 2001 年和 2003 年两年的整体基尼系数出现微弱上升，其余年份都保持下降状态，说明长期以来，中国各地的工业经济都倾向于粗放型发展模式，工业结构的清洁度都不高，环境效率的整体水平偏低。“十一五”开始，基尼系数逐步回升，说明

我国省际间工业环境效率有所分化。原因在于，一方面国家开始对高耗能高污染行业确定节能减排目标，污染排放得到有效遏制；另一方面，2008 年全球经济危机进一步促使传统制造业绿色化转型，部分东部沿海发达省份主动“腾龙换鸟”，腾出空间继续承接欧美等国家的高端制造业和新兴产业，低端制造业逐渐向中西部梯度转移，污染产业随之西迁，中国东部与中、西部地区之间存在明显的“污染避难所”效应（Zhu & Ruth，2015；周浩和郑越，2015）。因而，自“十一五”开始，由于各地污染控制强度和工业结构差异，工业环境效率值呈现分化趋势。

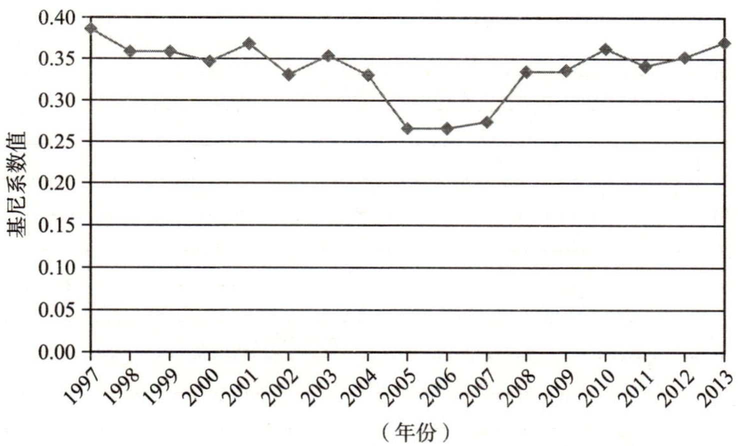

图 4－3　中国工业环境效率总体地区差异（基尼系数）的演变

从图 4－4 显示的地区内差距可知，样本观测期内，东部区域内差异波动下降，中部区域内非均衡程度最低，基尼系数平稳略升，西部地区内差距前高后低，三大区域的地区内差距水平趋向均衡。具体而言，东部地区 2003 年之前，区域内差异偏大，1999 年地区内基尼系数达到最大值 0.4410，科学发展观提出之后呈波动向下收敛趋势，地区间差异逐渐缩小，而 2008 年金融危机爆发后，由于各省制造业受到的影响程度各异，效率水平经历了短期分化，随后继续呈收敛态势，整个样本观测期基尼系数下降 47.84%。中部地区内基尼系数值最低，均值为 0.1405，说明与其他地区相比，中部各省差异较小，但其效率水平的空间差异一直趋于略微发散的走势，说明原本低效率的工业增长模式正在发生改变。西部地区内基尼系数呈现“先缩小（1997～2005 年）—后增大（2005～2013 年）”的特征。2005 年是明显的拐点，主要源于青海省的工业环境效率值骤降所致，数据显示青海省 2005 年 SO_2 和 COD 两种工业污染物排放成倍增加，工业增加值占 GDP 得比重从 32.9% 上升至 37.5%，增幅为之前年份的 2 倍左右，工业化强度骤升。近年来，随着西南地区和大西北地区经济水平差距拉大，基尼系数在 2007 年探底后逐步回升至 2013 年的 0.2054。

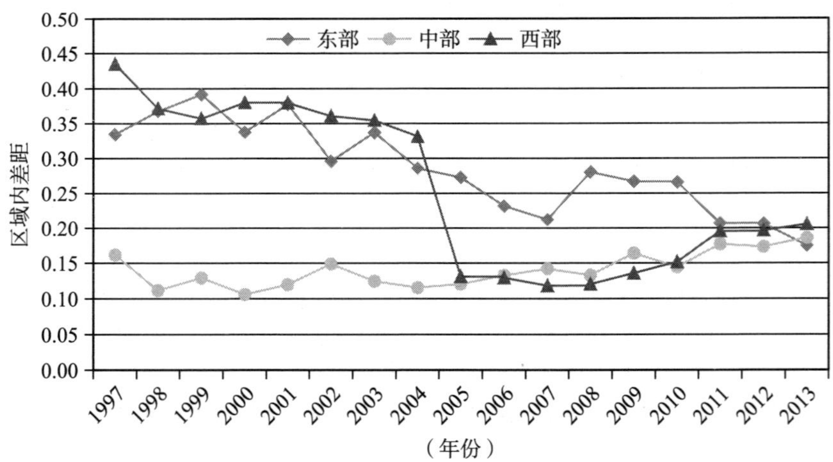

图 4－4　中国工业环境效率各区域内差异的演变

图 4－5 进一步揭示了东部、中部、西部三大区域的地区间差距及变化趋势，东—西之间差距最大，中—西部之间差异最小，“九五”和“十五”时期，整体差距的变化相对稳定，而自“十一五”开始，东部与中部、西部地区间、中部与西部之间的差距持续扩大。样本考察期内，三大区域间差距可分为两个阶段：1997～2005 年为第一阶段，东部

与中部、西部之间的基尼系数均值分别为 0.3663 和 0.3807，经历了较为平稳的阶段，上升或下降趋势都不明显，中西部地区之间差异历经较大降幅，2005 年达到最小值 0.1420；2006～2013 年为第二阶段，东部、中部、西部两两之间的基尼系数出现较大幅度地持续性上涨，工业环境效率地区间差异开始扩大，东—中、东—西、中—西之间分别由 0.3671、0.3431 和 0.1463 增长至 0.4627、0.5543 和 0.2719。

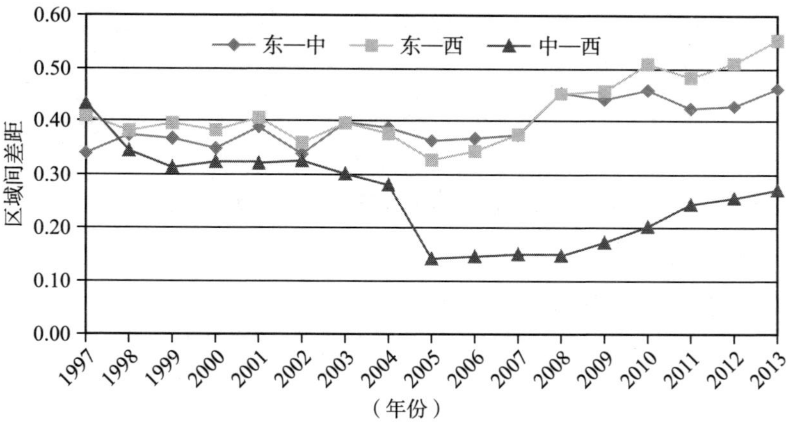

图 4－5 中国工业环境效率各区域间差异的演变

图 4－6 描绘了区域内基尼系数、区域间基尼系数及超变密度贡献率的演变态势，样本期内，中国工业绿色发展空间非均衡问题主要来源于区域间差距。区域间差异对总体差异的贡献率呈逐年增大态势，与 1997 年相比，到 2013 年区域间差异对总体差异的贡献率上升了 37.83%，年均上升 2.36%。而东部、中部、西部三大内部的差异对总体基尼系数的贡献度在“九五”“十五”期间尽管相对稳定，但 2005 年开始下降态势显著，以 2004 年为基期，到 2013 年区域内差异对总体的贡献率共下降 12.75%，年均下降 1.42%。与区域内差异的贡献率趋势类似，超变密度对总体基尼系数的贡献率在 2005 年后呈明显下降趋势，相较于 2004 年，2013 年超变密度的贡献率下降了 17.90%，年均

下降 1.12%。

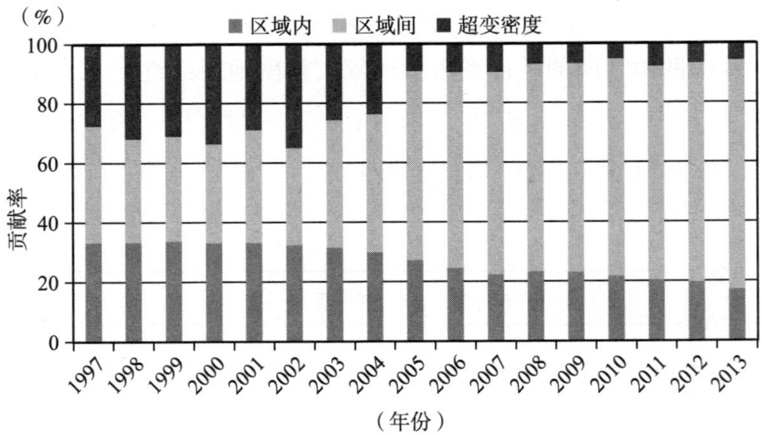

图 4-6　地区差距来源及贡献率的演变趋势

4.4.2　工业环境效率收敛分析

1. 收敛分析方法

现有文献中，常用的收敛机制主要有 σ 收敛和 β 收敛，其中 β 收敛又可分为绝对 β 收敛和条件 β 收敛，σ 收敛和绝对 β 收敛都属于绝对收敛（Quah，1996），后者为前者的必要非充分条件，σ 收敛主要反映存量水平变化状况，而 β 收敛反映增量水平变化状况，若不存在绝对 β 收敛，则 σ 收敛也一定不会发生。

通常选用离散程度作为检验 σ 收敛的常用指标，如标准差、变异系数、σ 系数①、基尼系数、泰尔指数等，如果工业环境效率的离散程度随时间推移逐渐缩小，则认为存在 σ 收敛。

绝对 β 收敛表示每个经济体的观察指标随着时间演变而会达到相同

① σ 系数 $=\sqrt{\dfrac{\sum_{i=1}^{N}(\ln EE_i-\ln \overline{EE})^2}{N}}$。

的稳态增速随后趋同，即低工业环境效率地区增长速度快于高工业环境效率的地区。

条件β收敛则需考虑各经济体自身特性，每个经济体的观察指标都向各自的稳态增速趋近，不同经济体存在持久的差异性（Sala-i - Martin，1996）。

2. σ收敛分析

以前文测算的基尼系数考察σ收敛情况，图4-3和图4-4实则分别为全国和三大地区工业环境效率σ收敛指数（基尼系数）的变化趋势。通过观察样本内基尼系数的变化轨迹可发现，全国工业环境效率在1997~2006年趋于收敛，2007~2013年出现发散的态势。从三大区域来看，东部工业环境效率的基尼系数高于中西部地区，波动向下，σ收敛趋势明显；中部工业环境效率的基尼系数最小，但呈微弱扩大态势，说明中部地区各省份工业环境效率具有轻微发散趋势；西部工业环境效率呈现“先收敛、后发散”特征。

3. β收敛分析

进一步运用萨拉·伊·马丁（Sala-i-Martin，1996）的方法，分别构造回归模型式（4-23）和式（4-24）对绝对β收敛和条件β收敛加以检验。

$$g_{i,t+T} = (\ln EE_{i,t+T} - \ln EE_{i,t})/T = \alpha + \beta \ln EE_{i,t} + \varepsilon_{i,t} \qquad (4-23)$$

$$g_{i,t+T} = (\ln EE_{i,t+T} - \ln EE_{i,t})/T = \alpha + \beta \ln EE_{i,t} + X_{it}\lambda + u_i + v_t + \varepsilon_{i,t} \qquad (4-24)$$

其中，$g_{i,t+T} = (\ln EE_{i,t+T} - \ln EE_{i,t})/T$表示i地区t到t+T年间工业环境效率的平均增速，$EE_{i,t+T}$和$EE_{i,t}$分别为i地区在第t+T期和初始年份t的工业环境效率值，α为常数项，β为待估的收敛参数，X为控制变量，u表示个体效应，v表示时期效应，ε为随机扰动项。在此主要观察β系数值，若β<0，则表示工业环境效率存在收敛趋势，即效率增速与初始水平成反比，低效率地区与高效率地区之间存在“追赶效应”。通常，令T=1，以便最大程度的利用样本。此外，米勒和乌帕迪耶

(Miller & Upadhyay, 2002) 指出，固定效应对应着各个经济体的稳态条件，无须加入其他控制变量，因而本书在进行条件 β 收敛检验时，参照国内部分学者（吴军，2009；周五七和聂鸣，2012）的做法，未在式（4-23）中添加控制变量。

表 4-4 报告了全国及东部、中部、西部三大地区工业环境效率绝对 β 收敛性检验的最小二乘估计结果。由表可知，东部的 β 系数显著为负，而中部的 β 系数显著为正，表明东部地区的工业环境效率存在绝对 β 收敛，而中部地区呈现出发散趋势，西部地区的 β 系数为正但不显著，三大区域的检验结论各异，这也在一定程度上揭示了全国的 β 系数为正但不显著的原因，即全国的工业环境效率不存在绝对 β 收敛。以上结论与 σ 收敛分析的检验结果基本吻合。

表 4-4　中国工业环境效率绝对 β 收敛性检验（OLS 回归）

	全国	东部	中部	西部
β	0.0008	-0.1094***	0.0426*	0.0054
	(0.0110)	(0.0233)	(0.0233)	(0.0172)
α	0.0413**	-0.1797***	0.1225***	0.0839***
	(0.0176)	(0.0393)	(0.0427)	(0.0223)
调整后的 R^2	-0.0021	0.1078	0.0181	-0.0052
F 统计量	0.0047	22.1457**	3.3355*	0.0974
组别	30	11	6	11
观测值	480	176	128	176

注：***、** 和 * 分别表示在 1%、5% 和 10% 的水平上统计显著；小括号内的值为标准误差；R^2 表示拟合优度。

基于式（4-24），运用面板数据固定效应模型进一步进行条件 β 收敛检验，结果如表 4-5 所示。由表 4-5 可知，全国及东部、中部、西部三大经济区的 β 系数均为负，且达到 1% 的显著水平，表明全国及三大经济区的工业环境效率都存在条件 β 收敛。结合前文分析的结论，由于东部地区工业环境效率还具有绝对收敛的特性，故表明东部各省份的工业环境效率增速趋向于同一个稳态水平；而全国、中部和西部地区不具有绝对收敛性，说明全国各省份及中部、西部地区内部各省的工业环境效率增速趋向于各自的稳态水平，这些区域范围内的省际间差距不存在趋同，尤其是中部地区反而有扩大的趋势。

表4-5　中国工业环境效率条件β收敛（面板数据固定效应回归）

	全国	东部	中部	西部
β	-0.0959***	-0.1656***	-0.2163***	-0.1323***
	(0.0213)	(0.0524)	(0.0625)	(0.0359)
α	-0.2431***	-0.2793***	-0.5067***	-0.3473***
	(0.0416)	(0.0890)	(0.1280)	(0.0664)
省份效应	Yes	Yes	Yes	Yes
年份效应	Yes	Yes	Yes	Yes
within - R^2	0.1774	0.2594	0.3477	0.2492
F或Wald统计量	5.8510***	3.2615***	3.4647***	3.0907***
组别	30	11	6	11
观测值	480	176	128	176

注：***、**和*分别表示在1%、5%和10%的水平上统计显著；小括号内的值为标准误差；R^2 表示拟合优度。

4.5　本章小结

本章立足于可持续发展的理念，从经济增长和生态文明协调发展的要求出发，利用1997~2013年中国30个省区市的资源消耗、环境污染和经济发展数据，使用Super-DEA方法对中国省际工业环境效率进行测算，基于测算结果进而对中国工业环境效率的特征趋势、动态演进及非均衡特性进行深入分析。

本章首先基于环境效率的概念和指标特性，对测度效率的一般工具——DEA方法进行了探讨说明，为了更好地测度本书涉及的核心指标——工业环境效率，选取包含非合意产出的Super-SBM模型来计算SBM有效的决策单元的环境效率。经过测算后得到的结果显示：中国工业环境效率水平整体偏低，全国范围来看，时间上呈上升的动态变化趋势，空间上呈“东高西低”的非均衡特征，高效率地区主要聚集于以环渤海、长三角、珠三角三大经济圈为核心的东部一线“弓”型区域和长江经济带附近；分区域结果为东部工业环境效率稳步上升，中部缓慢上升，西部趋于分化态势。

其次，进一步运用Kernel密度函数的分析方法考察动态过程中的分布变化发现：总体核密度函数分布曲线呈现向右平移的趋势，形状上由“单峰”向“双峰（多峰）”改变，峰度上出现了由尖峰向宽峰发展变化的趋势，说明中国省域间工业的经济与环境协调度具有非均衡发展特征，且差距明显。

再次，利用差异分析和收敛分析的方法探讨中国区域间工业环境效率非均衡度及动态演变过程。结果发现，中国工业绿色发展空间非均衡问题主要来源于区域间差距，样本期内中国工业环境效率的基尼系数均值2007年之前整体呈下降趋势，之后出现反转，呈现缓慢上升趋势，说明全国工业环境效率在1997~2006年趋于收敛，2007~2013年出现发散的态势；从三大区域来看，东部工业环境效率的基尼系数高于中部、西部地区，波动向下，σ收敛趋势明显；中部工业环境效率的基尼系数最小，但呈微弱扩大态势，说明中部地区各省份工业环境效率具有轻微发散趋势；西部工业环境效率呈现“先收敛、后发散”特征；绝对β收敛与σ收敛分析的检验结果基本吻合，仅东部地区的工业环境效率存在绝对β收敛，而全国及三大经济区的工业环境效率都存在条件β收敛。

第5章

中国环境规制与地区工业环境效率

如前文所言，高投入、高消耗、高排放、不循环的工业生产模式仍是能源和环境问题的罪魁祸首之一，工业污染物的排放是雾霾天气形成的直接原因（顾为东，2014；任保平和宋文月，2014），然而实体经济又是一国“稳增长”的根基，如何科学破解工业经济发展和环境保护的“两难”悖论无疑成为症结所在，突破“两难”悖论的关键在于加速我国工业企业绿色转型，即提高绿色全要素生产率（环境效率/生态效率）。释放企业绿色转型源动力需要选择确切的环境治理模式，基于此再通过提供一系列约束和激励制度供给引导企业。那么，环境制度如何能够促使工业环境效率优化？我国应该如何选择确切的环境治理方式，现行的市场效率仍不足以主要依靠市场出清解决环境问题，但对政府的过度依赖又会产生交易费用过高、腐败寻租等问题，中国市场失灵和政府失灵交织背景下，何种规制路径才能更好地引导工业企业绿色转型？主要依靠政府监管还是市场自律？不同的规制手段通过何种机制“黑箱”促使绿色全要素生产率的提高？因此，本章以工业环境效率考察工业经济发展和环境保护的协调融合度，基于此探讨我国当前的主要两类环境工具对其是否有效、作用机制及制度选择仍是当前学界值得深究的问题。据此，本章将以能够衡量经济与环境协调性的环境效率为目标，探讨环境规制通过影响经济发展和生态环境状况，进而对环境效率产生的影响，从理论和实证两个方面系统地考察不同的环境规制对环境效率的作用机制，说明环境规制对促进经济和环境协调发展的作用。首先结合传统观点的“合规成本说”和修正观点的“波特假说”的理论思想剖析排污主体的微观机制，基于此构建理论模型说明基于公共利益理论下有效的环境规制与经济、环境的关系，然后通过引入环境效率的指标，综合经济与环境两方面说明环境规制对环境效率的影响，逻辑框架如图 5 – 1 所示。

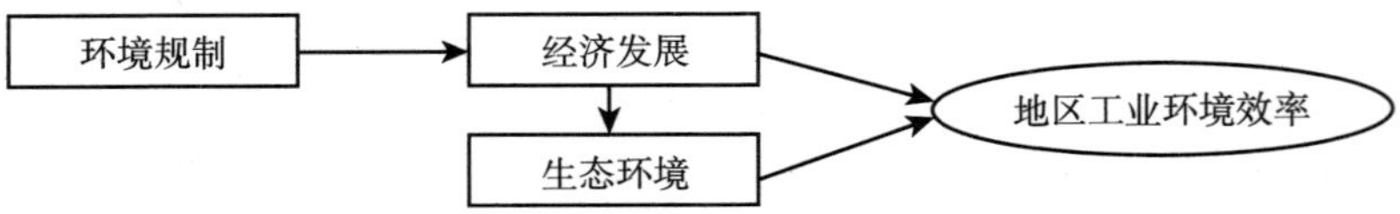

图 5 – 1　环境规制影响地区工业环境效率的逻辑分析框架

5.1　环境规制影响排污主体（企业）的微观机制阐述

现行法律下，我国的环境资源依旧属于公有产权，且资源消费和经济发展具有较强的外部性特征，倡导环境保护、资源节约不可避免地会触及到众多经济主体的利益，因而在没有外部干预的情况下，相关主体难以做到自觉节能减排，这就要求代表公众利益的政府机构承担妥善管理公共资源的义务，对我国生态环境的保护从制度上限制制约各相关主体的行为，最终解决环境资源的公共物品问题和外部性问题，而政府施行的环境规制又必然会引起企业生产经营活动中成本—收益结构的变化。因此，环境规制对地区工业环境效率的影响通过其对经济发展质量和生态环境质量两个方面的作用实现，即该地区工业企业在规制约束下经济绩效和污染排放的综合变化，其主要是通过影响排污主体的行为，进而对经济发展和生态环境产生作用。本章在剖析环境规制对排污主体影响的微观机制时，同时结合传统观点的“合规成本说”和修正观点的“波特假说”的理论思想，以成本—收益的经济学分析框架深入分析。

5.1.1　环境规制引发的企业成本—收益变动

1. 环境规制引发的企业成本结构变动

企业成本包含生产费用和交易费用两个方面，生产费用指生产活动中直接与产品生产相关的费用，包括直接材料费、直接人工费、制造费，主要受企业的技术水平的影响；交易费用指发生于生产活动之外、与产品生产活动没有直接联系的费用，通常包括市场交易费用、管理性交易费用和政治性交易费用，主要受各种制度的制约（黄晓波，2009）。环境规制对企业成本的影响亦表现为下述两方面：一是环境规制改变企业生产费用支出结构。环境规制要求企业在生产过程中将一部分资源配置于污染治理领域，原本用于生产活动的资金受到“挤占”（蒋伏心等，2013），企业势必被迫缩减原材料采购、工资成本支出、制造费等生产性支出。二是环境规制影响企业交易费用支出结构。首先，迫使企业调整管理性交易费用支出结构，具体表现为企业的环境“合规成本”增加。污染排放和资源利用的限制性标准客观要求环境成本内部化，增加了企业的环境“合规成本”。政府作为环境保护的代言人，通过制定颁布各种环境标准和规则要求企业承担污染减排的义务，工业企业需依照规制要求，从资源开发、原材料采购、生产工艺流程、产品运输渠道选择、产品回收利用等各渠道进行污染控制，或追加科技创新投入对污染排放进行治理环境破坏问题，这一系污染治理费用可称之为企业的环境服从成本，亦称“合规成本”。其次，环境资源有偿使用，新增企业的政治性交易费用，具体包括“污染者付费”的原则下企业的“排污成本”和惩治性法则下的“违规成本”。无规制约束的公有产权下，企业排污成本为零，可肆意延续高污染高排放的粗放生产模式，一旦面临付费的约束，对于暂无能力完全通过技术手段实现零排放的企业而言，需支付一定的排污费（税）或于产权交易市场购买排污权等方式实现生产排污，由此形成企业的“排污成本”。此外，环境规制要求对已发生的环境违法或侵权行为进行补偿救济，针对建设和生产运营过程中无环评许可验收证的项目和偷排漏排的违规企业，一旦被查处将会施以罚款、限期治理、警告、停产停业、吊销证书和行政处分，因而企业违规行为下的政治性交易费用亦会增加。最后，集体规则的生成，有利于降低企业市场性交易费用。将环境资源权市场视为一种特殊的商品市场，通过集体规制事先明晰环境产权和交易的规则，可促使产权交易市场的有效运行，降低市场性交易费用。同时，排污主体与受害者之间一旦因环境事故引发纠纷，统一的环境规制也可避免经反复谈判协调生成补偿救济合约所造成的高昂的市场交易费用。依照奥尔森（Olson，1965）的集体行动逻辑，强制性手段有助于相关利益群体通过集体行动实现共同利益，一旦生成统一规则，并由公共利益的代表方代理执行，将会大大降低企业在处理环境问题中产生的交易费用。

2. 环境规制引发的企业收益变动

环境规制对企业收益的影响既存在负面的“抵消效应”，也有正面的“补偿效应”。环境规制对企业的负面效应主要表现如下：一是企业所支付的环境成本若以产品提价的方式转移至消费者，将降低市场的消费需求，产品销量下滑企业营业收入下降，若企业采用维持产品价格不变的策略，在技术水平没有改变的条件下，利润空间受到挤压。二是企业为控制污染排放占用了部分资源，其他生产营利性投资受到挤占，导致潜在的产出和利润损失，弱化了企业的竞争力。另外，环境规制对企业受益的影响也可能存在正面的“补偿效应”：一是企业追加技术性投资，获取“创新补偿”。政府施行环境规制措施提高一国环境质量，必然在新能源、新材料的使用等方面给予企业一定的政策优惠和财政补贴，扩充企业的融资渠道，解决企业创新资金不足的问题。企业通过技术创新获取的“创新补偿”又进一步可细分为生产过程（创新）补偿和产品（创新）补偿。生产过程的补偿表现为减少停工期、循环利用生产投入品、降低能源消费和废弃物处置成本等，引致更高的企业管理效率和生产效率，企业从过程补偿中获取产出增加或投入要素降低的收益。此外，企业因生产方式的改进，形成“环境友好型”产品补偿，如通过技术改进、拆分或循环再利用变废弃品为产品，使废料获得再出售价值，或研发生产差异化的“绿色产品”受到消费者的青睐，获取市场的先发优势。二是提高企业的品牌和声誉，培育企业的无形资产。利益相关者理论和企业社会责任理论揭示了企业文化、声誉等无形资产的重要性，提高环境质量为企业赢得品牌和声誉，扩大其社会认可度和影响力，使得产品更受欢迎，从而索取更高的价格或增加销售量；同时无形资产价值的上升也可使公司在资本市场上具有更好的表现（李胜兰等，2014）。

5.1.2 环境规制的污染减排效应

政府采取严格的环境规制政策，如设立行业环境准入标准、提高企业环保门槛等约束排污主体的排污行为，将促进工业企业污染治理、节能减排，降低工业企业生产活动中的“三废”排放量，减少地区环境污染度。

5.2 环境规制、经济与环境三者关系的基准理论模型

基于前文环境规制的微观机制理论分析，简化部分成本—费用因素，进一步构建理论模型推导环境规制影响工业环境效率的内在作用机制。为说明环境规制对地区工业环境效率的影响，首先借鉴科普兰德和泰勒（2004、2005）描述经济与环境二者间关系的理论模型，后续再将

数理化后的工业环境效率纳入分析框架，考察环境规制影响下的工业环境效率的变化及作用机理。

5.2.1 企业的最优化条件

1. 基本行为假设

假设一开放经济国家有两个生产部门：X 部门生产产品 x，生产过程中会同时产生污染 z（非合意产出）；Y 部门生产产品 y，其生产过程中不产生污染。设定产品 y 为计价物（即 $p_y=1$）；而产品 x 的价格为 $p_x=p$。两个部门均使用两种要素投入：资本 K 和劳动 L，其市场报酬分别为 r 和 w，国内要素禀赋为 $\bar{k}$ 和 $\bar{l}$，X 部门在生产过程中需使用的资本和劳动数量为 k_x 和 l_x，Y 部门中在生产过程中需使用的资本和劳动数量为 k_y 和 l_y。

Y 部门产品 y 的生产技术为式（5－1）所示：

$$y=H(k_y,\ l_y)=k_y^{\beta}l_y^{1-\beta} \tag{5-1}$$

X 部门联合生产两种产品 x 和 z，在没有任何减排措施时，合意产品 x 与污染 z 的产量是完全成比例的，其联合生产技术为式（5－2）、式（5－3）所示：

$$F(k_x,\ l_x)=k_x^{\delta}l_x^{1-\delta} \tag{5-2}$$

$$z=x=F(k_x,\ l_x) \tag{5-3}$$

F 表示产品 x 的“潜在产出”，且技术满足以下性质：

一是，两种产品的生产都是规模报酬不变的：$H(\eta k,\ \eta l)=\eta H(k,\ l)$，对于 $\eta>0$；$F(\eta k,\ \eta l)=\eta F(k,\ l)$，对于 $\eta>0$。

二是，H、F 对要素投入是单调递增、严格凹的函数：$H'>0$、$H''<0$；$F'>0$、$F''<0$。

三是，满足稻田条件：

$\lim\limits_{k\to 0}\partial H/\partial k=\infty$，$\lim\limits_{k\to\infty}\partial H/\partial k=0$；$\lim\limits_{l\to 0}\partial H/\partial l=\infty$，$\lim\limits_{l\to\infty}\partial H/\partial l=0$；

$\lim_{k\to 0}\partial F/\partial k=\infty$，$\lim_{k\to\infty}\partial F/\partial k=0$；$\lim_{l\to 0}\partial F/\partial l=\infty$，$\lim_{l\to\infty}\partial F/\partial l=0$。

消除污染的办法是将比例为 $\theta\in[0,1]$（因而 θ 为内生变量）的要素投入到减排活动中①，以减少合意产品 x 的产出为代价减少污染，若生产产品 x 产生的总污染为 $z_t=F$，通过减排努力消除污染 z_a，则 $z=z_t-z_a$，且 z_a 是减排努力（企业自身的污染治理投入要素）的函数。因此，产品 x 和污染 z 的联合生产技术为式（5-4）、式（5-5）所示：

$$x(k_x,l_x)=F((1-\theta)k_x,(1-\theta)l_x)=(1-\theta)F(k_x,l_x)=(1-\theta)k_x^{\delta}l_x^{1-\delta} \tag{5-4}$$

$$z=z_t-z_a=z_t-\alpha(\theta)z_t=\varphi(\theta)F(k_x,l_x) \tag{5-5}$$

此时 x 的产量为实施减排活动后的“净产出”，可用于消费或出口。$\varphi(\theta)$ 为减排活动的效果，且有 $\partial\varphi/\partial\theta<0$，$\varphi(0)=1$，$\varphi(1)=0$，当没有减排努力即 $\theta=0$ 时，污染量等于污染产品产量，由式（5-3）表示；当全部要素都用于减排即 $\theta=1$ 时，则产品 x 和污染 z 的数量都为 0。为方便起见，本书假设减排效果的具体函数形式为式（5-6）所示：

$$\varphi(\theta)=(1-\theta)^{\frac{1}{\alpha}} \tag{5-6}$$

因而，式（5-5）可表达为式（5-5′）

$$z=\varphi(\theta)F(k_x,l_x)=(1-\theta)^{\frac{1}{\alpha}}F(k_x,l_x)=(1-\theta)^{\frac{1}{\alpha}}k_x^{\delta}l_x^{1-\delta} \tag{5-5′}$$

其中 $0<\alpha<1$。由 $\theta\in[0,1]$ 和式（5-5）可得 $z\leqslant F$。由式（5-4）和式（5-5′），可将净产出的函数写为式（5-7）：

$$x=z^{\alpha}F^{1-\alpha}=z^{\alpha}[k_x^{\delta}l_x^{1-\delta}]^{1-\alpha} \tag{5-7}$$

因此，尽管污染 z 是一种联合产出，但可以将其看作生产污染产品 x 的投入，直观上理解为将污染看作是自然提供的“环境服务”。式（5-7）使得分析可以在污染产品 x 和无污染产品 y 两种产品的框架下进行。

① θ 因此称为“减排努力”。

2. 成本最小化

竞争市场局部均衡中，各个企业面对既定的要素价格，在生产技术约束下，选择要素投入量，实现成本最小化。对于 Y 部门的企业来说，其单位产量成本最小化问题为式（5－8）：

$$c^{y}(w,\ r)=\min_{\{k_y,l_y\}}\ \{rk_y+wl_y:\ H(k_y,\ l_y)=k_y^{\beta}l_y^{1-\beta}=1\} \tag{5-8}$$

解得“单位产量要素需求函数”为式（5－9）、式（5－10）：

$$k_y(w,\ r)=\left(\frac{1-\beta}{\beta}\right)^{\beta-1}r^{\beta-1}w^{1-\beta} \tag{5-9}$$

$$l_y(w,\ r)=\left(\frac{1-\beta}{\beta}\right)^{\beta}r^{\beta}w^{-\beta} \tag{5-10}$$

将式（5－9）和式（5－10）代入式（5－8），得到“单位产量成本函数”为式（5－11）：

$$c^{y}(w,\ r)=k_y(w,\ r)\times r+l_y(w,\ r)\times 1=\frac{(1-\beta)^{(\beta-1)}}{\beta^{\beta}}r^{\beta}w^{1-\beta}=Mr^{\beta}w^{1-\beta} \tag{5-11}$$

其中 $M=\frac{(1-\beta)^{(\beta-1)}}{\beta^{\beta}}>0$。由于规模报酬不变，总成本等于单位成本 $c^{y}(w,\ r)$ 与产品 y 产量的乘积，即 $C^{y}(w,\ r)=c^{y}(w,\ r)\times y$。

对于 X 部门的企业，如果不考虑环境规制，则污染 z 的排放无代价，其倾向于不进行任何减排活动以最大化潜在产量，此时产品 x 和污染 z 的生产由式（5－2）和式（5－3）表示，X 部门企业的单位潜在产量成本最小化问题与 Y 部门企业类似，为式（5－12）：

$$c^{F}(w,\ r)=\min_{\{k_x,l_x\}}\ \{rk_x+wl_x:\ F(k_x,\ l_x)=k_x^{\delta}l_x^{1-\delta}=1\} \tag{5-12}$$

解得“单位产量要素需求函数”为式（5－13）、式（5－14）：

$$k_x(w,\ r)=\left(\frac{1-\delta}{\delta}\right)^{\delta-1}r^{\delta-1}w^{1-\delta} \tag{5-13}$$

$$l_x(w,\ r)=\left(\frac{1-\delta}{\delta}\right)^{\delta}r^{\delta}w^{-\delta} \tag{5-14}$$

将式（5－13）和式（5－14）代入式（5－12），得到“单位产量成本函数”为式（5-15）：

$$c^F(w,\ r)=k_x(w,\ r)\times r+l_x(w,r)\times l=\frac{(1-\delta)^{(\delta-1)}}{\delta^\delta}r^\delta w^{1-\delta}=Nr^\delta w^{1-\delta} \tag{5-15}$$

其中 $N=\frac{(1-\delta)^{(\delta-1)}}{\delta^\delta}>0$。

实际情况中，由于政府设定环境规制控制污染排放，因此X部门的企业在进行污染排放时受到一定的约束。无论采用何种规制方式，若企业面临的环境规制越强，则排污成本越大。在此，本书以排污收费制度为例，作为环境规制制度的代表。假设对每单位污染排放收取排污费，记为τ，则企业的生产决策还需要考虑排污成本，其单位净产量成本最小化问题为式（5-16）：

$$c^x(w,\ r,\ \tau)=\min_{\{z,F\}}\{\tau z+c^F(w,\ r)\ \ F:\ z^\alpha F^{1-\alpha}=1\} \tag{5-16}$$

由一阶条件可得式（5-17）：

$$\frac{z}{F}\cdot\frac{1-\alpha}{\alpha}=\frac{c^F}{\tau} \tag{5-17}$$

由市场自由进出的零利润条件可得式（5-18）：

$$px=c^F F+\tau z \tag{5-18}$$

因此，结合式（5-17）和式（5-18）可以得出污染部门单位净产出的污染排放（污染密度e），如式（5-19）所示：

$$e\equiv\frac{z}{x}=\frac{\alpha p}{\tau}\leqslant 1 \tag{5-19}$$

由式（5-4）和式（5-5′）可得式（5-20）：

$$\frac{z}{x}=(1-\theta)^{\frac{(1-\alpha)}{\alpha}} \tag{5-20}$$

因而，结合式（5-19）和式（5-20），可得式（5-21）：

$$\theta=1-\left(\frac{\alpha p}{\tau}\right)^{\frac{\alpha}{(1-\alpha)}} \tag{5-21}$$

污染密度e与减排努力θ的关系如式（5-22）所示：

$$e=(1-\theta)^{\frac{(1-\alpha)}{\alpha}} \tag{5-22}$$

在均衡条件下企业根据产品 x 的价格 p 和环境规制强度水平（排污收费的费率 τ）决定减排努力 θ 和污染密度 e，因此，本书得到结论 1：

结论 1：当污染产品 x 的价格 p 提高时，排污更有利可图①，企业将减少减排努力、提高污染密度以获取更多收益；当环境规制约束水平 τ 提高时，单位污染成本提高，企业将增加减排努力程度、降低污染密度以减少排污成本。

将式（5－22）分别代入式（5－4）和式（5－5′）可知

$$x=e^{\frac{\alpha}{(1-\alpha)}}F(k_x,\ l_x) \tag{5-4′}$$

$$z=e^{\frac{1}{(1-\alpha)}}F(k_x,\ l_x) \tag{5-5″}$$

结合（5－4′）和（5－5″）可得到式（5－23）：

$$z=ex \tag{5-23}$$

5.2.2 均衡分析

对于 Y 部门的企业，其利润为式（5－24）：

$$\pi^y=H(k_y,\ l_y)-rk_y-wl_y=k_y^{\beta}l_y^{1-\beta}-rk_y-wl_y \tag{5-24}$$

而对于 X 部门的企业，其还需要考虑排污成本，因而其利润为式（5－25）：

$$\pi^x=px(k_x,\ l_x)-rk_x-wl_x-\tau z \tag{5-25}$$

利用式（5－23）可将 z 消掉，得到式（5－26）：

$$\pi^x=(p-\tau e)x(k_y,\ l_y)-rk_x-wl_x \tag{5-26}$$

利用式（5－19）将 e 消掉，再结合式（5－4）得到式（5－27）：

$$\pi^x=p(1-\alpha)x(k_y,\ l_y)-rk_x-wl_x=p^x x(k_y,\ l_y)-rk_x-wl_x \tag{5-27}$$

① 因为排污增加就意味着污染产品产量增加。

其中，$p^x=p(1-\alpha)$，式（5－24）和式（5－27）为一般均衡利润最大化问题的目标函数，由一阶条件得式（5－28）、式（5－29）：

$$r=H_k=p(1-\alpha)x_k \tag{5-28}$$

$$w=H_l=p(1-\alpha)x_l \tag{5-29}$$

类似的，在考虑潜在产出时，部门X的企业利润可以由式（5－27）改写为式（5－30）：

$$\begin{aligned}\pi^x &= p(1-\alpha)x(k_y,\ l_y)-rk_x-wl_x\\ &=p(1-\alpha)(1-\theta)F(k_y,l_y)-rk_x-wl_x\\ &=p^F F(k_y,\ l_y)-rk_x-wl_x\end{aligned} \tag{5-30}$$

其中，$p^F=p(1-\alpha)(1-\theta)$，式（5－24）和式（5－30）为一般均衡利润最大化问题的目标函数，由一阶条件得式（5－31）、式（5－32）：

$$r=H_k=p(1-\alpha)F_k \tag{5-31}$$

$$w=H_l=p(1-\alpha)F_l \tag{5-32}$$

给定利润最大化的企业，一般均衡的条件为：

①市场自由进出意味着每个部门的利润为零，即单位成本等于生产者价格。对于潜在产出来说，该条件可表示为式（5－33）、式（5－34）：

$$c^F(w,\ r)=p^F \tag{5-33}$$

$$c^y(w,\ r)=1 \tag{5-34}$$

解得式（5－35）、式（5－36）：

$$r(p^F)=N^{\frac{\beta-1}{\delta-\beta}}M^{\frac{1-\delta}{\delta-\beta}}(p^F)^{\frac{1-\beta}{\delta-\beta}}=P(p^F)^{\frac{1-\beta}{\delta-\beta}} \tag{5-35}$$

$$w(p^F)=N^{\frac{-\beta}{\beta-\delta}}M^{\frac{\delta}{\beta-\delta}}(p^F)^{\frac{\beta}{\beta-\delta}}=Q(p^F)^{\frac{\beta}{\beta-\delta}} \tag{5-36}$$

其中 $P=N^{\frac{\beta-1}{\delta-\beta}}M^{\frac{1-\delta}{\delta-\beta}}>0$，$Q=N^{\frac{-\beta}{\beta-\delta}}M^{\frac{\delta}{\beta-\delta}}>0$。

由于 $p^F=p(1-\alpha)(1-\theta)$ 而 $\theta=1-\left(\frac{\alpha p}{\tau}\right)^{\frac{\alpha}{(1-\alpha)}}$，得到 $p^F=(1-\alpha)\alpha^{\frac{\alpha}{(1-\alpha)}}\tau^{\frac{\alpha}{(\alpha-1)}}p^{\frac{1}{(1-\alpha)}}$，得到式（5－37）、式（5－38）：

$$\frac{\partial p^F}{\partial p} = \left(\frac{\alpha p}{\tau}\right)^{\frac{\alpha}{(1-\alpha)}} = e^{\frac{\alpha}{(1-\alpha)}} > 0 \tag{5-37}$$

$$\frac{\partial p^F}{\partial \tau} = -\left(\frac{\alpha p}{\tau}\right)^{\frac{1}{(1-\alpha)}} = e^{\frac{1}{(1-\alpha)}} < 0 \tag{5-38}$$

因此 w 和 r 最终为 p 和 τ 的函数 w(p，τ）和 r(p，τ)。

②要素充分使用要求对每种要素的需求等于其供给即要素禀赋。根据 Shepherd 引理，要素需求可由成本函数对要素价格的偏导数得到，由于本书使用的是单位成本函数，因而可以得到单位产品的要素需求函数为式（5－39）、式（5－40）、式（5－41）、式（5－42）：

$$k_y(w, r) = \frac{\partial c^y(w, r)}{\partial r} = M\beta r^{\beta-1} w^{1-\beta} \tag{5-39}$$

$$l_y(w, r) = \frac{\partial c^y(w, r)}{\partial w} = M(1-\beta) r^{\beta} w^{-\beta} \tag{5-40}$$

$$k_F(w, r) = \frac{\partial c^F(w, r)}{\partial r} = N\delta r^{\delta-1} w^{1-\delta} \tag{5-41}$$

$$l_F(w, r) = \frac{\partial c^F(w, r)}{\partial w} = N(1-\delta) r^{\delta} w^{-\delta} \tag{5-42}$$

总要素需求为单位产品的要素需求与产品产量的乘积，于是要素充分使用条件可表示为式（5－43）、式（5－44）：

$$k_y(w, r)y + k_F(w, r)F = \bar{k} \tag{5-43}$$

$$l_y(w, r)y + l_F(w, r)F = \bar{l} \tag{5-44}$$

解式（5－43）和式（5－44）方程组得到式（5－45）、式（5－46）、式（5－47）：

$$y(w, r, \bar{k}, \bar{l}) = \frac{\delta w\bar{l} - (1-\delta) r\bar{k}}{Mr^{\beta} w^{1-\beta}(\delta-\beta)} = \frac{\delta w\bar{l} - (1-\delta) r\bar{k}}{\delta-\beta} \tag{5-45}$$

$$F(w, r, \bar{k}, \bar{l}) = \frac{(1-\beta) r\bar{k} - \beta w\bar{l}}{Nr^{\delta} w^{1-\delta}(\delta-\beta)} = \frac{(1-\beta) r\bar{k} - \beta w\bar{l}}{q^F(\delta-\beta)} \tag{5-46}$$

$$x(w, r, \bar{k}, \bar{l}) = (1-\theta)F(w, r, \bar{k}, \bar{l}) = \frac{(1-\beta)r\bar{k} - \beta w\bar{l}}{p(1-\alpha)(\delta-\beta)} \tag{5-47}$$

将式（5－35）、式（5－36）代入得到式（5－48）、式（5－49）、式（5－50）：

$$y(p^F, \bar{k}, \bar{l}) = \frac{\delta Q(p^F)^{\frac{\beta}{\beta-\delta}}\bar{l} - (1-\delta)P(p^F)^{\frac{1-\beta}{\delta-\beta}}\bar{k}}{\delta-\beta} \tag{5-48}$$

$$F(p^F, \bar{k}, \bar{l}) = \frac{(1-\beta)P(p^F)^{\frac{1-\delta}{\delta-\beta}}\bar{k} - \beta Q(p^F)^{\frac{\delta}{\beta-\delta}}\bar{l}}{\delta-\beta} \tag{5-49}$$

$$\begin{aligned} x(p^F, \bar{k}, \bar{l}) &= (1-\theta)F(p^F, \bar{k}, \bar{l}) \\ &= \frac{(1-\beta)P(p^F)^{\frac{1-\beta}{\delta-\beta}}\bar{k} - \beta Q(p^F)^{\frac{\beta}{\beta-\delta}}\bar{l}}{p(1-\alpha)(\delta-\beta)} \end{aligned} \tag{5-50}$$

同样，由式（5－37）和式（5－38）可知，p^F 最终为 p 和 τ 的函数，因此可以得到产量 F、x 和 y 最终为 p、τ、$\bar{k}$ 和 $\bar{l}$ 的函数，即 $y = y(p, \tau, \bar{k}, \bar{l})$，$F = F(p, \tau, \bar{k}, \bar{l})$ 和 $x = x(p, \tau, \bar{k}, \bar{l})$，再利用式（5－22）或者式（5－23）可以得到均衡条件下的最优污染排放量 $z(p, \tau, \bar{k}, \bar{l}) = ex(p, \tau, \bar{k}, \bar{l}) = e^{\frac{\alpha}{(1-\alpha)}}F(p, \tau, \bar{k}, \bar{l})$。

5.2.3 比较静态分析

因为本书主要考察环境规制的影响，因而表现为每单位污染排放收取的排污 τ 的变化，在此我们仅探讨和分析当 τ 发生变化时，具体表现为 p^F 发生变化时，要素价格和均衡产出如何发生改变。

利用式（5－35）、式（5－36）可以得到要素价格对生产者价格的微分，如式（5－51）、式（5－52）所示：

$$\frac{\partial r}{\partial \tau} = \frac{\partial r}{\partial P^F} \cdot \frac{\partial P^F}{\partial \tau} = P\frac{1-\beta}{\delta-\beta}(p^F)^{\frac{1-\delta}{\delta-\beta}} \cdot \frac{\partial P^F}{\partial \tau} \tag{5-51}$$

$$\frac{\partial w}{\partial \tau}=\frac{\partial w}{\partial P^F}\cdot\frac{\partial P^F}{\partial \tau}=Q\frac{\beta}{\beta-\delta}(p^F)^{\frac{\delta}{\beta-\delta}}\cdot\frac{\partial P^F}{\partial \tau} \quad (5-52)$$

如果 $\beta>\delta$，则$\frac{\partial r}{\partial \tau}=P\frac{1-\beta}{\delta-\beta}(p^F)^{\frac{1-\delta}{\delta-\beta}}>0$，$\frac{\partial w}{\partial \tau}=Q\frac{\beta}{\beta-\delta}(p^F)^{\frac{\delta}{\beta-\delta}}<0$。

如果 $\beta<\delta$，则$\frac{\partial r}{\partial \tau}=P\frac{1-\beta}{\delta-\beta}(p^F)^{\frac{1-\delta}{\delta-\beta}}<0$，$\frac{\partial w}{\partial \tau}=Q\frac{\beta}{\beta-\delta}(p^F)^{\frac{\delta}{\beta-\delta}}>0$。

结论 2：当环境规制约束水平 τ 提高时，污染部门 X 密集使用的要素价格下降，清洁部门密集使用的要素的价格上升；反之亦反。

当产品 x 的潜在产量的生产价格 p^F 变动时，产品产量变动符合供给曲线一般特征：产品价格变动导致供给量同方向变动。

利用式（5－48）、式（5－50）可以得到式（5－53）、式（5－54）、式（5－55）：

$$\frac{\partial y}{\partial \tau}=\frac{\partial y}{\partial P^F}\cdot\frac{\partial P^F}{\partial \tau}=-\frac{\delta\beta Q(p^F)^{\frac{\delta}{\beta-\delta}}\bar{l}+(1-\delta)(1-\beta)P(p^F)^{\frac{1-\delta}{\delta-\beta}}\bar{k}}{(\beta-\delta)^2}\cdot\frac{\partial P^F}{\partial \tau}>0 \quad (5-53)$$

$$\frac{\partial x}{\partial \tau}=\frac{\partial x}{\partial P^F}\cdot\frac{\partial P^F}{\partial \tau}=\frac{(1-\beta)^2P(p^F)^{\frac{1-\delta}{\delta-\beta}}\bar{k}+\beta^2Q(p^F)^{\frac{\delta}{\beta-\delta}}\bar{l}}{p(1-\alpha)(\delta-\beta)^2}\cdot\frac{\partial P^F}{\partial \tau}<0 \quad (5-54)$$

$$\frac{\partial z}{\partial \tau}=\frac{\partial e}{\partial \tau}x(p,\tau,\bar{k},\bar{l})+e\frac{\partial x(p,\tau,\bar{k},\bar{l})}{\partial \tau}<0 \quad (5-55)$$

结论 3：当环境规制约束水平 τ 提高时，污染产品 x 的产量下降，非污染产品 y 的产量上升；反之亦反。

结论 4：当环境规制约束水平 τ 提高时，会导致生产者对污染排放的需求水平 z 下降。

5.2.4 国民收入及收入函数

定义国民收入函数如式（5－56）所示：

$$G(p_x,p_y,\bar{k},\bar{l},z)=\max_{\{x,y\}}\{p_x x+p_y y:(x,y)\in T(\bar{k},\bar{l},z)\} \quad (5-56)$$

由此可见，国民收入是全部净产出的价值，包括企业部门的净收入和政府的排污费收入。因而，可以进一步定义企业部门的净收入函数如式（5-57）所示：

$$\tilde{G}(p_x, p_y, \tau, K, L)=\max_{\{x,y,z\}}\{p_x x+p_y y-\tau z:(x, y)\in T(K, L, z)\} \tag{5-57}$$

由前文定义可知，$p_x=p$，$p_y=1$，$p_x x-\tau z=(p-\tau e)x=p(1-\alpha)x$，因此 $\tilde{G}(p_x, p_y, \tau, \bar{k}, \bar{l})$ 可表示为 $\tilde{G}(p, \tau, \bar{k}, \bar{l})=p(1-\alpha)x(p, \tau, \bar{k}, \bar{l})+y(p, \tau, \bar{k}, \bar{l})$。得到式（5-58）：

$$G(p, \tau, \bar{k}, \bar{l}, z_0)=\tilde{G}(p, \tau, \bar{k}, \bar{l})+\tau z_0 \tag{5-58}$$

5.3　环境规制与地区工业环境效率的理论模型

5.3.1　环境规制影响工业环境效率的模型推导

从第2章中可知，WBCSD根据环境效率的含义，环境效率（或生态效率）的测度指标位：

$$环境效率/生态效率=\frac{产品或服务的价值}{生态环境负荷}$$

用符号表示以上公式为：

$$\delta=\frac{\text{Economic performance}}{\text{Ecological performance}}=\frac{\sum_r \mu_r y_r}{\sum_h v_h x_h}$$

其中，y_r 为第r种产品或服务的价值，x_h 为第h种资源消耗或者污染排放的数量；由于各种产品和服务以及各种资源消耗和污染排放的单位不同，需要对其赋予合适的权重，以得到其效率，μ_r 和 v_h 分别表示产出和投入的权重。

结合环境效率的定义，本书将其简化为以下模型具体形式为式（5－59）：

$$E(p, \tau, \bar{k}, \bar{l}) = \frac{\tilde{G}(p, \tau, \bar{k}, \bar{l})}{v_1 z(p, \tau, \bar{k}, \bar{l}) + v_2 \bar{k} + v_3 \bar{l}} \tag{5-59}$$

定义 ξ 产品 x 占总产出的比重，又由 $z = ex = e\xi\tilde{G}$，可将则环境效率改写为式（5－60）：

$$E(p, \tau, \bar{k}, \bar{l}) = \frac{\tilde{G}(p, \tau, \bar{k}, \bar{l})}{v_1 ex + v_2 \bar{k} + v_3 \bar{l}} = \frac{1}{v_1 e \cdot \xi + (v_2 \bar{k} + v_3 \bar{l}) / \tilde{G}(p, \tau, \bar{k}, \bar{l})} \tag{5-60}$$

该式说明环境效率 $E(p, \tau, \bar{k}, \bar{l})$ 取决于三个因素：污染密度 e、污染产业的相对重要程度 ξ 和生产效率 $(v_2 \bar{k} + v_3 \bar{l}) / \tilde{G}(p, \tau, \bar{k}, \bar{l})$。

命题 5－1：工业环境效率的优化可源于技术效应和结构效应两个方面因素，技术效应为给定产业结构不变的条件下，生产效率或治污效率的升级；结构效应为该地区的产业结构由“肮脏”向“清洁”行业的转变。

由前文结论 1 可知，$\frac{\partial e}{\partial \tau} < 0$；由前文结论 3 可知，$\frac{\partial \xi}{\partial \tau} < 0$；而环境规制强度 τ 对于生产率 $(v_2 \bar{k} + v_3 \bar{l}) / \tilde{G}(p, \tau, \bar{k}, \bar{l})$ 的影响具有不确定性。

命题 5－2：当环境规制水平提高时，将促使排污企业降低污染密度，减少污染产业所占比重，而对生产效率的影响具有不确定性，因而环境规制对地区工业环境效率的影响具有不确定性。

5.3.2 环境规制促使工业环境效率提升的中介机制阐述

结合前文理论模型的分析，动态视角下工业环境效率的优化可源于技术效应和结构效应（张宇和蒋殿春，2014），环境规制主要是通过影响排污企业的治污技术、生产技术及污染产业的所占比例，进而对区域环境效率产生促进作用影响。

1. 技术效应

通过5.2节理论模型推导出的结论1可知，当规制强度τ提高时，单位污染成本提高，将促使企业降低污染密度以减少排污成本。污染排放密度即单位产出所排放的污染水平，同时依赖于排污企业的生产技术和治污技术水平，因此环境效率的技术创新效应包含治污效率与生产效率两个维度。当厂商在面临环境规制约束提高时，排污企业需调整资源要素在生产投入与治污投入之间的配置比例，调节产出与污染排放水平间的关系，在厂商利润最大化原则的驱动下，选择最优配置策略。企业可能采取两种方式降低污染排放密度：一是提高生产管理效率，表现为循环利用生产投入品、减少停工期、机器换人等，从过程补偿中获取产出增加或投入要素降低的收益，生产可能性前沿向外移动，企业所能达到的最高产出量得到提升，在此过程中污染排放也可能会随之增加，若生产技术效应所带来的产出水平提升幅度大于污染排放增加的幅度，单位产出的污染排放水平则可以达到降低的目的，这种策略方式与“波特假说”阐述的原理基本一致，即厂商通过获得“生产技术创新的补偿”弥补排污成本。二是厂商转移部分资源用于治污技术的创新以期增加单位污染投资的治污效果，然而治污技术资金的部分转移可能会造成对产出的挤出效应，若产出减少的幅度小于污染排放降低的幅度，厂商亦可以通过这种方式减低污染排放密度，这种过程被成为“治污技术创新效应的补偿”（李斌等，2011）。此外，还可形成“环境友好型”产品补偿，如拆分或循环再利用变废弃品为产品，使废料获得再出售价值，或研发生产差异化的“绿色产品”获取市场的先发优势。由此，可得出命题5－3：

命题5－3：环境规制可通过提升生产效率或治污效率促进环境效率的进步。

2. 结构效应

通过5.3节理论模型推导出的结论3可知，当规制强度 τ 提高时，污染产品x的产量下降，非污染产品y的产量上升；反之亦反。政府施加更严格的环境规制，带给企业“合规成本”“排污成本”及“违规成本”等环境成本负担，异质性企业的环境敏感度不同，污染类工业企业的环境成本相对更重，生产运营的资金大幅度被“挤占”，因而被迫缩减投资规模，再因投资乘数引起相关产业市场份额的下降，进而导致整个产业结构发生变化（肖兴志和李少林，2013）。此外，依据“污染避难所假说”的基本原理，由于严格的环境规制增加了污染密集型产品的成本，因此为了躲避本地区严格的环境标准，该地区污染密集型企业倾向于环境规制宽松地区。因此，环境规制严格地区可能引发污染密集型行业资本外逃，企业项目倾向于在弱规制水平地区落地。随着环境规制水平的强化会逐步淘汰驱逐高耗能的“肮脏”行业，吸引低污染的“清洁”行业，“腾笼换鸟”优化地区工业结构。由此，可得出命题5－4：

命题5－4：环境规制可以通过优化地区产业结构促进区域环境效率的提升。

5.4 不同类型环境规制对地区工业环境效率的作用

从第3章中国环境规制的特征分析可见，我国现行的主要环境规制工具实践中，仍表现出以“命令—控制型为主、市场激励型为辅”的局面，政府在环境治理中扮演着重要角色，而自愿性环境规制的仍处于起步阶段，公众参与环境保护的程度远远不够。梳理我国主要的污染防治单行法可见，“污染防治的监管治理”都是其中非常重要且法律条文篇幅重大的章节，“禁止”“不得”以及“应该”等大量被使用于法律条文中。因而，本章主要探讨我国的两种主要的规制工具，即命令—控制型环境规制和市场激励型环境规制。

5.4.1 命令—控制型环境规制

命令控制型环境规制也被称为法律规制。环境法制属于一种事前控制，即政府通过制定颁布一定的法律制度、政策及环境质量标准等措施，对企业在生产经营活动过程造成的环境污染进行控制。借助于国家权力以法律、法规、标准或政策等方式确定环境规制主体的责、权、利范围，一个国家环境法律体系的健全和完善程度是衡量其环境法治和管理水平的重要标志。中国环境立法基于“预防为主，防治结合”的原则，对环境造成污染破坏的主体进行相关规定。一是预防性法规，从源头上控制污染，以事先规范行为的方式预防损失，从根本上限令禁止生产工艺落后、生产效率低下、污染排放严重的企业和项目落地，严禁直接向江河湖海和重点生态保护区排放超标的工业“三废”，让江河湖海休养生息，遏制粗放型的经济增长方式下导致的污染源进入生态环境。二是惩治性法则，对于当下已发生的环境违法或侵权行为实施补偿救济，弥补损失。在促使生态经济可持续发展上，前者预防环境事故的意义显然更大于后者损失环境的赔偿。对于后者，按照过错责任的原则，立法者需要研制较为详尽确切的污染排放标准和赔偿等级划定排污企业的过错范围和补偿程度，法规形成的过程本身就会产生较高的立法成本，相关环保执法机构以此为依据执法监管工业企业的生产排污活动，由于信息不对称致使执法部门在排查企业污染行为过程中具有一定的困难，企业擅自偷排的风险转嫁给环境执法机构，由此带来更高的管理费用，再加上造成污染的损失成本，整个过程的总成本上升。而对于预防性的法规，预防的成本一般由企业承担，对企业和建设项目的进入、清洁生产工艺的使用、落后设备的淘汰等方面有严格的要求，有利于调动排污主体采取预防措施的积极性。而环境行政处罚属于事后控制，我国的环境行政处罚具体有6项手段：罚款、限期治理、警告、停产停业、吊销证书和行政处分，罚款、限期治理和警告属轻度惩罚方式。

命令—控制型规制工具要求厂商承担相同的污染控制责任，其对工业环境效率的影响渠道主要可归结为以下两方面：一是事前颁布预防性或惩治性法规以及事后实施行政处罚影响地区产业分布和规模。如环境法规规章中限制部分污染类行业的准入，鼓励低碳环保类产业的发展。《安徽省淮河流域水污染防治条例》第10条："淮河流域应严格限制发展污水排放量大的造纸、酒精、印染、制革、化工等建设项目"，《浙江省鉴湖水域保护条例》第6条也列出了类似的规定："鉴湖水域保护范围内，严禁新建、扩建印染、电镀、造纸、制革、化工以及其他严重污染水体的项目"，等等。而在《北京市实施〈中华人民共和国节约能源法〉办法》和《天津市节约能源条例》中都提出"市和区、县人民政府应当根据经济和社会发展的需要，调整产业结构、企业结构、产品结构和能源消费结构，加快发展低能耗的高新技术产业、服务业、现代制造业和节能环保产业，限制发展高耗能产业，提高能源利用效率"。或施行行政手段关停并转污染重、产能落后的厂房，汰劣扶优，引导地区工业经济向可持续的结构模式转变。二是以强制性的污染排放和技术标准规范企业行为，促使排污企业加强治污技术的研发投入，将绿色生产工艺和治污技术广泛应用于生产过程中提高生产质量，并通过知识产权保护的方式激励企业绿色技术和产品创新，强化地区整体治污效率。为了达到规制的硬性要求，企业需增加技术性投资，由于不考虑异质性企业减排成本差异，短期内部分企业可能因"合规成本"负担影响企业竞争力，但长期绿色生产工艺和治污技术广泛应用于生产过程中会提高生产质量，地区整体效率会得以强化。

5.4.2 市场激励型环境规制

市场激励型环境规制主要可分为“利用市场”和“建立市场”的政策工具两大类，前者以庇古税理论为基础，利用市场和价格信号科学制定资源配置政策，包括排污税（费）、补贴、押金—返还制度等；后者遵循科斯定理的思想，在清晰界定环境资源产权的基础上，构建排污许可证、排污权、碳排放权等交易市场，以较低的管理成本解决资源环境问题（杨洪刚，2009）。

市场激励型规制工具让主体有选择行为的权力，促使减排成本更低的排污主体多减排，可充分发挥异质性企业在协调经济绩效和污染治理二者均衡发展的能动性。在我国，排污收费制度长期以来是运用最为重要的一项环境经济手段，节能减排的效果显著，它的长期实践也为我国未来即将推出环境税、碳税等其他经济手段提供了科学的依据。随着排污费征收及催缴力度的强化，一些资金力量强、资源要素充裕的大规模工业企业开始采购治污设备、投入绿色技术研发的资金和人力成本，以期发挥治污效应的先动优势，降低环境成本。在大规模企业进行绿色技术创新研发的带动下，中小企业也可以通过“学习效应”以较低成本的代价获取绿色技术工艺，实现绿色生产转型（王书斌和徐盈之，2015）。另一项重要的经济手段——排污权交易在我国的运用仍停留在试点阶段，但是这一制度完全依靠市场机制的推动，在清晰的界定初始排污权利的归属后，其运行过程可大大降低政府参与环境治理的交易费用，如信息搜寻成本、管理监控成本、谈判成本等，有利于社会总体福利的提升。排污权交易制度也可以异化排污主体的策略，对于发展成熟且生产效率更好的企业而言，可通过采用清洁生产技术或末端治污技术改进缩减污染排放量，再出售剩余的排污权额度获取经济利益以此弥补初始购买排污权的成本，对于仍需维持较大产能规模，但期内又无法立竿见影地降低污染排放的企业而言，污染治理成本大于在市场上购买排污权的成本，更愿意通过市场交易购买更多的排污权。在污染总量控制的前提下，市场机制的调节既能满足部分企业维持生产正常运行的需求，又可激励高效率企业提升技术工艺节省排污余额，最有效地达成治理协议，各取所需。因此，经济型环境规制的优点在于其促使区域工业效率的提升方式具有多样性，不同企业依据自身情况灵活做出反应，可充分发挥不同企业在协调经济绩效和污染治理二者均衡发展的主动能动性。据此，本书提出：

假设1：市场激励型比命令—控制型规制工具更具减排灵活性和激励长效性，更易实现对地区工业环境效率的正向效应。

假设2：不同的环境规制工具影响地区工业环境效率的机制渠道存在差异性。

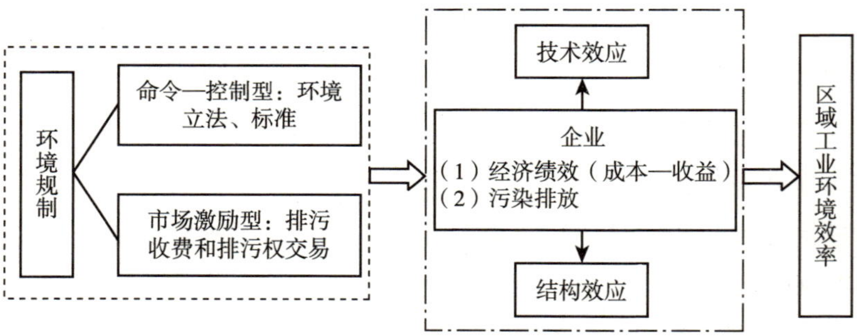

图5－2　环境规制对地区工业环境效率的作用机理

从前文第3章的分析可以看出，伴随着我国对污染控制、节能减排的日益重视，目前已建立起政府与市场密切结合的环境规制体系。不同的环境规制工具在具体的运行过程中其作用机制渠道亦存在差异。结合前文的分析，本书在此将中国最主要的正式环境规制分为命令—控制型和市场激励型两大工具，进而依此分析其对地区工业环境效率的作用机理。

5.5　环境规制影响地区工业环境效率的实证分析

5.5.1　计量回归模型的设定

基于前文的理论分析，为了检验环境规制对地区工业环境效率的影响，设定的实证回归方程中，以地区工业环境效率为被解释变量，以环境规制为主要解释变量，参考相关文献，还控制了其他可能对工业环境效率产生影响的因素。本节的基准模型设定如式（5－61）所示：

$$EE_{it} = \alpha + \beta ER_{it} + X_{it}\delta + u_i + v_t + \varepsilon_{it} \tag{5-61}$$

其中，下标 i 和 t 分别表示地区（省份）和时期（年份），EE 为区域环境效率的变量，ER 为环境规制变量，X 为控制变量，u 表示个体效应，v 表示时期效应，ε 为随机扰动项。

5.5.2　指标选取

被解释变量：地区工业环境效率（EE）。本节将直接使用第 4 章中全局 DEA 测算得到的各省份工业环境效率值。

核心解释变量：环境规制。前文将环境规制分为命令—控制型和市场激励型两种规制工具。本书实证分析以此为基础，选取相应的代理指标。在当前的“一元性与多位阶、多系性的立法体制”背景下，环境法律体系（或称立法体系）和环境保护标准体系都包含国家级和地方级（省级）2 个级别，由于地方权力机构拥有的“剩余立法权”以及以各地环保机构的环境执法“自由量裁权”，使得区域（省级）之间在污染控制力度存在较大的差异性，这成为本书实证分析的重要基础。基于现有的研究文献和数据的可得性，本书选取 1982 年来各省人大常委会、人民政府和环保机构颁布的限制污染排放的“地方性累积有效的环保法规、行政规章和环境标准数的总量（cepolicy）”反映地方环境法制情况（Low，1992；李永友和沈坤荣，2008；李树等，2011；李胜兰等，2014；于文超等，2014）。对于市场激励型两种规制工具，使用“排污费收入”和“试点城市开始设立实施排污权交易平台的时间虚拟变量（etps）”（李永友和沈坤荣，2008；Tu & Shen，2014）分别反映“利用市场”和“建立市场”两种类型的市场激励型环境政策工具。然而，排污费收入这一指标越大，一方面可能由于当地环境监测和执法较为严格，另一方面也可能因为当地的企业排污普遍严重，因而收缴了更多的排污费，为克服这一缺陷，本书分别使用“排污费收入/污染排放的对数（lnpc）”（李胜文，2010），污染排放只选用废气和废水中的 SO_2 和 COD 主要两种污染物的指标，由于固体废弃物的排污费征收占比很小，且存在较多的缺失值，数据有较大的不稳定性（Jiang & McKibbin，2002），因而并未将其纳入考虑。

控制变量：在控制变量的选择方面，同时考虑影响经济增长和资源环境两方面的因素，根据已有文献的研究，本节将控制变量分为如下五类：一是经济发展水平变量，包括“人均地区生产总值的对数（lnpgdp）”及其“二次项的对数（$lnpgdp^2$）”，人均地区生产总值是衡量地区经济增长情况的重要指标，本书利用此验证考察人均地区生产总值和环境效率的二次关系（王兵，2010）；二是投入要素的价格变量，以“地区在岗职工平均工资的对数（lnwage）”（Jin & Lin，2014）衡量劳动力价格成本；三是研发投入变量，以“各地区大中型工业企业 R&D 人员的对数（lnR&D）”衡量，以控制各地区工业 R&D 投入对效率的影响（李树和翁卫国，2014）；四是对外开放度变量，包括外贸依存度和外资开放度，以“地区进出口贸易总额占地区生产总值的比重（trade）”表示外贸依存度（陈红蕾和覃伟芳，2014），以“外商直接投资额的对数（lnfdi）”表示外资开放度（涂正革，2008）；五是结构变量，包括所有制结构变量和能源消费结构，用“规模以上国有及国有控股企业工业增加值占全部工业增加值的比重（os）”表示所有制结构，用“工业煤炭消费占能源消费总量的比重（ecs）”表示能源消费结构，煤炭消费量利用折标系数折算成“万吨标准煤”（聂普焱，2013）。

各变量名、单位、计算方法和平减指数如表5-1所示。

表5-1　　　　变量计算方法和平减指数

<table>
<tr><th>变量性质</th><th>变量名</th><th>单位</th><th>计算方法</th><th>平减指数</th></tr>
<tr><td>被解释变量</td><td>EE</td><td>—</td><td>通过第4章计算得出</td><td>—</td></tr>
<tr><td rowspan="3">核心解释变量</td><td>cepolicy</td><td>件</td><td>累积有效的地方性环保法规规章标准数</td><td>—</td></tr>
<tr><td>lnpc</td><td>元/吨</td><td>排污费收入/(二氧化硫排放量+化学需氧量排放量）取对数</td><td>排污费收入以全国居民消费价格指数平减</td></tr>
<tr><td>etps</td><td>—</td><td>实施排污权交易的省区市为1</td><td>—</td></tr>
<tr><td rowspan="8">控制变量</td><td>lnpgdp</td><td>元/人</td><td>人均GDP的对数</td><td rowspan="2">GDP以全国GDP平减指数平减</td></tr>
<tr><td>lnpgdp2</td><td>元/人</td><td>人均GDP二次项的对数</td></tr>
<tr><td>lnwage</td><td>元</td><td>地区在岗职工平均工资的对数</td><td>在岗职工平均工资以工业品出厂价格指数平减</td></tr>
<tr><td>lnR&D</td><td>%</td><td>大中型工业企业R&D人员的对数</td><td>—</td></tr>
<tr><td>trade</td><td>%</td><td>进出口贸易总额/GDP</td><td>—</td></tr>
<tr><td>lnfdi</td><td>万元</td><td>外商直接投资额的对数</td><td>以固定资产投资价格指数平减</td></tr>
<tr><td>os</td><td>%</td><td>规模以上国有及国有控股工业企业工业总产值/规模以上工业总产值</td><td>工业总产值以工业品出厂价格指数平减</td></tr>
<tr><td>ecs</td><td>%</td><td>工业煤炭消费量（万吨标准煤）/能源消费量（万吨标准煤）</td><td>—</td></tr>
</table>

5.5.3 数据来源与描述性统计

地方人大常委和地方政府颁布的环境法规和行政规章数据来源于中国法律法规信息系统，通过手工整理所得。其他数据分别取自于1998～2014年各省区市统计年鉴、《中国统计年鉴》《新中国六十年统计资料汇编》《中国工业经济统计年鉴》《中国环境年鉴》《中国环境统计年鉴》《中国能源年鉴》、国家统计局网站及中国经济与社会发展统计数据库。西藏样本数据缺失较为严重，重庆市1997年才被设立为直辖市，因此我们最终选取了除海南、西藏和港澳台地区外的中国30个省、直辖市、自治区1997～2013年的面板数据对本书的核心假说进行实证检验，对现价统计的变量均已提出价格因素，最终得出1997年不变价格的各省区市数据，缺失数据以插值法填补，样本统计特征如表5－2所示。表5－3报告了本书所选用解释变量的相关系数，各变量之间相关系数的绝对值均小于0.85，并进一步考察方差膨胀因子（如表5－4所示），结果显示所有解释变量的VIF值均不超过10，依据检验法则可知，本书选取的解释变量间不存在多重共线性的问题。

表5－2　变量的描述性统计

变量	均值	标准差	最小值	最大值
EE	0.2925	0.2484	0.0859	1.2972
cepolicy	15.3333	8.3611	2.0000	47.0000
lnpc	5.9087	0.6636	3.2272	7.5610
etps	0.1235	0.3294	0.0000	1.0000
lnpgdp	9.4660	0.7171	7.7187	11.3350
$lnpgdp^2$	90.1187	13.6797	59.5782	128.4822

续表

变量	均值	标准差	最小值	最大值
lnwage	9. 6629	0. 5880	8. 4947	11. 2371
lnR&D	10. 4068	1. 1972	6. 1675	13. 1817
trade	0. 3139	0. 3959	0. 0316	1. 7778
lnfdi	13. 6978	1. 7598	8. 6238	16. 9323
os	0. 4908	0. 2103	0. 1073	0. 7561
ecs	0. 6940	0. 2380	0. 1978	0. 8678
样本量 N = 510				

表 5 - 3　　解释变量的相关系数矩阵

	cepolicy	lnpc	etps	lnpgdp	lnwage	lnR&D	trade	lnfdi	os	ecs
cepolicy	1. 0000									
lnpc	0. 5277	1. 0000								
etps	0. 4216	0. 3517	1. 0000							
lnpgdp	0. 6403	0. 6631	0. 4653	1. 0000						
lnwage	0. 6085	0. 6455	0. 4523	0. 8473	1. 0000					
lnR&D	0. 4792	0. 3572	0. 2950	0. 3392	0. 2468	1. 0000				
trade	0. 4670	0. 3822	0. 0705	0. 6060	0. 3720	0. 2989	1. 0000			
lnfdi	0. 5442	0. 6558	0. 3451	0. 7109	0. 5535	0. 6574	0. 5405	1. 0000		
os	-0. 3988	-0. 5985	-0. 3132	-0. 6487	-0. 5956	-0. 4845	-0. 4198	-0. 7908	1. 0000	
ecs	-0. 1587	-0. 1980	0. 0734	-0. 2472	-0. 2009	0. 0465	-0. 4650	-0. 2608	0. 1883	1. 0000

表 5 - 4　　方差膨胀因子

	cepolicy	lnpc	etps	lnpgdp	lnwage	lnR&D	trade	lnfdi	os	ecs
VIF	2. 33	2. 25	1. 52	7. 46	4. 95	2. 39	2. 50	5. 66	3. 16	1. 47

5.5.4 模型方法和实证回归结果分析

1. 基准回归

普通面板数据模型中，个体效应 u_i 被用来刻画各省区市的属性特征，反映了省际间不可观测或被遗漏的异质性。若 u_i 与模型中部分解释变量相关，称之为“固定效应（Fixed Effect，FE）模型”，这种情况下模型存在内生性，OLS 估计结果是不一致的。因此，通常将模型进行转换，采用去组均值消去 u_i 的做法解决问题。若 u_i 与所有的解释变量均不相关，称之为“随机效应（Random Effect，RE）模型”，从经济理论的角度看，随机效应模型较为少见，但仍需通过 Hausman 检验选择合适的模型设定。无论 u_i 是否与模型中的解释变量相关，固定效应模型估计的参数系数总是一致的，但若 u_i 与模型中的解释变量不相关，则随机效应模型一致且更为有效。

面板数据模型的扰动项结构可能存在截面异方差、截面相关以及个体内的时序相关等情形，本节分别通过 Wald 检验、佩沙兰（Pesaran，2004）的 CD 检验以及巴尔塔吉和吴（Baltagi & Wu，1999）提出的修正的 DW 统计量或 LBI 统计量检验扰动项是否存在异方差、截面相关以及个体内时序相关的形式。Wald 统计量用于检验截面异方差，然而传统的 Wald 检验对于误差项的正态性假定非常敏感，因而本文使用修正的 Wald 统计量。在截面相关的检验中，LR 和 LM 检验只适用于 $T > N$ 的情形，且依赖于扰动项正态性的假定，而佩沙兰（2004）提出的 CD 统计量不仅可以用于检验平稳和单位根的动态异质面板数据，而且适用于“大 N 小 T”的面板数据，其统计量的形式如式（5－62）所示：

$$CD = \sqrt{\frac{2T}{n(n-1)}}\left(\sum_{i=2}^{n-1}\sum_{j=i+1}^{n}\hat{\rho}_{ij}\right) \xrightarrow{d} N(0,\ 1) \tag{5-62}$$

其中 $\hat{\rho}_{ij} = \sum_{t=1}^{T} e_{it}e_{jt} / (\sum_{t=1}^{T} e_{it}^2)^{1/2} (\sum_{t=1}^{T} e_{jt}^2)^{1/2}$，$e_{it}$ 为 OLS 残差。

对于面板数据模型的非球形扰动的处理，有 Parks 方法（FGLS 估计）、White 方法、贝克（Beck，1995）提出的 PCSE 和 DK（Driscoll & Kraay，1998）等方法。当 T < n 时，FGLS 估计不可行，只有当 T→∞ 时，FGLS 要求有效的点估计才比只要求得到可靠置信区间范围的 PCSE 和 White 的稳健估计有更好的有效性；然而，White 方法的条件要求宽松，与其他方法相比在有限样本下估计的偏差比其他方法更大；PCSE 的方法在 n 很大的情况下表现较差；DK 方法允许扰动项存在自相关、异方差及截面相关，通过使用 Newey - West 型的修正方法对参数估计值的标准误进行调整，这种非参数估计的标准误并不对面板数据的截面个数 n 施加任何约束，即 n→∞ 同样适用，相比于 Parks 方法（FGLS 估计）和 PCSE 方法，DK 的标准误适用性更广。本节采用了典型的“大 N 小 T”的短面板数据，对比多种采用稳健的方差估计方法的使用条件和优点之后，最终选定 DK 的方法对面板数据模型进行估计。

此外，由于本书使用的短面板数据，因而不符合“大 T 小 N”长面板数据模型中对动态特征进行单位根及协整检验的条件。当面板数据模型是球形扰动时，传统的 Hausman 检验原假设下的 RE 估计一致且有效，但若面板数据模型是非球形扰动时，原假设下的 RE 估计不再有效。因此，伍尔德里奇（Wooldridge，2002）指出对辅助回归形式进行估计，并使用面板下稳健的标准误计算统计量数值，即“稳健 Hausman 检验”。基于对样本数据的分析后，剔除相关异常值，运用 Stata13 工具得到基准回归结果如表 5 - 5 所示。

表 5 - 5　命令—控制型环境规制工具的回归结果——以法制为例

解释变量	被解释变量：基于全局 DEA 测算的工业环境效率（EE）					
	（1）OLS	（2）DK	（3）DK	（4）OLS	（5）DK	（6）DK
cepolicy	-0.0274*** (0.0042)	-0.0185*** (0.0042)	-0.0318*** (0.0063)	-0.0238*** (0.0034)	-0.0298*** (0.0023)	-0.0323*** (0.0035)

续表

解释变量	被解释变量：基于全局 DEA 测算的工业环境效率（EE）					
	（1）OLS	（2）DK	（3）DK	（4）OLS	（5）DK	（6）DK
$cepolicy^2$	0.0009 *** (0.0001)	0.0007 *** (0.0001)	0.0009 *** (0.0001)	0.0007 *** (0.0001)	0.0007 *** (0.0000)	0.0007 *** (0.0001)
lnpgdp				-2.4398 *** (0.2754)	-2.5385 *** (0.1806)	-2.3379 *** (0.1944)
lnpgdp2				0.1298 *** (0.0144)	0.1341 *** (0.0079)	0.1201 *** (0.0088)
lnwage				0.0170 (0.0272)	0.1685 *** (0.0319)	0.0957 *** (0.0294)
lnR&D				-0.1032 *** (0.0098)	0.0336 (0.0207)	0.0941 *** (0.0131)
trade				-0.0107 (0.0297)	-0.0111 (0.0608)	-0.0391 (0.0653)
lnfdi				0.0265 *** (0.0099)	0.0043 (0.0142)	0.0069 (0.0140)
os				-0.2900 *** (0.0620)	0.1480 *** (0.0499)	0.1892 *** (0.0427)
ecs				-0.2853 *** (0.0373)	-0.1592 (0.1022)	-0.1826 * (0.1074)
常数项	0.4413 *** (0.0369)	0.3477 *** (0.0352)	0.4447 *** (0.0429)	12.7311 *** (1.3202)	10.4887 *** (0.7629)	9.8179 *** (0.9447)
年份固定效应	No	No	Yes	No	No	Yes
省份固定效应	No	Yes	Yes	No	Yes	Yes

续表

解释变量	被解释变量：基于全局 DEA 测算的工业环境效率（EE）					
	（1）OLS	（2）DK	（3）DK	（4）OLS	（5）DK	（6）DK
(within) R^2	0.17	0.33	0.40	0.56	0.58	0.62
F 统计量	53.24***	268.37***	224.09***	64.99***	3597.10***	738.58***
Robust Hausman		11.53***	21.41***		9.20***	7.41***
修正的 Wald 统计量		12.07***	19437.48***		4899.22***	5971.43***
CD 统计量		14.81	-0.29		9.00	0.56
Baltagi - Wu LBI		0.62	0.65		0.85	0.87
组别	30	30	30	30	30	30
观测值	510	510	510	510	510	510

注：***、** 和 * 分别表示在 1%、5% 和 10% 的统计水平上显著，小括号内的值为标准误；R^2 表示拟合优度；Robust Hausman 为“稳健的 Hausman 检验”统计量，修正的 Wald 统计量为检验扰动项是否截面异方差的统计量；CD 统计量为检验扰动项是否截面相关的统计量；Baltagi - Wu LBI 为检验扰动项是否个体内时序相关的统计量。

表 5 -5 方程（1）、方程（4）分别为没有考虑年份和省份固定效应下，不加入和加入控制变量的 OLS 估计结果，方程（2）、方程（3）、方程（5）和方程（6）为普通面板数据模型下的固定效应估计结果。结果显示，命令—控制型的环境法制指标（cepolicy）与工业环境效率呈“U”型关系，都在 1% 的统计意义上显著，以方程（6）为例，拐点处于 23.07 之处。现阶段的中国，环境法制仍处于不断完善期，数量的丰富一方面代表地方对环境资源保护的领域进一步细化，另一方面反映了该地区代表公众利益的公众机构对环境保护的重视度，有意愿投入成本颁布规范性文件，因而可认为样本期的法制数量与地方法制强度呈正

比。检验结果中二者呈“U”型关系的结论与前文理论阐述的预期一致，规范性文件的颁布具有强制性，“一刀切”的方式不考虑企业减排能力的异质性，所有企业只能被动接受。为应对法制约束、达到规定排放标准，需尽快购置污染处理设备，甚至调整关闭重污染的工业项目，短期内可能增加部分企业的预防成本负担，造成效率的下滑，而长期可从绿色产业链中获得转型升级的创新补偿，绑架负向效应逐步消除。但这种正向促进效应仍然较弱，原因在于我国环境保护中多为约束性法规，内容过于宏观，大多为“要求”或“禁止”规定，鼓励性企业技术创新的法律条文亟待丰富。

表 5 - 6 方程（1）、方程（4）分别为没有考虑年份和省份固定效应下，不加入和加入控制变量的 OLS 估计结果，方程（2）、方程（3）、方程（5）和方程（6）为普通面板数据模型下的固定效应估计结果。结果显示，排污收费制度（lnpc）节能减排的效果较为显著，回归系数均显著为正，以方程（6）为例，该回归系数意味着，中国单位污染排放上缴的排污费平均提高 1%，其他因素不变的情况下，工业环境效率约提高 0.03%。与前文假设 1 一致，市场激励型规制工具能充分发挥企业的主观能动性，切实结合自身状况进行成本—收益分析，基于利润最大化原则下决策最优投入—产出量和污染排放量，促使自身效率向最优值靠近。但正是由于这一减排手段的成熟运用挤压了排污权交易机制的空间，回归结果显示，排污权交易试点（etps）系数虽为正，但加入其他控制变量后结果不显著，节能减排的促进效应不具有稳健性，这一估计结果与涂正革等（2015）学者研究结论类似，说明我国排污权交易市场机制尚不健全，运行效率低下。数据显示，截至 2012 年底，京津沪三大环境交易所大气污染物排放交易出现“零成交”局面，部分试点地区试图依靠政府通过“拉郎配”生造市场，一些试点交易平台甚至面临摘牌的尴尬困境。

表 5-6　　市场激励型环境规制工具的回归结果——以排污收费与排污权交易制度为例

解释变量	被解释变量：基于全局 DEA 测算的工业环境效率（EE）					
	（1）OLS	（2）DK	（3）DK	（4）OLS	（5）DK	（6）DK
lnpc	0.0676*** (0.0170)	0.0212* (0.0115)	0.0283* (0.0266)	0.0287* (0.0121)	0.0098 (0.0142)	0.0298** (0.0140)
etps	0.1275*** (0.0343)	0.2211*** (0.0462)	0.1463*** (0.0411)	0.0928*** (0.0316)	0.0260 (0.0233)	0.0149 (0.0215)
lnpgdp				-2.8283*** (0.3149)	-3.0386*** (0.2351)	-2.5710*** (0.2396)
lnpgdp2				0.1497*** (0.0166)	0.1576*** (0.0113)	0.1283*** (0.0110)
lnwage				0.0162 (0.0287)	0.1980*** (0.0363)	0.1611*** (0.0201)
lnR&D				-0.1041*** (0.0099)	0.0406* (0.0219)	0.1009*** (0.0136)
trade				0.0166 (0.0337)	-0.0716 (0.0628)	-0.0727 (0.0631)
lnfdi				0.0234** (0.0108)	-0.0004 (0.0159)	-0.0025 (0.0149)
os				-0.2317*** (0.0645)	0.2129* (0.1067)	0.3415*** (0.0637)
ecs				-0.3038*** (0.0400)	-0.0163 (0.1019)	-0.0661 (0.0989)
常数项	-0.1228 (0.0996)	0.1400* (0.0727)	0.4101*** (0.1415)	14.3206*** (1.4884)	12.3883*** (0.9143)	10.1833*** (1.0418)

续表

解释变量	被解释变量：基于全局 DEA 测算的工业环境效率（EE）					
	（1）OLS	（2）DK	（3）DK	（4）OLS	（5）DK	（6）DK
年份固定效应	No	No	Yes	No	No	Yes
省份固定效应	No	Yes	Yes	No	Yes	Yes
within R^2	0.08	0.20	0.28	0.50	0.51	0.55
F 统计量	22.85 ***	16.51 ***	37.53 ***	50.96 ***	1345.56 ***	145.79 ***
Robust Hausman		11.34 ***	11.20 ***		11.31 ***	8.28 ***
修正的 Wald 统计量		25.11 ***	42405.10 ***		5474.90 ***	5539.18 ***
CD 统计量		5.53	0.61		9.83	1.04
Baltagi – Wu LBI		0.67	0.64		0.84	0.83
组别	30	30	30	30	30	30
观测值	510	510	510	510	510	510

注：***、** 和 * 分别表示在 1%、5% 和 10% 的统计水平上显著，小括号内的值为标准误；R^2 表示拟合优度；Robust Hausman 为“稳健的 Hausman 检验”统计量，修正的 Wald 统计量为检验扰动项是否截面异方差的统计量；CD 统计量为检验扰动项是否截面相关的统计量；Baltagi – Wu LBI 为检验扰动项是否个体内时序相关的统计量。

控制变量对工业环境效率影响中，对比表 5 – 5 和表 5 – 6 的方程（6）发现：①人均地区生产总值（lnpgdp）及其平方项与工业环境效率呈现“U”型关系，与大部分研究结论相同（Li & Zheng，2004；Wu，2007；王兵，2010），支持“EKC”假说。重工业化带动下的经济发展初始阶段会伴随着大量的环境污染和资源浪费，因而会导致环境效率的下降，但经济水平达到一定程度后，经济增长和环境保护二者可实现协调一致可持续发展的目标，效率提高。②要素价格成本（lnwage）变量系数正向显著，反映了当前中国发达地区工资和效率水平同时偏高的现象。③研发投入（lnR&D）变量系数显著为正，若企业致力于研发投入每增加 1%，可换取约 0.10% 效率增长回报，符合理论预期。④对外开放度变量中，外贸依存度（trade）和外资开放度（lnfdi）系数均不显著，说明中国开放度的提高在引入资金、技术和管理经验的同时，也可能成为发达国家的“污染避难所”，综合促进不大。⑤在结构因素中，所有制结构（os）变量系数显著为正，反映了国有经济比重更高的地区，承担社会责任的意识更强，政府在施行环境保护和资源节约制度时能够更好地贯彻落实，因而可能促进环境效率的提高。能源消费结构（ecs）对环境效率具有显著的负效应，意味着我国应继续改变依赖煤炭消费的能源结构现状，鼓励普及新能源的使用，优化能源结构促进节能减排事业的发展（刘伟明和唐东波，2012）。

2. 考虑内生性的静态面板数据模型

众多文献指出，环境规制变量可能存在内生性问题，因而会干扰检验结果的稳健性。内生性主要源于以下三个方面的原因：①环境规制变量自身的复杂多维性，难以找到合适代理变量完全精确度量其实际效果，不可避免地存在测量误差问题；②环境规制与遗漏变量或其他不可观测因素（如税收优惠、企业特性、除环境质量外的其他公共物品政策规定、政治环境等）（Arauzo - Carod et al.，2010）的相关性导致内生性问题；③环境规制与因变量互为因果，环境规制强度变量会影响经济增长、污染排放等变量，同时环境规制也很可能内生形成于地区经济发展水平、环境质量等因素。解决内生性问题可用工具变量法、联立方程法、加入被解释变量的滞后期、自然实验法等。在环境规制的研究中，主要选用的工具变量有：环境规制变量的滞后值（李小平，2008；林季红，2013；龙硕，2014）、受教育情况或文盲率（Johns & Tsunehiro，2002；彭可茂等，2013）、能源消费（Metthew & Robert，2003）、政府支出（Johns & Tsunehiro，2002）、降雨量（Lin，2013）。

鉴于本书选取的环境规制体系指标复杂，联立方程难以实现，因而本书采用工具变量法进一步讨论模型的内生性问题。排污权交易试点的设立（etps）由中央决定，可视为外生变量。对于环境法制（cepolicy）和排污收费制度（lnpc），地方政府都扮演了重要角色，可能内生于地方经济系统，本书选择其他省区的加权平均①水平（$cepolicy^{-i}/lnpc^{-i}$）（Harrison et al.，2015）和地区受教育情况（lnedu）② 作为其 IV 试图解决内生性问题。为确保 IV 的有效性，分别使用 Hansen – J 统计量检验 IV 的过度识别问题、Kleibergen – Paap rk LM 统计量进行不可识别检验和 Wald 统计量进行弱识别检验（弱 IV），在 IV 通过设定检验的基础上，再构建 Hausman 统计量检验模型的内生性。

工具变量的结果显示，回归系数大小和显著性结论与前文基准回归的结论基本一致。然而，与表 5 – 5 和表 5 – 6 方程（6）相比，表 5 – 7 方程（2）和方程（4）运用 IV 估计后，本书关注的主要解释变量环境法制（cepolicy）及其平方项（$cepolicy^2$）和排污收费规制工具（lnpc）的估计系数绝对值更大，说明克服了制度内生性后，各规制工具对地区工业环境效率的作用实则更强。

表 5 – 7　　　　工具变量的回归结果

解释变量	被解释变量：基于全局 DEA 测算的工业环境效率（EE）			
	命令—控制型		市场激励型	
	（1）	（2）	（3）	（4）
cepolicy	–0.0986*** （0.0177）	–0.2870*** （0.0669）		

① 以省区间的经济距离（人均 GDP 差距的倒数再标准化）确定权重。

② 以 6 岁及 6 岁以上人口平均受教育年限的对数衡量，小学、初中、高中和大专以上学历分别按照受教育年限为 6 年、9 年、12 年和 16 年来计算。

续表

解释变量	被解释变量：基于全局 DEA 测算的工业环境效率（EE）			
	命令—控制型		市场激励型	
	(1)	(2)	(3)	(4)
$cepolicy^2$	0.0031*** (0.0005)	0.0061*** (0.0013)		
lnpc			0.0886*** (0.0277)	0.8745*** (0.2949)
etps			0.1615*** (0.0304)	-0.2323** (0.1131)
控制变量	No	Yes	No	Yes
年份固定效应	No	Yes	No	Yes
省份固定效应	Yes	Yes	Yes	Yes
工具变量第一阶段回归 F 统计量	123.80*** 69.22***	12.99*** 9.60***	128.95***	4.95***
Kleibergen - Paap rk LM statistic	20.69***	14.71***	20.69***	10.22***
Hansen J statistic	1.57	1.40	1.57	0.52
Kleibergen - Paap rk Wald F statistic	10.40	7.31	10.40	14.95
内生性检验	60.51***	22.21***	60.51***	25.60***
组别	30	30	30	30
观测值	510	510	510	510

注：***、**和*分别表示在1%、5%和10%的统计水平上显著，小括号内的值为标准误。Hansen J statistic 表示 IV 的过度识别检验，Kleibergen - Paap rk LM statistic 表示不可识别检验，Kleibergen - Paap rk Wald F statistic 表示弱识别检验（弱 IV），内生性检验即 Hausman 统计量。

3. 动态面板数据模型的估计

据有关文献所述，DEA 方法测度的生产率通常具有序列相关性，即测算结果呈动态变化的特征（Simar & Wilson，2007），故有研究建议需设定动态模型采用 GMM 方法对生产率的影响因素进行分析（Guan & Lansink，2006）。动态 GMM 估计不仅可解决生产率的序列相关问题，而且在一定程度上弱化了解释变量的内生性。动态面板数据模型中，有差分广义矩估计法（Arellano - Bond GMM）（Arellano & Bover，1995）和系统广义矩估计法（Blundell - Bond GMM）（Blundell & Bond，1998）。差分 GMM 估计仅对差分方程进行估计，因此可能损失一部分信息；系统 GMM 则同时对水平方程和差分方程进行估计，并以差分变量的滞后项作为水平方程的工具变量，以水平变量的滞后项作为差分方程的工具变量，该方法由于利用了更多的样本信息，在一般情况下比差分 GMM 估计更有效。因而本书不仅使用了差分 GMM 的方法，还进一步采用了系统 GMM 方法对动态面板数据模型进行了估计。鉴于 GMM 可分为一步法（one-step system GMM）和两步法（Two-step system GMM）估计，尽管标准差的两步法估计值更渐进有效，但在有限样本条件下，两步法的标准误可能产生向下偏倚。因此，本书利用两步法标准差的偏差进行矫正（Windmeijer，2005），并且运用了 Sargan - Hansen 统计量检验了“工具变量外生”的零假设，以及 Arellano - Bond AR（1）和 AR（2）的检验，以此考察原方程的残差序列是否不相关，保证工具变量的有效性。表 5 - 8 报告了运用动态 GMM 估计的回归结果，通过上述所有回归过程，我们认为本书的结论对于不同的回归方法，包括最小二乘回归、静态面板数据回归、工具变量回归及动态面板数据回归结果都是稳健和显著的，本书结论基本可信。

表 5 - 8　　　　动态面板数据模型的回归结果

解释变量	被解释变量：基于全局 DEA 测算的工业环境效率（EE）			
	命令 - 控制型		市场激励型	
	（1）差分 GMM	（2）系统 GMM	（3）差分 GMM	（4）系统 GMM
EEt - 1	0.5863*** (0.0617)	0.6760*** (0.0348)	0.6151*** (0.0411)	0.7375*** (0.0331)
cepolicy	-0.0238** (0.0112)	-0.0256*** (0.0083)		
$cepolicy^2$	0.0005*** (0.0002)	0.0005*** (0.0001)		
lnpc			0.0537*** (0.0164)	0.0531*** (0.0157)
etps			0.0135 (0.0247)	0.0064 (0.0256)
控制变量	Yes	Yes	Yes	Yes
年份固定效应	Yes	Yes	Yes	Yes
省份固定效应	Yes	Yes	Yes	Yes
Wald 统计量	18284.30***	224933.60***	1516.55***	2297.81***
Sargen P - value	0.69	0.47	0.48	0.34
AR（1）	0.04	0.03	0.03	0.03
AR（2）	0.34	0.31	0.37	0.35
组别	30	30	30	30
观测值	450	480	450	480

注：***、** 和 * 分别表示在 1%、5% 和 10% 的统计水平上显著，小括号内的值为标准误。Sargen P - value 为表示 IV 过度识别检验的 P 值，AR（1）和 AR（2）为 Arellano - Bond 残差序列相关检验的 P 值。

4. 分样本回归结果

表 5 -9 报告了分区域的估计结果，由表可见，东部地区的规制运行整体优于中部、西部地区，西部次之，中部最差。对于命令—控制型

的环境法制指标（cepolicy）而言，东部、西部地区呈现出与全国趋同的规律，与工业环境效率呈“U”型关系，但东部与西部的拐点分别处于15.50与22.32处，东部要先于西部及全国平均水平，而中部地区该变量不显著。“利用市场”的经济激励型的变量—排污收费制度（lnpc），主要在东部起到了积极的促进作用，而完全依托市场力量的与排污权交易机制（etps）表现较差，东部和中部虽然系数符号为正，但并不显著。

表5-9　中国东部、中部、西部环境规制与地区工业环境效率的估计结果

解释变量	被解释变量：基于全局DEA测算的工业环境效率（EE）					
	东部		中部		西部	
	（1）DK	（2）DK	（3）DK	（4）DK	（5）DK	（6）DK
cepolicy	-0.0124* (0.0065)		0.0007 (0.0034)		-0.0491*** (0.0066)	
$cepolicy^2$	0.0004*** (0.0001)		-0.0001 (0.0001)		0.0011*** (0.0001)	
lnpc		0.1250*** (0.0343)		-0.0275 (0.0157)		-0.0129 (0.0253)
etps		0.0610 (0.0474)		0.0153 (0.0158)		-0.0407 (0.0316)
控制变量	Yes	Yes	Yes	Yes	Yes	Yes
年份固定效应	Yes	Yes	Yes	Yes	Yes	Yes
省份固定效应	Yes	Yes	Yes	Yes	Yes	Yes
within R^2	0.86	0.44	0.88	0.89	0.48	0.82
F统计量	2867.02***	244.34***	427.41***	93.56***	447.96***	105.76***
组别	11	11	8	8	11	11
观测值	187	187	136	136	187	187

注：***、**和*分别表示在1%、5%和10%的统计水平上显著，小括号内的值为标准误，R^2表示拟合优度。

东部地区环境规制体系整体表现更优，可能的原因在于，一方面本书选择的样本范围主要是近十多年的数据，期间我国东部的大部分地区已逐步迈入经济集约型增长方式的初级阶段，开始注重强化制度顶层设计推进生态文明建设，身为“环保”领跑者，在环境规制工具设计和运用方面都更为科学合理，不仅强调污染防治，同时配套出台一系列鼓励环保产业发展的政策，当前中国环保产业主要聚集于环渤海、长三角、珠三角三大核心区域。另一方面，东部沿海发达地区的工业企业竞争力强，能够承受一定的环境守法成本负担，企业转型升级的能力更强，更早于其他地区突破拐点，实现“波特假说”的技术创新“补偿效应”。此外，由于大部分东部沿海发达省区已开始进入后工业化阶段，市场化程度相对更高，因而市场激励型的排污收费制度工具在处理环境问题时更有效率，虽然排污权交易仍未发挥显著作用，但系数符号已表现出正向促进作用。

中部地区的环境规制出现了失效的情况，这与中部地区的工业结构息息相关，目前中部地区主要仍以传统制造业、原材料初加工等重工业为主导产业，工业经济的增长依赖于靠生产要素的高投入和高消耗，2011 年高新技术产业总产值仅占全国的 11.29%，为东部地区的 13.83%（中国中部经济社会发展研究中心，2013）。由于中部地区重工业基础重，属于环境敏感型行业，因而环境服从成本也相对更高，这些大规模高污染工业企业短期内又难以突破技术瓶颈转型升级，环境成本无法通过创新收益得以补偿，加之地方政府面临经济增长的政绩考核压力，依然有动机以牺牲环境为代价换取经济规模效益，因而出现了规制失效的结果。

西部地区由于自然条件恶劣，属于我国生态环境最脆弱的地区，工业以资源型产业为主，结构也相对单一，需要环境资源保护的制度供给有效地确保西部地区的经济发展与环境承载力协调一致。但西部地区经济发展滞后，对其工业企业施加强制性的规制约束，短期内可能会直接导致当地工业发展萎缩，减少就业机会，造成效率较大幅度下滑，可长期能提升整体效率，促进西部地区产业的可持续发展。然而，西部地区的市场化程度低，分别表示"利用市场"和"建立市场"的经济激励型的变量—排污收费制度（lnpc）与排污权交易机制（etps）都没有表现出显著的效果。因此，对西部地区而言，主要仍依托于命令—控制型的污染控制方式。

5. 进一步的检验

前文采用环境法制、排污费征收和是否为排污权交易城市试点代理CAC和MBI两类规制工具分别考察各自作用效果。而市场激励型规制工具效应的发挥通常受到命令—控制型规制工具的调节，由此将前文式（5－61）拓展为式（5－63）：

$$EE_{it} = \alpha + \beta_1 CAC_{it} + \beta_2 MBI_{it} + \gamma MBI_{it} \times CAC_{it} + X_{it}\delta + u_i + v_t + \varepsilon_{it} \tag{5-63}$$

其中，CAC_{it}为命令－控制型环境规制变量，MBI_{it}为市场激励型环境规制变量，$MBI_{it} \times CAC_{it}$表示变量MBI对EE的影响取决于因素CAC。

表5－10中被解释变量为中国工业环境效率（EE），其中方程（1）、方程（2）为不考虑交互作用的情况，方程（3）至方程（6）核心解释变量是环境法制（cepolicy）及其平方项（$cepolicy^2$）与排污收费制度（lnpc）或排污权交易制度（etps）的交乘项。以表5－10方程（4）和方程（6）为例，交乘项lnpc×cepolicy及etps×cepolicy与工业环境效率（EE）都呈倒"U"型关系，分别再对lnpc和etps取一阶偏导可知，两种类型的市场激励型规制工具对工业环境效率的平均影响是命令控制性变量（环境法制）的二次方程，随着环境法制变量的强化，两类经济手段的作用效应表现出先促进后抑制的倒"U"型特性①，说明以法制为代表的命令—控制型手段的适度强化会促进"利用市场"和"建立市场"型规制工具效应的发挥。"利用市场"型的排污收费制度

① $\partial EE/\partial lnpc = -0.0005cepolicy^2 + 0.02cepolicy - 0.1419$。
$\partial EE/\partial etps = -0.0003cepolicy^2 + 0.0177cepolicy - 0.2147$。

由各地环保部门执行，但其服从于地方政府和上级环保部门的双重领导，且人事权和财权都受地方政府的管理和节制，因而它们实际上主要是对当地政府负责，缺乏权威性和独立性，如无具体化、法律化的规范性文件的指导和约束，易出现“非完全执行”的现象（Wang et al.，2003），治理效应也无法得以完全发挥，而地区环境法制强度侧面反映了地方政府环保意识，渐趋完善的法制也会促进如排污收费等执法环节的法治化，充分发挥“利用市场”型规制配置环境资源的功能，释放更大的正向促进效应。对于“建立市场”型的排污权交易机制，初始阶段也需要行政命令手段刺激交易市场的活跃度，一些相应的规范性文件的出台也能保障交易的有序运行。然而，政府行政权力的过度强化或法律法规只求量不重质又会对靠市场出清解决环境问题的方式有较强的挤占作用，因此以法制为调节工具，划清政府和市场的边界极为重要。倒“U”型曲线的拐点分别位于环境法制（cepolicy）变量的 20.20 和 28.44 之处，拐点处排污收费制度（lnpc）和排污权交易制度（etps）对工业环境效率（EE）的平均效应分别为 0.06 和 0.04。进一步观察样本数据可知，现阶段各省累计有效的环境法规规章标准数的均值为 15.33，法制影响下的排污收费制度（lnpc）和排污前交易制度（etps）的平均效应分别为 0.05 和 -0.01。目前，我国在政府“利用市场”的工具运用上，出台了《排污费征收使用管理条例》《排污费征收标准管理办法》《排污费资金收缴使用管理办法》《排污费征收工作稽查办法》等相关法律，制度体系较为完善，因此该规制工具与法制接轨良好，正向促进效应明显。而有关排污权和碳排放权交易的相关法律体系尚未健全和统一，对“建立市场”的规制工具法律引导意义不大，政府在其中扮演着游戏规则制定、操控、监督等多个角色，导致排污权和碳排放权交易市场政策导向性过强，难以真正发挥市场交易机制的激励作用。

表 5-10　　命令—控制型与市场激励型相结合的环境规制工具估计结果

解释变量	被解释变量：基于全局 DEA 测算的工业环境效率（EE）					
	（1）DK	（2）DK	（3）DK	（4）DK	（5）DK	（6）DK
cepolicy	-0.0236*** (0.0037)	-0.0320*** (0.0035)	-0.1401*** (0.0266)	-0.1543*** (0.0313)	-0.0300*** (0.0041)	-0.0342*** (0.0038)
$cepolicy^2$	0.0008*** (0.0001)	0.0007*** (0.0001)	0.0033*** (0.0007)	0.0038*** (0.0008)	0.0010*** (0.0001)	0.0008*** (0.0001)
lnpc	0.0284** (0.0138)	0.0278* (0.0157)	-0.1419*** (0.0451)	-0.1419** (0.0586)	0.0340** (0.0145)	0.0272* (0.0158)
etps	0.1223*** (0.0154)	0.0080 (0.0204)	0.1102*** (0.0130)	0.0042 (0.0187)	-0.1973** (0.0748)	-0.2147*** (0.0755)
lnpc × cepolicy			0.0198*** (0.0048)	0.0200*** (0.0055)		
lnpc × $cepolicy^2$			-0.0004*** (0.0001)	-0.0005*** (0.0001)		
etps × cepolicy					0.0326*** (0.0085)	0.0177** (0.0071)
etps × $cepolicy^2$					-0.0007*** (0.0002)	-0.0003* (0.0002)
控制变量	No	Yes	No	Yes	No	Yes
年份固定效应	No	Yes	No	Yes	No	Yes
省份固定效应	Yes	Yes	Yes	Yes	Yes	Yes
within R^2	0.38	0.62	0.41	0.64	0.40	0.62
F 统计量	203.59***	2656.21***	254.06***	6336.74***	256.61***	25768.51***
组别	30	30	30	30	30	30
观测值	510	510	510	510	510	510

注：***、**和*分别表示在1%、5%和10%的统计水平上显著，小括号内的值为标准误，R^2 表示拟合优度。

6. 稳健性检验

本书进一步将被解释变量指标进行更替，采用以序列 DEA 测算得到的中国工业环境效率值作为被解释变量。对比正文中表 5－5 至表 5－10 及附表 4 至附表 7 可以发现，基于序列 DEA 测算的工业环境效率值作为被解释变量与全局 DEA 测算下的工业环境效率作为被解释变量相比，回归结果中关注的主要解释变量的系数值和显著性结论基本一致。因此，本书的基本结论可信度较高。

5.6 环境规制影响地区工业环境效率的机制验证

5.6.1 中介效应检验路径

由理论分析框架可知，在环境规制与地区工业环境效率的关系机理中，技术效应和结构效应实则为二者的中介变量。依照统计学的定义，中介变量是联系因变量和自变量之间的重要纽带，是作用机制的重要体现，自变量可通过该机制渠道对因变量产生影响（Baron & Kenny，1986）。

中介变量路径相关公式如式（5－64）至式（5－66）所示：

$$Y = \alpha_1 + cX + control\delta_1 + \varepsilon_1 \tag{5-64}$$

$$M = \alpha_2 + aX + control\delta_2 + \varepsilon_2 \tag{5-65}$$

$$Y = \alpha_3 + c'X + bM + control\delta_3 + \varepsilon_3 \tag{5-66}$$

如图 5－3 所示，考察自变量 X 对因变量的 Y 的影响时，如果自变量 X 通过变量 M 影响因变量 Y，则 M 被称为中介变量。其中，c 为 X 对 Y 的总效应，ab 为经过中介变量 M 传输的中介效应（mediating effect），c′为直接效应。依据原假设的不同，中介效应的检验方法可以分为依次检验法（Baron & Kenny，1986）、联合检验法和差异系数法（Clogg et al.，1992）等，温忠麟等（2004）提出的依次检验程序的方法运用频率高。随后，温忠麟和叶宝娟（2014）进一步进行了改进，将 Sobel 方法由 Bootstrap 方法取代，修正了中介效应检验的流程，因而本书选用此方法进行中介效应检验，对文中提及的 Bootstrap 方法，本书使用对异方差稳健的 Wild Bootstrap 方法进行抽样，具体检验步骤如图 5－4 所示。

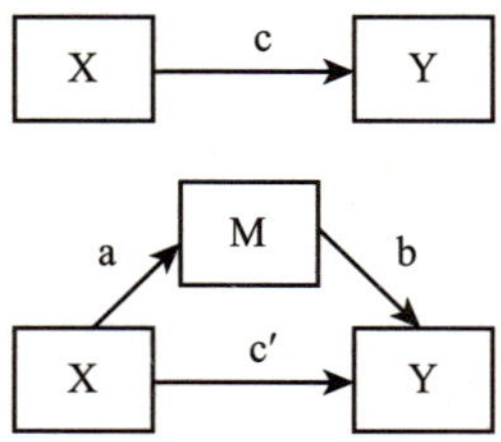

图 5－3　中介变量路径

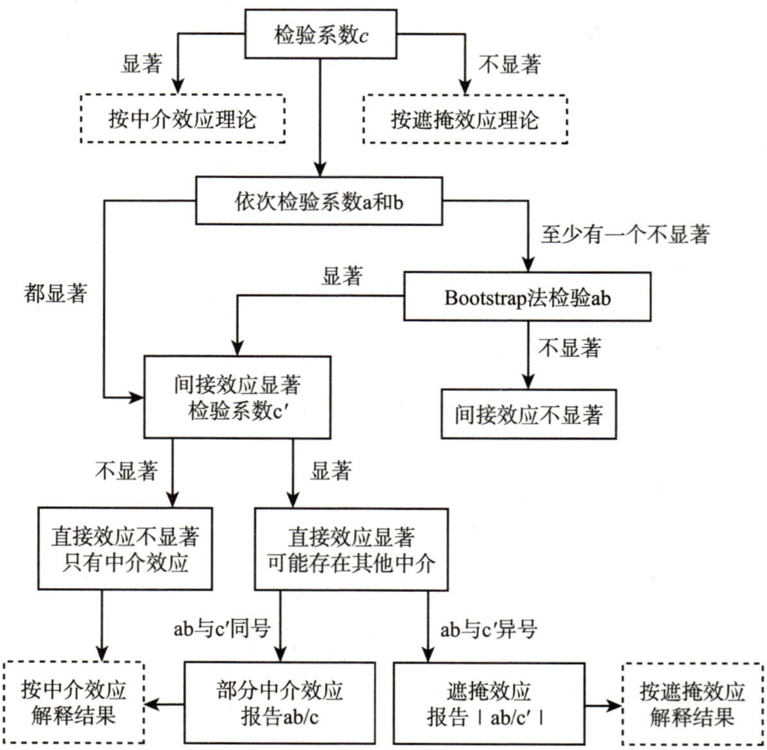

图 5－4　中介效应检验流程

按照前文的检验思路，本书在式（5-61）的基础上分别引入结构效应和结构效应的中介变量，建立如下中介效应的回归模型，如式（5-67）至式（5-69）所示：

$$EE_{it} = \alpha_1 + cER_{it} + X_{it}\delta_1 + u_i + v_t + \varepsilon_{it} \tag{5-67}$$

$$M_{jit} = \alpha_{j2} + a_j ER_{it} + X_{it}\delta_{j2} + u_i + v_t + \varepsilon_{it} \tag{5-68}$$

$$EE_{it} = \alpha_3 + c'ER_{it} + b_1 tfp_{it} + b_2 green_{it} + b_3 dirty_{it} + X_{it}\delta_3 + u_i + v_t + \varepsilon_{it} \tag{5-69}$$

其中，下标 i 和 t 分别表示地区（省份）和时期（年份），EE 为区域环境效率的变量，ER 为环境规制变量，M_j 为技术效应或结构效应的中介变量，分别代表生产技术效率（tfp）、治污技术效率（green）和污染产业占比（dirty），X 为控制变量，u 表示个体效应，v 表示时期效应，ε 为随机扰动项。

5.6.2 中介变量的测度

1. 技术效应的测度

基于前文分析，技术效应分为生产技术和绿色技术两个部分，本书利用传统 DEA 模型的思想，进一步测算了传统的工业生产率及污染治理效率以期作为“生产技术效率（tfp）”和“治污技术效率（green）”的衡量指标。

生产效率的投入为工业年平均从业人员数（万人）和工业固定资产净值（亿元），由于不涉及中间投入，此处的产出指标更换为工业增加值（亿元）。对于地区工业污染治理效率的测度，投入指标选用前文提及的污染治理投入（万元）、企业专职环保人员数（人）、工业废气和废水治理设施数（套）、工业废气中的二氧化硫（SO_2）和工业废水中的化学需氧量（COD）产生量（万吨），将工业 SO_2 和 COD 的去除量（万吨）视为产出指标，由此测算工业污染治理效率。《中国环境年鉴》公布的企业专职环保人员数（人）的数据最长只到2010年，故我们只可以计算出 1997 ~ 2010 年的工业治污效率值，生产效率和污染治理效率部分年份的测算结果如表 5 - 11 所示。

表 5 - 11　　1997 ~ 2013 年部分年份中国各省区市的区域工业生产效率和治污效率

区域	省区市	生产效率				治污效率		
		1997 年	2005 年	2010 年	2013 年	1997 年	2005 年	2010 年
东部	北京	0. 2050	0. 4120	0. 5538	0. 6807	0. 0521	0. 3278	1. 0029
	天津	0. 2074	0. 5311	0. 7814	1. 0978	0. 1059	0. 2982	0. 4845
	河北	0. 2903	0. 4678	0. 5406	0. 6714	0. 1497	0. 3089	0. 4889
	辽宁	0. 1752	0. 3012	0. 4312	0. 5701	0. 4328	0. 3646	0. 4113
	上海	0. 2718	0. 4775	0. 6708	0. 8514	0. 1055	0. 1904	0. 4795
	江苏	0. 2972	0. 5985	0. 6947	1. 0059	0. 1411	0. 3472	0. 6581
	浙江	0. 3963	0. 4434	0. 6255	0. 8822	0. 1076	0. 3955	0. 4766
	福建	0. 3437	0. 4471	0. 7282	0. 9972	0. 1897	0. 2278	0. 4822
	山东	0. 2919	0. 5453	0. 6517	0. 7519	0. 1499	0. 3922	1. 0943
	广东	0. 2830	0. 5932	0. 7292	1. 0757	0. 1972	0. 1584	0. 4145
	海南	0. 7067	0. 5628	0. 8238	1. 0125	1. 0315	1. 0031	1. 0252
中部	山西	0. 1762	0. 2492	0. 3149	0. 4011	0. 1487	0. 2055	0. 4284
	吉林	0. 1427	0. 3569	0. 5981	0. 7566	0. 1559	0. 1329	0. 3730
	黑龙江	0. 2746	0. 2661	0. 3306	0. 3389	0. 0543	0. 1726	0. 2309
	安徽	0. 2084	0. 4318	0. 5262	0. 6894	0. 5058	0. 7313	0. 6705
	江西	0. 2288	0. 4706	0. 5017	0. 5358	0. 2411	0. 4337	0. 5942
	河南	0. 2775	0. 4918	0. 6564	0. 6134	0. 1674	0. 2717	0. 5160
	湖北	0. 1866	0. 3755	0. 5654	0. 7487	0. 1747	0. 4017	0. 5335
	湖南	0. 2589	0. 4740	0. 5717	0. 7765	0. 3114	0. 3838	0. 5231

续表

区域	省区市	生产效率				治污效率		
		1997 年	2005 年	2010 年	2013 年	1997 年	2005 年	2010 年
西部	内蒙古	0. 2120	0. 4169	0. 6953	0. 7942	0. 1340	0. 2474	0. 6736
	广西	0. 2544	0. 2821	0. 4815	0. 5967	0. 5165	0. 3667	0. 5148
	重庆	0. 3398	0. 6297	0. 8025	0. 9037	0. 3369	0. 3316	0. 5178
	四川	0. 2150	0. 3966	0. 6027	0. 7760	0. 2797	0. 2016	0. 3288
	贵州	0. 2599	0. 3033	0. 3486	0. 4818	0. 1705	0. 2637	1. 1704
	云南	0. 3651	0. 4994	0. 5656	0. 6087	0. 1451	0. 6105	0. 7026
	陕西	0. 2097	0. 3414	0. 5533	0. 6810	0. 1278	0. 1720	0. 4763
	甘肃	0. 1719	0. 2788	0. 3295	0. 4169	0. 6626	0. 4202	1. 1082
	青海	0. 1849	0. 2708	0. 3908	0. 5177	1. 1098	0. 0711	0. 1116
	宁夏	1. 0117	0. 3559	0. 3746	0. 3768	0. 0360	0. 2585	0. 6258
	新疆	0. 1801	0. 2878	0. 2650	0. 2757	0. 1508	0. 1743	0. 2434
全国平均		0. 2876	0. 4186	0. 5568	0. 6962	0. 2697	0. 3288	0. 5787

中国地区工业生产效率和治污效率趋势情况如图 5 -5 所示：

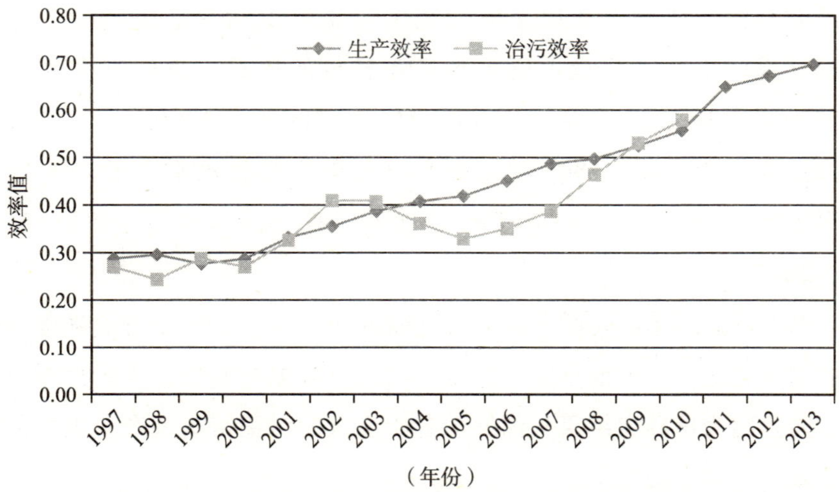

图 5 -5　中国地区工业生产效率和治污效率趋势情况

2. 结构效应的测度

结构效应采用“污染行业工业总产值占地区工业总产值的比重(dirty)”衡量。污染密集型产业（Pollution Intensive Industries，PIIs），也称为环境密集型产业（Environmental Intensive Industries，EIIs）或环境敏感产业（Environmental Sensitive Industries，ESIs），是指在生产过程中若不加以治理则会直接或间接产生大量污染物的那些产业，这些污染物对人类、动植物生命或健康有害，促使环境恶化，影响生态质量，另外在生产过程中，工人的安全和健康受到威胁或明显受到影响（古冰和朱方明，2013）。

目前，学界尚未有一个统一的标准划分污染密集型产业和清洁产业，学术研究中主要包括三种识别方法：一是通过比较污染削减成本的高低对产业进行分类（Tobey，1990；Low & Yeats，1992）。然而，产业的污染治理成本较高既可能来自于污染物的高排放，也可能来自于较为复杂的污染控制工艺，或者较高的污染设备价格。此外，污染治理成本与环境规制程度密切相关，环境规制程度越高则污染治理成本越大，而一个产业是否属于污染密集型产业不应因环境规制程度而改变（刘巧玲等，2012）。因此，这种方法不能完全反映不同产业的污染属性，在后来的研究中应用较少。二是按照污染排放规模计算污染物排放量占所有污染物排放的比重，将比例大的产业划定为污染密集型产业（Bartik，1988；Randy，2000）。三是以污染排放强度为依据，将单位经济产出污染物排放水平高的产业界定为污染密集型产业（Lucas et al.，1992；Hettige et al.，1995；赵细康，2003）

本书对于污染产业的界定采取赵细康（2003）以污染排放强度为依据的划分方法，一方面是因为此方法以现有数据为基础，逻辑严密，另一方面是因为该界定结果与国外学者所公认的污染密集型产业类型的分类一致。计算方法如下：

（1）各产业单位产出的主要污染物排放水平（污染排放强度）如式

（5－70）所示：

$$UE_{ij} = \sum_{t} E_{ij}^{t} / \sum_{t} O_{i}^{t},$$
$$(i=1, 2, \cdots, m; j=1, 2, \cdots, n; t=1, 2, \cdots, T) \quad (5-70)$$

E_{ij}^{t}：第 t 年，i 产业污染物 j 的排放水平；

O_{i}^{t}：第 t 年，i 产业的可比价格（2005 年不变价）工业总产值（没有工业增加值的数据）。

（2）各产业主要污染物的排放占比（污染排放规模）如式（5－71）所示：

$$P_{ij} = \sum_{t} E_{ij}^{t} / \sum_{t} \sum_{i} E_{ij}^{t} \quad (5-71)$$

分子：观察年份期间，i 产业污染物 j 的总排放水平；

分母：观察年份期间，所有工业产业污染物 j 的总排放水平。

（3）线性标准化。如式（5－72）至式（5－73）所示：

$$UE_{ij}^{s} = \frac{UE_{ij} - \min(UE_{ij})}{\mathrm{Max}(UE_{ij}) - \mathrm{Min}(UE_{ij})} \quad (5-72)$$

$$P_{ij}^{s} = \frac{P_{ij} - \min(P_{ij})}{\mathrm{Max}(P_{ij}) - \mathrm{Min}(P_{ij})} \quad (5-73)$$

（4）将污染排放强度与污染排放规模进行几何平均处理，得到产业 i 污染物 j 的污染密集指数，如式（5－74）所示：

$$A_{ij}^{s} = \sqrt{UE_{ij}^{s} \times P_{ij}^{s}} \quad (5-74)$$

（5）将各产业各类污染物的污染密集指数进行等权加和平均，如式（5－75）所示：

$$\overline{A_{i}^{s}} = \frac{1}{n} \sum_{j=1}^{n} A_{ij}^{s} \quad (5-75)$$

当前，我国主要对工业废水、工业废气、工业固体废弃物及工业噪声 4 种工业污染物进行约束和限制，且在《中华人民共和国国民经济和社会发展第十二个五年规划纲要》中确定将化学需氧量（COD）、氨氮、二氧化硫（SO_2）和氮氧化物作为实施总量控制的四项污染物。

鉴于数据的可获得性及当前学界研究的一般性，本书选取工业废水、工业废气和工业固体废弃物，以及工业废水中的化学需氧量（COD）、氨氮和工业废气中的二氧化硫（SO_2）、烟尘、粉尘的排放量作为各产业的主要污染物的指标。污染物的指标数据来源于《中国环境年鉴》（2006 年）和《中国环境统计年鉴》（2007～2011 年），各行业工业总产值（用 PPI 剔除物价因素）[①] 的数据来源于中经网产业数据库（2006～2011 年）。由于《国民经济行业分类与代码》分别于 1994 年、2002 年及 2011 年进行了三次调整，并且为确保不同来源的数据库各年份行业统计口径一致，本书在测算过程中选定 2005～2010 年[②]为观察年份，以工业行业（两位数代码 GB/T 4754—2002）中的 39 个工业行业[③]为产业观察对象。其中，依据行业污染密集度的工业行业分类如表 5－12 所示。

---

① 新中国成立后，随着工农业产品价格水平的变化，国家统计局先后五次制定了全国统一的工业产品不变价格和农业产品不变价格，1949～1957 年使用 1952 年工（农）业产品不变价格，1957～1971 年使用 1957 年不变价格，1971～1981 年使用 1970 年不变价格，1981～1990 年使用 1980 年不变价格，1990 年开始使用 1990 年不变价格。我国自开始核算国内生产总值以来，共有 1952 年、1957 年、1970 年、1980 年、1990 年、2000 年、2005 年、2010 年 8 个不变价基期，目前的基期是 2010 年。

② 由于各行业自身的性质，其污染性的强弱在一定时期内比较稳定，因此亦有学者选择某一年为观察年份对行业污染度进行划分（刘巧玲，2012），本书为更准确地反映一段时期内的行业污染特性，因而选取 2005～2010 连续 6 年的时间进行观察。

③ 39 个工业行业包括：采矿业 6 个（煤炭开采业、石油和天然气开采业、黑色金属矿采选业、有色金属矿采选业、非金属矿采选业、其他矿采选业），制造业 30 个（农副食品加工业、食品制造业、饮料制造业、烟草制品业、纺织业、纺织服装、鞋、帽制造业、皮革毛皮羽毛（绒）及其制品业、木材加工及木竹藤棕草制品业、家具制造业、造纸及纸制品业、印刷业和记录媒介的复制、文教体育用品制造业、石油加工、炼焦及核燃料加工业、化学原料及化学制品制造业、医药制造业、化学纤维制造业、橡胶制品业、塑料制品业、非金属矿物制品业、黑色金属冶炼及压延加工业、有色金属冶炼及压延加工业、金属制品业、通用设备制造业、专用设备制造业、交通运输设备制造业、电气机械及器材制造业、通信计算机及其他电子设备制造业、仪器仪表及文化办公用机械制造业、工艺品及其他制造业、废弃资源和废旧材料回收加工业）和供应业 3 个（电力、热力的生产和供应业、燃气生产和供应业、水的生产和供应业）。

表 5 - 12　　依据行业污染密集度的工业行业（39 个）分类

污染行业（$\overline{A_i^s}\geqslant 0.0314$）	清洁行业（$\overline{A_i^s}<0.0314$）
电力、热力的生产和供应业、造纸及纸制品业、非金属矿物制品业、化学原料及化学制品制造业、黑色金属冶炼及压延加工业、煤炭开采业、有色金属矿采选业、农副食品加工业、有色金属冶炼及压延加工业、石油加工、炼焦及核燃料加工业、纺织业、黑色金属矿采选业、水的生产和供应业、饮料制造业、燃气生产和供应业、食品制造业、化学纤维制造业、医药制造业、非金属矿采选业、皮革毛皮羽毛（绒）及其制品业	金属制品业、木材加工及木竹藤棕草制品业、石油和天然气开采业、交通运输设备制造业、橡胶制品业、专用设备制造业、通用设备制造业、其他矿采选业、纺织服装、鞋、帽制造业、仪器仪表及文化办公用机械制造业、通信计算机及其他电子设备制造业、烟草制品业、工艺品及其他制造业、塑料制品业、家具制造业、废弃资源和废旧材料回收加工业、印刷业和记录媒介的复制、电气机械及器材制造业、文教体育用品制造业

5.6.3　实证回归结果分析

1. 基准回归

表 5 - 13 为考虑结构效应和技术效应中介变量后的回归结果，方程（2）与理论分析得出的命题 5 - 1 结论一致。技术效应对工业环境效率的提高具有很强的促进作用。对比生产技术和绿色治污技术的贡献度发现，在其他因素不变的情况下，全国的生产效率（tfp）和治污效率（green）平均增长 1 个单位，效率值分别增加 0.58 和 0.22，生产效率贡献度远高于治污效率，这意味着当前中国工业环境综合效率主要依靠源自生产技术进步引致的生产效率提高拉动，各地区的污染治理力度仍然不够，绿色治污技术的运用有待进一步强化，这与王兵（2015）的研究结论一致。结构效应变量（dirty）系数为 -0.24，在 10% 的统计意义上显著。

表 5-13　　环境规制与地区工业环境效率——考虑结构效应和技术效应的回归结果

解释变量	被解释变量 EE		被解释变量 tfp	被解释变量 green	被解释变量 dirty
	(1) DK	(2) DK	(3) DK	(4) DK	(4) DK
cepolicy	-0.0320*** (0.0035)	-0.0225*** (0.0045)	0.0007 (0.0025)	-0.0666*** (0.0120)	-0.0063*** (0.0015)
$cepolicy^2$	0.0007*** (0.0001)	0.0005*** (0.0001)	-0.00002 (0.0000)	0.0015*** (0.0002)	0.0001*** (0.0000)
lnpc	0.0278* (0.0157)	0.0107 (0.0082)	-0.0466*** (0.0106)	0.1320*** (0.0125)	0.0049 (0.0116)
etps	0.0080 (0.0204)	-0.0032 (0.0038)	0.0107 (0.0132)	-0.0262 (0.0325)	-0.0154* (0.0076)
tfp		0.5769*** (0.1205)			
green		0.2169*** (0.0393)			
dirty		-0.2449* (0.1390)			
控制变量	Yes	Yes	Yes	Yes	Yes
年份固定效应	Yes	Yes	Yes	Yes	Yes
省份固定效应	Yes	Yes	Yes	Yes	Yes
within R^2	0.62	0.63	0.80	0.47	0.45
F 统计量	2656.21***	10464.90***	5705.63***	3364.18***	20890.67***
组别	30	30	30	30	30
观测值	510	390	510	420	480

注：***、** 和 * 分别表示在 1%、5% 和 10% 的统计水平上显著，小括号内的值为标准误，R^2 表示拟合优度。

结合表 5-13 和表 5-14 中介效应检验结果可知，与理论分析的命题5－3和命题5－4一致，环境规制可通过技术效应或结构效应对地区工业环境效率产生作用，而不同类型的规制工具作用渠道也存在差异，与假设2相吻合。环境政策对生产技术和治污技术的影响存在“此消彼长”的替代效应特性，环境规制约束下，企业被迫增加污染治理投入，转移物资、人力等投入要素推进绿色技术的研发应用以减少单位产出的污染排放，以达到规制要求，绿色清洁技术的研发投资会挤占生产技术的进步空间。命令—控制型规制（cepolicy）在技术效应中通过影响企业治污效率作用工业环境效率的机制显著，“利用市场”的经济激励型规制（lnpc）与生产技术和治污技术分别存在显著的抑制和促进效应，而“建立市场”的经济激励型规制（etps）依然失效，结果说明“利用市场”的环境政策工具在促进工业企业绿色技术进步方面最为有效。产业结构中介变量仅通过环境法制（cepolicy）发挥作用，意味着通过命令—控制型的行政方式限制污染产业市场准入对地区工业结构变迁影响显著，而当前排污成本仍偏低，运用经济手段通过施加环境成本仍不足以利用淘汰“三高”企业，无法起到促使工业结构清洁化的效果。

表5－14　　环境规制与地区工业环境效率：基于技术效应和结构效应的中介效应检验结果

	c	c′	a	b	ab	Bootstrap 检验	结论
生产效率							
cepolicy	－0.0320 *** （0.0035）	－0.0225 *** （0.0045）	0.0007 （0.0025）	0.5769 *** （0.1205）	0.0004	不能拒绝 H0	ab 不显著 遮掩效应
$cepolicy^2$	0.0007 *** （0.0001）	0.0005 *** （0.0001）	－0.00002 （0.0000）	0.5769 *** （0.1205）	－0.00001	不能拒绝 H0	ab 不显著 遮掩效应
lnpc	0.0278 * （0.0157）	0.0107 （0.0082）	－0.0466 *** （0.0106）	0.5769 *** （0.1205）	－0.0269 都显著	—	完全中介效应
etps	0.0080 （0.0204）	－0.0032 （0.0038）	0.0107 （0.0132）	0.5769 *** （0.1205）			c 不显著 遮掩效应

续表

	c	c′	a	b	ab	Bootstrap 检验	结论
治污效率							
cepolicy	-0.0320 *** (0.0035)	-0.0225 *** (0.0045)	-0.0666 *** (0.0120)	0.2169 *** (0.0393)	-0.0144 都显著	—	ab/c′ = 0.64 部分中介效应
$cepolicy^2$	0.0007 *** (0.0001)	0.0005 *** (0.0001)	0.0015 *** (0.0002)	0.2169 *** (0.0393)	0.0003 都显著	—	ab/c′ = 0.60 部分中介效应
lnpc	0.0278 * (0.0157)	0.0107 (0.0082)	0.1320 *** (0.0125)	0.2169 *** (0.0393)	0.0286 都显著	—	完全中介效应
etps	0.0080 (0.0204)	-0.0032 (0.0038)	-0.0262 (0.0325)	0.2169 *** (0.0393)			c 不显著 遮掩效应
产业结构							
cepolicy	-0.0320 *** (0.0035)	-0.0225 *** (0.0045)	-0.0063 *** (0.0015)	-0.2449 * (0.1390)	0.0015 都显著	—	/ab/c′/ = 0.07 遮掩效应
$cepolicy^2$	0.0007 *** (0.0001)	0.0005 *** (0.0001)	0.0001 *** (0.0000)	-0.2449 * (0.1390)	-0.00002 都显著	—	/ab/c′/ = 0.04 遮掩效应
lnpc	0.0278 * (0.0157)	0.0107 (0.0082)	0.0049 (0.0116)	-0.2449 * (0.1390)	-0.0012	不能拒绝 H0	ab 不显著 遮掩效应
etps	0.0080 (0.0204)	-0.0032 (0.0038)	-0.0154 * (0.0076)	0.2169 *** (0.0393)	—		c 不显著 遮掩效应

注：***、** 和 * 分别表示在 1%、5% 和 10% 的水平上统计显著，小括号内的值为标准误。

2. 稳健性检验

在基准回归中，分别表示生产技术和绿色技术这两个部分的技术效应中介变量——“生产技术效率（tfp）”和“治污技术效率（green）”都是利用 DEA 模型的思想测算指标代替，然而其投入—产出变量的选择与工业环境效率（EE）的投入—产出变量存在一定的重合度，因此可能导致计量回归的内生性问题。因此，本书进一步以专利数作为技术创新产出的代理变量进行稳健性检验。通过搜集数据发现，现阶段与环境相关的专利申请和授权数极少，因而本书选择2000~2013年“工业企业专利申请数的对数（lnpatent）”近似替代工业生产技术进步变量，以2001~2010年“环境授权专利数（greenpatent）”代表工业绿色技术创新产出，由于该专利数的量偏少，故并未作对数处理，两个指标的数据分别来源于《工业企业科技活动资料》和《中国环境年鉴》。

稳健性检验的回归结果见附表8和附表9，附表8与正文表5-13的方程（2）所关注变量的系数和显著性结果基本一致。在其他变量保持不变的情况下，工业企业专利申请数每增长1%，效率值增加0.6%；环境授权专利数增加1个单位，效率提高0.0004。对比附表9与表5-14并结合表5-15和表5-16中介效应检验结果可知，以专利数作为技术进步代理标量的稳健性检验中，环境政策对生产技术和绿色技术分别产生的“此消彼长”的作用效应更加显著，其他结果与基准回归中相吻合，说明本书机制验证的基本结论可信度较高。

5.7 本章小结

基于前文对中国环境规制的制度剖析及工业可持续发展状况的考察，本章以能够衡量工业经济与环境协调性的环境效率为目标，从理论和实证两个方面系统地探讨了环境规制对工业环境效率的作用效应和影响机制。首先，在剖析环境规制对排污主体影响的微观机制时，同时结合传统观点的“合规成本说”和修正观点的“波特假说”的理论思想，以成本—收益的经济学分析框架深入分析；其次，利用理论模型说明基于公共利益理论下有效的环境规制与经济、环境的关系，再在模型中引入环境效率的指标，结合前文的理论模型推导出环境规制主要通过技术效应和结构效应影响区域环境效率，基于理论模型和机制阐述得出实证分析的命题假说；最后，结合理论分析，本书利用1997~2013年中国30个省区市的面板数据，分别使用DK方法、差分GMM、系统GMM和

Ⅳ估计分析了不同环境规制工具对地区工业环境效率的作用效应，进而又使用中介效应检验方法对作用机制进行了验证，得到以下主要结论：

第一，全国范围的命令—控制型规制手段对地区工业环境效率的影响呈现“U”型关系，基于市场激励机制下“利用市场”的规制工具——排污收费制度的回归系数显著为正，而“建立市场”的规制工具——排污权交易机制在我国未能找到产生显著效应的证据。由此说明，市场激励型比命令—控制型规制工具更具减排灵活性和激励长效性，更易实现对地区工业环境效率的正向效应，但“利用市场”的规制工具——排污收费制度这一减排手段的成熟运用挤压了“建立市场”的规制工具——排污权交易机制的空间。此外，当前我国环境法制的完善对政府“利用市场”起到一定的促进作用，但“建立市场”的法制体系尚未健全。

第二，分区域估计结果显示，东部地区的规制运行整体优于中部、西部地区，西部次之，中部最差。东部地区环境规制体系整体表现更优，与全国规律相同，命令—控制型规制手段对地区工业环境效率的影响呈现“U”型关系，但更早于其他地区突破拐点，实现“波特假说”的技术创新“补偿效应”，且“利用市场”的经济激励型的规制主要在东部起到了积极的促进作用；中部地区由于长期依赖于国有重工业经济，地方政府仍有动机以牺牲环境为代价换取经济规模效益，规制运行存在“不完全”执行的情况，因而出现了规制失效的结果；生态脆弱的西部地区仍主要依托于命令—控制型的污染控制方式，与工业环境效率呈“U”型关系，而受市场化程度低的制约导致以市场导向的规制工具都没有表现出显著的效果。

第三，工业环境效率的优化可源于技术效应和结构效应两个方面的因素，技术效应为给定产业结构不变的条件下，生产效率或治污效率的升级；结构效应为该地区的产业结构由“肮脏”向“清洁”行业的转变；环境规制可通过技术效应和结构效应两种渠道促进地区工业环境效率优化，但不同的环境规制工具影响地区工业环境效率的机制渠道存在差异性。环境规制工具对生产技术和治污技术的影响存在“此消彼长”的替代效应特性，“利用市场”的政策工具对治污效率的优化效应更加显著；通过命令—控制型的环境立法限制污染产业市场准入对地区工业结构变迁影响显著，而现阶段利用经济手段通过施加环境成本仍不足以淘汰“三高”企业、促使产业清洁化。

第 6 章

中国环境规制的内生机制与地区工业环境效率

我国的环境资源公有产权宣示了其产权的法律存在，公有产权下，经公众选择产生的公共权力机构为产权的实际支配者，依据主体责任的原则，代表公众利益的公众机构有妥善管理公共资源的义务。经梳理现行的环境法制特征可见，长期以来我国主要在政府为主导的环境管制模式下展开制度设计，“监管者监管之法”是污染防治法制体系的典型特征（刘超，2015），因而政府成为我国环境制度的主要供给者。第 5 章理论分析中，假定政府为完全代表公众利益的公众机构，基于社会福利最大化的目标进行制度供给，设定环境规制强度水平既满足公众的环保需求，又满足企业维持正常运营的污染排放需求，在环境承载能力范围内促使社会经济可持续发展。因此，对于企业而言，环境规制约束被视为完全外生给定的变量，基于此深入探讨环境规制对工业环境效率的影响效应及机制途径。然而，现实中这种公有产权的特性通常并未完全发挥产权应有的效率价值，权利归属主体（国家或集体）与权力行使主体（政府机构）的不一致性易造成规制水平的扭曲，致使环境破坏和资源浪费现象依然尚存。在我国，环境领域的政府管制仍处在经济转型和法治化建设期，由于法律信仰的缺失及长期以来社会盛行的私利关系网引致的腐败寻租等使得原本就不健全的正式环境制度面临众多挑战。近年来，我国地方行政官员和环保官员在环境执法领域的腐败案件不断被披露，据统计，2002 年至 2008 年 6 月，22 个省区市环保部门有 487 人被立案查处，且案件数和涉案人数逐年上升；2012 年 1 月至 2013 年 6 月，全国环保系统先后有 977 人因违纪违法分别受到党纪政纪或法律处理，其中失职渎职和收受贿赂占比高达 68.1%（闫鸣，2014），由此揭示出环境领域存在的腐败现象严重影响了环境规制的成效。

虽然从前文分析可知，我国的环境规制虽然能够有效地促进工业环境效率的优化，然而这种积极作用是否完全得到发挥？中央政府、地方政府、排污企业和社会公众在环境治理中分别扮演何种角色？中国环境制度供给过程是否会因受制于其他利益群体从而规制强度有所扭曲？公众环保诉求又能否推动地方政府在环境治理上做出更多努力？如何有效协调各方利益，确保环境规制真正促进经济和环境的协调发展，实现可持续发展目标，不仅是制度供给者亟须解决的问题，也是学界关注的重要课题之一。本章将以规制俘获理论和寻租理论为主要理论依据，将权力行使主体（地方政府机构）视为同时考虑社会福利和追逐个人私利的"经济人"，进而探讨考虑其在环境规制制度供给时如何同时受被规制对象（排污企业）和被保护对象（社会公众）的双重影响，并进一步考察在腐败和公众环保诉求（公众参与和监督）的调节作用下环境规制对地区工业环境效率产生何种效应，逻辑框架如图 6－1 所示。

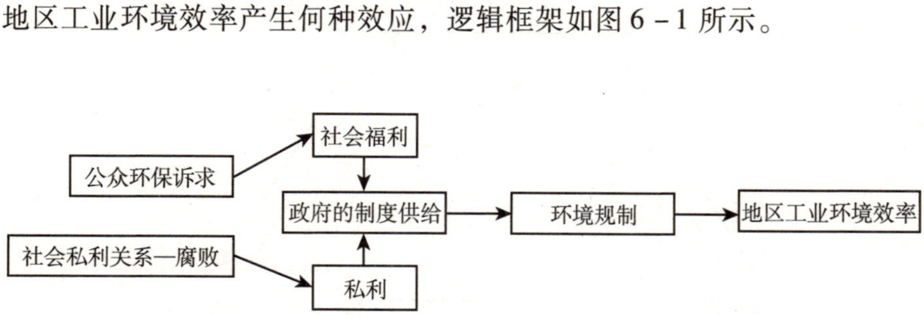

图 6－1　内生环境规制影响地区工业环境效率的逻辑分析框架

6.1　环境制度的供给机制分析

在环境治理的相关利益主体中，主要包括环境规制机构（政府）、被规制对象（主要指排污企业）、社会公众三方，政府是最重要的制度供给者，污染防治系统中政府、企业、公众互动关系如图6－2所示。对政府而言，作为环境保护的管制主体和公共服务的供给主体，一方面要加强环境管制，构建法制体系，通过制度安排确保排污主体公平、规范、有序消费"污染"，同时强化执法监督让环境违法者付出沉重代价，弥补市场在环境外部性方面的失灵；另一方面优化环境公共服务，推动绿色发展，为辖区环境质量负责，保护公民的利益。排污企业作为环境污染的主要制造者，需要对污染治理承担直接的主体责任，推进治污减排，提供绿色产品。公众作为污染的受害者，同时也是生活型和消费型污染的产生者，一方面需要履行环境监督者的权利，维护自身利益，另一方面需要主动践行自身环保责任，通过改变消费行为和生活方式，减少环境污染。

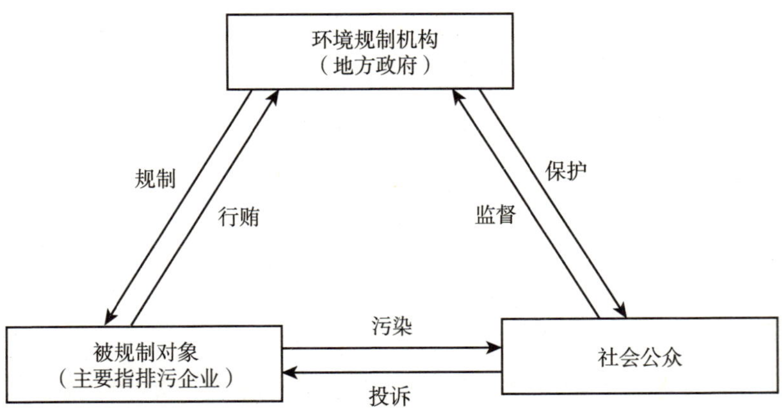

图6－2　污染防治系统中政府、企业、公众互动关系

6.1.1 腐败与政府环境治理

在我国现行的以政府为主导的污染防治管制体制下，科层制特征决定了中央与地方在环境问题上的分权而治，地方环境规制机构易受被规制对象的“俘获”。由于有限理性、信息不对称等问题，中央制定的国家层面的环境法律和政策较为宏观，以原则性的说明和概括性的规定为主要内容。而地方环境规制机构主要扮演两种重要角色：一是对国家颁布的环境法律制度的再解释，对中央较为抽象的环境政策的再界定，突出地方立法个性差异；二是负责具体的执法。规制俘获理论和寻租理论均指出，由于环境规制机构的官员是同时考虑社会福利最大化和个人私利最大化的“经济人”，因而特殊利益集团（主要指被规制的排污企业）可“俘获”地方立法或者执法者，使之提供有利于他们的规制强度（吕忠梅，2009）。由此，这种规制俘获现象的存在通常致使环境污染防治制度实施效果不佳。规制俘获也即腐败的后果体现在两个层面：一是在环境规制政策的设计层面，被规制对象以各种途径游说地方的规制制定者，出台符合其利益的规制政策（杜传忠，2005）。现实中，地方政府一般较少违反上位法推行地方保护；但可以颁布地方条例解释上位法或自行出台行政规章等方式虚化环保目标，将上位法的约束软化，或对中央层面的环境法律原则作出有利于腐败的解释，甚至对于部分法律空白与漏洞之处熟视无睹，导致地方环保法制功能异化。二是在环境规制政策的实施层面，被规制对象都有意愿以行贿等方式俘获执法人员，弱化环境规制法律的执行（余光辉和陈亮，2010）。在我国，以政府权力为主导的环境执法中，中央与各级地方政府之间形成一层层委托—代理关系，实际环境执法权主要由地方掌控，出于自身政绩和私利的诉求，与地方利益集团（污染大户）形成合谋关系。

由此可见，我国腐败的主体可分为两类：第一类是地方政府官员，出于谋取私利、追求政绩、升迁等考虑，以招商引资、增强地方财政税收、保证公众就业等代表公共利益的因素为由，出面干预环境法治。首先，对于地方官员而言，短期内企图以 GDP 增长获取财税利益和政治升迁机会的激励模式极大地扭曲了政府官员应以社会福利和效用最大化为目标的行为，生态文明、环保指标直至近两年才各省区市逐步被纳入政府绩效考核体系，因而过去相当长的一段时期，地方政府官员存在重经济增长、轻环境保护的倾向。而经济高速增长期间，传统污染产业不仅是纳税大户，承担了减轻就业压力、维持社会稳定的重要职能，而且地方官员的晋升一般还需要得到他们的支持。因而，官员对经济利益和政治资本的依赖性致使地方政企之间往往隐含着“隐形”的契约关系。其次，污染产业对环境的敏感度高，为规避环境守法和违法成本，偏好于借用雄厚的财力和丰富的政治资本俘获政府官员，游说或贿赂政府相关部门工作人员降低规制强度，由此发展中国家或地区在经济转型期间，腐败成为影响环境规制的重要因素（Leitao，2010），利益链下的“保护伞”成为地方环境治理的拦路虎。再次，当前环保部门仍采用属地化管理体制，地方政府掌管着环保部门的人事权和财政权，因而地方环保机构监管排污企业的职责受制于地方政府的意图，加上中央政府通常由于不完全信息难以在短期内了解地方真实情况（袁凯华和李后建，2015），因而现行制度和体制的缝隙为政府腐败官员权力寻租提供了可乘之机。第二类是具体执法的环保公务人员，表现为在处理污染事故纠纷、收取排污费、开展项目审批、开展项目贷款中收取贿赂或索取贿赂等，以此为交换为排污单位提供相应的便利条件，使排污单位逃脱环境法制的约束。从披露的环保官员腐败案例来看，受贿是主要形式，且集体受贿的方式并不罕见，腐败形式除受贿之外，还包括利用环评项目审批的权力向环评单位收取“协作费”、贪污或挪用污染治理专项资金等。

6.1.2 公众环保诉求与政府环境治理

公众环保诉求实则为非正式的环境规制一种重要方式，公众环保诉求度越强，公众参与环境资源保护的积极度越高，成为正式的环境规制体系的一种补充机制，可调动社会资源弥补政府在环境治理上的投入不足或规制失灵的缺陷。西方发达国家的历史实践表明，公众是一国环保事业前行的原动力（Martens，2006）。在我国，公众参与环境资源保护有充分的法律依据，早在1989年颁布的《中华人民共和国环境保护法》第8条就已规定："一切单位和个人都有保护环境的义务，并有权对污染和破坏环境的单位和个人进行检举和控告"；2013年，我国的《中共中央关于全面深化改革若干重大问题的决定》首次在环境政策层面提倡"推行环境污染第三方治理"；新修订的《环境保护法》（2014）将环境保护的原则由过去的"谁污染谁治理"变更为"保护优先、预防为主、综合治理、公众参与、损害担责"的原则，并新增第5章"信息公开和公众参与"，进一步细化了公众参与环境治理的权限范围，明确公众有权依法参与环境决策、环境管理和监督活动。这说明现行的环境法制体系中已有第三方治理环境的制度雏形。

环境保护本身即是一项公共事业，需要利益相关者的共同参与，公众参与有助于推动中国地方政府的环境治理工作，对地方政府的制度供给过程起到一定的监督作用。具体实现途径表现在以下几个方面：一是通过环境立法听证制度和环境立法信息公开两大表达公众利益的重要支撑机制，发挥民主作用推动事前立法过程的完善，增强法规本身权威性和科学性（杨添翼等，2013）；二是对地区污染大户、违规肆意排污企业通过以信访、举报等方式直接与当地政府或环保部门互动，反映其对生态环境质量提升的需求，地方政府受理响应民众诉求，核查排污主体行为，责令企业增加治理投资，环境事故严重者将面临行政处罚等（郑思齐等，2013）；三是民众通过信访举报或示威游行等方式直接向上级人民政府表达当地环境污染的不满和质量改善的需求，降低监管成本，上级政府利用民众反馈的信息，以问责制方式约束下级地方政府的行为，使之为当地公民提供更好的服务（Dasgupta & Wheeler，1997；Warwick & Ortolano，2007）。

6.2 腐败、公众诉求与环境规制的理论模型

本书参考达玛尼亚和弗里克森（2003）、弗里克森和斯文松（Fredrickson & Svensson，2003）、李后建（2013）的做法，构建了一个地方政府官员与生产者利益集团之间的三阶段博弈模型，以此说明腐败对环境政策制定和执行效果的影响机制。由于本书分析的是一个地区内部的情形，因而不用考虑关税和其他贸易政策的影响，并且在模型中加入了考虑公众的监督机制。

6.2.1 模型假定

考虑一开放经济国家包含中央政府、地方政府、厂商和消费者四大经济主体，本书假定：①中央政府是仁慈的，追求经济增长和环境保护的协调发展，受限于信息不对称，中央政府授权地方政府监督管理厂商的生产和排污活动，通过考评地方政府官员政绩进行赏罚；②地方政府官员是理性“经济人”，追求个人私利；③生产者在利润最大化的原则下进行生产；④所有消费者可以通过参与治污或参与产品生产获得劳动收入，同时部分消费者对环境质量有一定的需求，因而参与监督。

1. 生产者

有两类生产部门，一类为无污染行业的生产商，其生产产品 y，令产品 y 的价格 $p_y=1$。而有 n 家同质厂商，生产产品 x，生产过程中会同时产生污染（非合意产出），产品 x 的总供给 $X=n_1x$，产品 x 的价格为 $p_x=p$。由于企业在生产过程中进行污染排放，因此当地环保部门为控制其给当地造成的污染破坏，试图通过环境规制控制污染的排放量，在此，同样以排污费征收为环境规制的代表性制度加入模型。令 τ 表示排污费率（或称排污税率），并且 $\tau\in T$，$T\in R$。

2. 消费者

假设经济体内有消费者 N 人，其中，关注环保的消费者比例为 $r(0<r<1)$，不关注环保的消费者比例为 $1-r$，r 既可理解为公众对环保的重视度，也可视为公众对环境质量的需求程度。则代表性关注环保的消费者效用函数为式（6-1）：

$$U^1 = c^y + u(c^x) - hX \tag{6-1}$$

而代表性不关注环保的消费者效用函数为式（6-2）：

$$U^2 = c^y + u(c^x) \tag{6-2}$$

其中，c^y 和 c^x 分别为产品 y 和产品 x 的消费量，$u(c^x)$ 表示严格凹且可微的效用函数，hX 为污染总损害，h 表示单位产出的污染损害（污染危害系数），它取决于污染型企业单位产出的污染治理力度 θ，因此可表示为 $h(\theta)$，$h_\theta<0$，$h_{\theta\theta}>0$，由此可见 $h(\theta)$ 是一个严格凸的函数，随着污染治理力度的增加，单位污染损害下降的幅度会变缓。

6.2.2 行为

1. 生产者

对于每一家排污企业而言，其获得的净利润为式（6-3）：

$$px - c(x, \theta) - \tau xh \tag{6-3}$$

其中，$c(x, \theta)$ 为企业生产的成本函数，且 $c_x>0$，$c_{xx}>0$，$c_\theta>0$，$c_{\theta\theta}>0$，$c_{x\theta}>0$。在利润最大化的原则下，企业会同时决定产量 x 和污染治理投资 θ，式（6-3）分别对 x 和 θ 求导，因而一阶条件见式（6-4）、式（6-5）：

$$\frac{\partial \pi}{\partial x} = p - c_x - \tau h = 0 \tag{6-4}$$

$$\frac{\partial \pi}{\partial \theta} = c_\theta + \tau x h_\theta = 0 \tag{6-5}$$

式（6-4）和式（6-5）两边对 τ 求导可得 $\frac{\partial x}{\partial \tau}<0$，$\frac{\partial \theta}{\partial \tau}>0$，因此我

们可以得到结论 1：

结论 1：排污费率 τ 的提高会使排污企业降低产量并增大单位治污投资，从而降低单位产出的污染损害 θ，也就是说，环境规制强度的提高将有利于改善环境质量。

2. 消费者

m 为代表性消费者所得的收入，则消费者的预算约束条件 $c^y + pc^x = m$。式（6－1）和式（6－2）最大化条件下，可得 $\frac{\partial u(c^x)}{\partial x} = p$，则产品 x 的消费函数为式（6－6）：

$$c^x = d(p) = u_c^{-1} \tag{6-6}$$

d(p) 为消费者对产品 x 的需求，将式（6－7）带入预算约束条件，可得产品 y 的消费函数：

$$c^y = m - pu_c^{-1} = m - pd(p) \tag{6-7}$$

因而，关注环保的消费者间接效用函数可表示为式（6－8）：

$$v(p, m, \tau) = m - pd(p) + u[d(p)] - \theta X = m + \{u[d(p)] - pd(p)\} - hX \tag{6-8}$$

另 $C(p) = u[d(p)] - pd(p)$，实则其为每个消费者消费产品 x（$c^x = d(p)$）时，单位产品得到的消费者剩余。

6.2.3 企业与地方政府的博弈

中央政府、地方政府与生产者之间的信息结构如下：地方政府向中央政府上报管辖区内的产量和污染排放量，而中央政府并不清楚地方政府官员和生产者之间是否存在合谋行为，但可通过第四方（此处简化为公众）获取企业排污量的部分信息。假定对地方政府和企业而言，中央政府的行为外生给定，中央政府不参加企业与地方政府之间的博弈。由于信息不对称和地方政府官员的私利追逐，排污企业为寻求更低水平的环境规制约束，可能与地方政府之间存在合谋行径。假设 X

部门的 n 个排污企业组成一个游说集团，用于协调与地方政府的贿赂报价。排污企业游说集团与地方政府之间的动态博弈可划分为三个阶段，其中政府和生产者这两个博弈主体都是风险中性者。博弈过程的时序如下：

第一阶段：排污企业游说集团向地方政府提出贿赂的承诺 $S(\tau)$，以期寻求地方政府放松环境规制水平。在此阶段，排污企业游说集团难以确切判断在位地方政府官员发生腐败的概率，可理解为腐败官员的人数占比，此处假定地方政府官员发生腐败的概率为 $\lambda(0<\lambda<1)$。

第二阶段：给定排污企业游说集团的行贿水平，地方政府官员确定其最优的环境政策，并得到第一阶段生产者承诺的贿赂。然而，地方政府官员被中央政府发现并查处的概率为 $\rho \in [0, 1)$，ρ 某种程度上取于公众对地方政府环境治理能力的监督，因为民众可通过信访举报或示威游行等方式直接向上级人民政府表达当地环境污染的不满和质量改善的需求，为中央政府提供更多信息，因此会加大中央政府发现地方政府官员贪污腐败的概率，故 $\rho_r>0$，一旦被查处将面临一定的惩罚 φ。

第三阶段：在既定的环境政策下，企业决定生产和治污水平。

1. 排污企业游说集团

游说集团在博弈的第一阶段需考虑政府官员的类型，其发生腐败的概率，因而排污企业游说集团的预期收益为式（6－9）：

$$\begin{aligned} E[\Omega(\tau)] &= \lambda[(1-\rho)n\pi(\tau)+\rho n\pi(\tau^w)]+(1-\lambda)n\pi(\tau^w) \\ &= \lambda(1-\rho)n\pi(\tau)+[1-\lambda(1-\rho)]n\pi(\tau^w) \end{aligned} \tag{6-9}$$

其中，$E[\Omega(\tau)]$ 为排污部门的期望利润，$n\pi(\tau)$ 表示排污费率为 τ 时，游说集团总利润；$n\pi(\tau^w)$ 表示排污税率为 τ^w（可理解为庇古税税率）时，游说集团总利润。

2. 廉洁的地方政府官员

廉洁的政府官员以社会福利最大化为目标函数，社会福利包括企业总利润、消费者剩余、排污费收入的总和再减去生产污染产品给消费者带来的污染损害，如式（6－10）所示：

$$W(\tau)=n\cdot\pi(\tau)+N\cdot C(p)+\tau hnx(\tau)-rNhnx(\tau) \quad (6-10)$$

对 $W(\tau)$ 求 τ 的导数，由一阶条件可得式（6－11）：

$$\frac{\partial\pi}{\partial\tau}+(\tau-rN)\left(xh_{\theta}\theta_{\tau}+h\cdot\frac{\partial x}{\partial\tau}\right)+hx=0 \quad (6-11)$$

其中，$\frac{\partial\pi}{\partial\tau}=\frac{\partial\pi}{\partial x}\cdot\frac{\partial x}{\partial\tau}+\frac{\partial\pi}{\partial\theta}\cdot\frac{\partial\theta}{\partial\tau}-hx$，由式（6－4）和式（6－5）可进一步得到$\frac{\partial\pi}{\partial\tau}=-hx$。因为 $xh_{\theta}\theta_{\tau}+h\cdot\frac{\partial x}{\partial\tau}<0$，且将$\frac{\partial\pi}{\partial\tau}=-hx$ 代入式（6－12）可得：

$$\tau^{w}=rN \quad (6-12)$$

τ^{w} 使污染税率等于每单位污染给社会造成的负边际效用，是帕累托最优的庇古税税率。

3. 追求私利的地方政府官员

腐败的政府官员不仅考虑社会福利，而且还将个人私利纳入福利函数决策规制水平，因此其收益函数包括两个部分，社会福利和从生产者处得到的贿赂收入减去被查处后的损失，如式（6－13）所示：

$$G(\tau)=S(\tau)+W(\tau)-\rho\varphi \quad (6-13)$$

其中，$S(\tau)$ 代表企业第一阶段提供的贿赂承诺数量。

6.2.4 均衡条件

政府和生产商博弈的纳什均衡排污费率 τ^{*} 必须满足以下两个必要条件，如式（6－14）、式（6－15）所示：

$$\tau^{*}=\arg\max_{\tau}G(\tau)=\arg\underset{\tau}{\mathrm{Max}}\{S(\tau)+W(\tau)-\rho\varphi\},\ \tau\in T \quad (6-14)$$

$$\tau^{*}=\arg\max_{\tau}\{E[\Omega(\tau)]-S(\tau)+G(\tau)\},\ \tau\in T \quad (6-15)$$

必要条件式（6－15）表示，政府会选择使自身效用最大化的污染税率，必要条件式（6－16）表示，由于假设政府和企业的谈判力量相同，纳什均衡污染税税率会使得生产商和政府的效用之和最大化。

式（6－15）和式（6－16）式分别对 τ 求导，由一阶条件可得式（6－16）：

$$E_{\tau}[\Omega(\tau)] = S_{\tau}(\tau) \tag{6-16}$$

将式（6－17）代入式（6－15）的一阶条件，可得式（6－17）：

$$E_{\tau}[\Omega(\tau)] + W_{\tau}(\tau) = 0 \tag{6-17}$$

解（6－18）式可得式（6－19）：

$$-\lambda(1-\rho)hx + (\tau^{*} - rN)\left(xh_{\theta}\theta_{\tau} + h \cdot \frac{\partial x}{\partial \tau}\right) = 0 \tag{6-18}$$

$$\tau^{*} = rN + \frac{\lambda(1-\rho)hx}{xh_{\theta}\theta_{\tau} + h \cdot \dfrac{\partial x}{\partial \tau}} \tag{6-19}$$

6.2.5　比较静态分析

式（6－18）对 λ 求导可得式（6－20）：

$$\frac{\partial \tau^{*}}{\partial \lambda} = \frac{(1-\rho)hx}{xh_{\theta}\theta_{\tau} + h \cdot \dfrac{\partial x}{\partial \tau}} < 0 \tag{6-20}$$

从式（6－19）可以看出，λ 上升意味着腐败水平的上升，排污税税率 τ^{*} 会随着腐败水平的上升而下降，偏离社会福利最大化的税率，导致环境规制强度下降。换言之，地区环境规制强度会随着地方政府官员贪污腐败程度的增强而越发宽松，地区污染也会随之加重。由此可到命题 6－1：

命题 6－1：地方腐败现象弱化了地区环境规制强度，降低了地方治理环境的能力，加剧了环境污染程度。

式（6－18）对 r 求导可得式（6－21）：

$$\frac{\partial \tau^*}{\partial r} = N - \frac{\rho_r \lambda h x}{x h_\theta \theta_\tau + h \cdot \frac{\partial x}{\partial \tau}} > 0 \qquad (6-21)$$

从式（6－20）可以看出，随着第四方（公众）环保意愿的增强、关注环保的消费者越多，对地方政府的监督力度提升，中央政府通过公众的诉求获取更多信息，对地方官员腐败查处的概率变大，促使地方政府对排污企业施行的环境规制趋严，因而地区的环境污染水平下降。与此同时，经济增长也将放缓。因此，我们可以总结出命题6－2：

命题6－2：地区公众对环境质量的关注越大，第四方环境治理的参与度越高，则中央政府对地方政府的监管力度越强，促使地方政府对排污企业施行的环境规制趋严，减少环境污染水平。

6.3 腐败、公众诉求与环境规制的实证分析

6.3.1 计量回归模型的设定

式（6－22）中，下标 i 和 t 分别表示地区（省份）和时期（年份），corruption 为腐败水平的变量，petition 为公众环保诉求强度的变量，X 为控制变量，u 表示个体效应，v 表示时期效应，ε 为随机扰动项。

$$ER_{it} = \alpha_1 + \gamma_1 corruption_{it} + \lambda_1 petition_{it} + X_{1it}\delta_1 + u_{1i} + v_{1t} + \varepsilon_{1it} \qquad (6-22)$$

6.3.2 指标选取

被解释变量：式（6－22）的被解释变量—环境规制强度，本章使用1982年来各省人大常委会、人民政府和环保机构颁布的限制污染排

放的“地方性累积有效的环保法规、行政规章和环境标准数的总量（cepolicy）”和“排污费收入/污染排放的对数（lnpc）”这两个指标分别代表政府环境规制制定和实施的严格度。

核心解释变量：（1）腐败水平。迄今为止，如何精确度量腐败程度仍是学术界的一大难题，但众学者已从各种角度尝试逼近度量地区腐败非法行为。目前国外建立的腐败度量方式分为两类：一是主观评价法，通过由国际专家组织设计问卷进行调查，如询问商人、律师或居民对地区腐败度的感知。这类指标主要用于跨国研究，最常用指标有：国际反腐民间组织透明国际（TI）提供的“腐败感受指数”、国家风险指南（ICRG）公布的“腐败评价指数”、世界银行治理指数（WBGI）提供的腐败指标等。二是客观估计方法，包括使用企业调查数据中公布的企业向政府相关部门支付的额外或不合理费用、企业被索贿或行贿的频率等代理指标、使用司法指标、通过多项数据推断腐败金额、直接进行现场的观察等（聂辉华，2014）。在研究中国腐败问题时，部分学者以世界银行调查数据中的企业“招待费”（Cai et al.，2011）、企业与政府部门（公安、税务、环保和劳动保障）的交际时间/全年时间（Wang & You，2012）等指标间接衡量腐败。大多学者遵循借用司法指标的思路，以《中国检察年鉴》公布的立案侦查贪污、贿赂和渎职等职务犯罪案件数量作为“腐败案件”，并除以各省人口数（吴一平等，2010；万广华等，2012）或公职人员数（张军等，2007；陈刚等，2012；倪星等，2013；聂辉华等，2014）去除规模效应，由此构建腐败程度指标，这也是目前唯一可获得的省级面板腐败数据。相对于主观数据，实际数据分析的好处在于它能够更加真实地刻画一国的腐败程度，而且一个国家内部的政治制度、法律结构是基本一致的，社会经济文化发展水平差距不大，不可观察的因素相对较少，可在一定程度上减弱计量分析的偏差（周黎安等，2009）。由此，本书采用1998～2013年人民检察院每年“立案侦查贪污贿赂、渎职案件数与公职人员数之比（件/万人）（corruption）”来度量中国各地区的腐败水平，公职人员数以《中国统计年鉴》提供的公共管理和社会组织行业职工人数来代理。该指标可能存在以下两个质疑之处：一是检察院立案侦查的腐败官员数可能只占到实际腐败官员数的一部分，用它度量真实的腐败水平存在度量误差的问题。但是，莱维特（Levitt，1998）证明，以报案数而不是实际发生数来度量犯罪率并不会导致明显的估计偏误。二是学者认为该指标实则反映了反腐力度，而非腐败程度。然而，吴一平（2008）指出，中央发布的各项政治与司法条例在地方层面一般会很好的执行，而尚无证据表明中央在省与省之间的反腐力量和政策安排上存在差异，所以可以认为，中国每个省的反腐力度没有明显差异。聂和贾（Nie & Jia，2011）、倪星等（2014）也提出，把立案数量理解为反腐败力度不符合各省人均司法支出和人均腐败立案数负相关的事实，且与世界银行2006年评估的中国各地契约实施水平进行对比，各省腐败水平与商业诉讼成本正相关，因而认为采取检察机关的立案数作为腐败的代理变量具有一定合理性。三是该指标反映的是地区整体腐败程度，与环保领域的腐败程度存在一定的偏差。但是我们认为，环境领域的腐败水平与该地区公职人员的整体腐败程度具有高度统一性，数据表明，环保腐败比较集中的区域及其发展趋势与各地区检察院立案侦查的公职人员职务犯罪情况和走势一致，环保腐败也日益成为腐败“重灾区”，因而我们认为可以用该地区的腐败程度来表征。需要说明的是，一些省份人民检察院年度工作报告在个别年份中只公布了贪污受贿、渎职案立案数或涉案人数其中一项指标，张军等（2007）采用的方法是，假设在相近年份贪污贿赂案件数占总经济案件数的比重基本保持不变，从而用当年总的经济案件立案总量乘以相近年份贪污贿赂案件数占总经济案件的比重来推算出当年的贪污贿赂案件数。但是，没有证据表明，贪污贿赂案件数占总经济案件数的比重会在几年间基本保持不变。所以，我们假定该地区案均涉案人数在该年附近是稳定的，并根据相邻两年的案均涉案人数推算出这些缺省的数据，这种处理方法与陈刚等（2008）相同。（2）公众环境诉求强度。地区公众对环保的诉求强度实则为公众环保重视程度的体现，是非正式环境规制一种重要表现方式，现有文献中主要有以下两种构造公众环境关注的指标：一是环境污染信访数（Dasgupta & Wheeler，1997；陈德敏和张瑞，2013；闫文娟等，2013；张江雪等，2015），二是利用 Google 搜索引擎的搜索功能构造关键词（如“环境污染”）得到一段时间内公众对环境的关注度指数（Kahn & Kochen，2011；郑思齐等，2013；徐圆，2014；张三峰和卜茂亮，2015）。鉴于 Google 在 2010 年 4 月退出中国大陆之后，公众的使用受限，使用量的大幅降低可能导致第二类指数的方法在 2010 年之后的数据有所偏差，为最大限度地利用样本数据，本书选用各地区“环境污染信访数/工业企业数（petition）”衡量公众对环境问题的关注度。

控制变量：在控制变量的选择方面，既要考虑地区环境污染的因素，同时也要考虑社会经济发展状况的因素，根据已有文献的研究，本节将控制变量分为以下六类：一是污染排放变量，以“上一期的单位工业增加值的废水排放量（$pollution_{t-1}$）”测度地区环境污染水平（Wang et al.，2002）；二是经济发展水平变量，人均地区生产总值是衡量地区经济增长情况的重要指标，由于“EKC”关系的存在性，因而同时加入“人均地区生产总值的对数（lnpgdp）及其二次项（$lnpgdp^2$）”（Damania & Fredriksson，2003）；三是结构变量，以“工业增加值占地区生产总值的比重（is）”表示区域产业结构（张文彬等，2010）；四是对外开放度变量，选取外资依存度，即“进出口贸易总额占地区生产总值的比重（trade）”表示（Damania & Fredriksson，2003；李后建，2013）；五是社会状况变量，包括人口状况和就业情况，以“年末人口数与区域面积比值的对数（lnpd）”反映人口密度，以“城镇登记失业率（unemployment）”表示当地就业情况（Konisky，2007）；六是反映政府财政能力的财政赤字变量（fd）（杨海生和陈少陵等，2008）。

各变量名、单位和计算方法如表 6－1 所示。

表 6-1　　　　变量计算方法

变量性质	变量名	单位	计算方法
被解释变量	cepolicy	件	累积有效的地方性环保法规规章标准数
	lnpc	元/吨	排污费收入/（二氧化硫排放量+化学需氧量排放量）取对数
核心解释变量	corruption	件/万人	立案侦查贪污贿赂、渎职案件数/公职人员数
	petition	件/家	环境污染信访数/工业企业数
控制变量	$pollution_{t-1}$	吨/万元	滞后一期工业废水排放/工业增加值
	lnpgdp	元/人	人均 GDP 的对数
	$lnpgdp^2$	元/人	人均 GDP 二次项的对数
	is	%	工业增加值/GDP
	trade	%	进出口贸易总额/GDP
	lnpd	人/平方公里	地区人口数/辖区面积取对数
	unemployment	%	城镇登记失业率
	fd	%	财政支出/财政收入

6.3.3 数据来源与描述性统计

地方人大常委和地方政府颁布的环境法规和行政规章数据来源于中国法律法规信息系统，通过手工整理所得。其他数据分别取自于 1998～2014 年各省区市统计年鉴、《中国统计年鉴》《新中国六十年统计资料汇编》《中国工业经济统计年鉴》《中国检察年鉴》《中国环境年鉴》《中国环境统计年鉴》《中国能源年鉴》《中国人口和就业统计年鉴》、国家统计局网站及中国经济与社会发展统计数据库。西藏样本数据缺失较为严重，因此我们最终选取了除西藏和港澳台地区外的中国 30 个省、直辖市、自治区 1998～2013 年的面板数据对本书的核心命题进行实证检验，对现价统计的变量均已提出价格因素，最终得出 1998 年不变价格的各省区市数据，缺失数据以插值法填补，样本统计特征如表 6-2 所示。表 6-3 报告的本书所选用解释变量间的相关系数绝对值均小于

0.7，进一步考察 VIF（方差膨胀因子）（如表 6－4 所示），结果显示所有解释变量的 VIF 值均不超过 10，依据检验法则可知，本书选取的解释变量间不存在多重共线性的问题。

表 6－2　　变量的描述性统计

变量	均值	标准差	最小值	最大值
cepolicy	15.7979	8.3540	2.0000	47.0000
lnpc	5.9462	0.6497	3.2272	7.5610
corruption	29.3994	10.4814	8.1978	65.4783
petition	6.1939	6.4055	0.0194	46.1541
$pollution_{t-1}$	42.8711	34.4883	2.6816	242.3320
lnpgdp	9.5149	0.6998	7.7914	11.3350
is	0.3878	0.0843	0.1249	0.5358
open	0.3178	0.3994	0.0316	1.7778
lnpd	5.3918	1.2543	1.8753	8.2451
unemployment	3.5694	0.7509	0.6200	6.8000
fd	2.1649	0.8781	1.0517	6.7447
样本量　N＝480				

表 6－3　　解释变量的相关系数矩阵

	corruption	petition	$pollution_{t-1}$	lnpgdp	is	trade	lnpd	unemployment	fd
corruption	1.0000								
petition	0.0730	1.0000							
$pollution_{t-1}$	0.3866	0.0916	1.0000						
lnpgdp	－0.4341	0.0857	－0.6801	1.0000					
is	0.0453	－0.1443	－0.4394	0.3950	1.0000				
open	－0.2116	0.3082	－0.3450	0.6160	0.0325	1.0000			
lnpd	0.1181	0.1575	－0.1430	0.4173	0.1548	0.5643	1.0000		
unemployment	0.2521	0.1604	0.0997	－0.1029	0.2027	－0.3401	－0.1766	1.0000	
fd	－0.1415	－0.0841	0.0862	－0.3497	－0.1462	－0.5473	－0.7852	0.2429	1.0000

表 6 - 4　　方差膨胀因子

	corruption	petition	$pollution_{t-1}$	lnpgdp	is	trade	lnpd	unemployment	fd
VIF	1. 73	1. 34	2. 23	3. 64	1. 64	2. 83	2. 97	1. 47	2. 98

6. 3. 4　回归结果分析

1. 基准回归

表 6 - 5 中，稳健的 Hausman 检验结果均拒绝原假设，表明应采用双维固定效应模型，进而在分别考虑是否加入控制变量情形下，经使用 DK（Driscoll and Kraay）方法调整了可能存在异方差、截面相关和自相关的扰动项情形后的估计结果如表 6 - 5 和表 6 - 6 所示。

表 6 - 5　　腐败、公众诉求与环境规制制定的估计结果

解释变量	被解释变量：环境立法（cepolicy）					
	（1）DK	（2）DK	（3）DK	（4）DK	（5）DK	（6）DK
corruption	- 0. 1856 *** (0. 0297)	- 0. 1280 *** (0. 0233)			- 0. 1834 *** (0. 0274)	- 0. 1271 *** (0. 0239)
petition			0. 0607 * (0. 0348)	0. 0408 ** (0. 0174)	0. 0496 * (0. 0284)	0. 0372 ** (0. 0172)
$pollution_{t-1}$		0. 0462 *** (0. 0096)		0. 0484 *** (0. 0101)		0. 0457 *** (0. 0091)
lnpgdp		- 41. 4645 *** (5. 9443)		- 52. 4626 *** (5. 0415)		- 41. 6702 *** (5. 9512)
$lnpgdp^2$		2. 2216 *** (0. 3009)		2. 8362 *** (0. 2964)		2. 2258 *** (0. 3007)
is		- 10. 0615 *** (3. 1468)		- 12. 1921 *** (3. 2303)		- 9. 8193 *** (3. 1692)

续表

解释变量	被解释变量：环境立法（cepolicy）					
	（1）DK	（2）DK	（3）DK	（4）DK	（5）DK	（6）DK
trade		4.4235 *** （1.0478）		4.2737 *** （1.1512）		4.1410 *** （1.0195）
lnpd		−0.1205 （1.9966）		−3.4602 （2.7927）		0.1565 （2.1325）
unemployment		−0.1759 （0.3145）		−0.3271 （0.2979）		−0.2302 （0.2993）
fd		−0.8628 （0.6558）		−1.3063 ** （0.6221）		−0.8772 （0.6498）
常数项	14.7431 *** （0.9392）	203.4122 *** （36.7797）	8.6982 *** （0.0966）	266.3299 *** （30.8392）	14.5370 *** （0.8552）	203.4424 *** （36.2676）
年份固定效应	Yes	Yes	Yes	Yes	Yes	Yes
省份固定效应	Yes	Yes	Yes	Yes	Yes	Yes
（within）R^2	0.60	0.68	0.57	0.66	0.60	0.68
F统计量	1360.09 ***	219.17 ***	378.67 ***	304.07 ***	862.41 ***	529.08 ***
Robust Hausman	4.34 ***	5.22 ***	3.63 ***	4.71 ***	5.04 ***	5.78 ***
修正的 Wald 统计量	2461.07 ***	4022.37 ***	3648.40 ***	4455.28 ***	2173.67 ***	4169.54 ***
CD统计量	−0.65	−1.35	−0.07	−1.05	−0.56	−1.32
Baltagi − Wu LBI	0.48	0.50	0.46	0.50	0.48	0.51
组别	30	30	30	30	30	30
观测值	480	480	480	480	480	480

注：***、** 和 * 分别表示在 1%、5% 和 10% 的统计水平上显著，小括号内的值为标准误；R^2 表示拟合优度，Robust Hausman 为“稳健的 Hausman 检验”统计量，修正的 Wald 统计量为检验扰动项是否截面异方差的统计量；CD 统计量为检验扰动项是否截面相关的统计量；Baltagi − Wu LBI 为检验扰动项是否个体内时序相关的统计量。

表6－5报告了地区腐败水平、公众环保关注度与环境规制制定的回归结果，方程（1）至方程（6）都为双维固定效应的面板数据模型下使用DK方法的估计，方程（1）、方程（3）、方程（5）和方程（2）、方程（4）、方程（6）分别为没有加入控制变量和加入控制变量的估计结果。对比结果发现，核心解释变量腐败程度（corruption）和公众环保重视度（petition）的估计系数和显著度并没未发生较大改变，说明估计结果有一定的稳定性。估计结果显示，地区腐败程度与环境立法均呈现负向显著关系，而公众环保诉求变量（petition）与环境立法的关系显著为正。以方程（6）为例，当每万名公职人员的贪污贿赂立案数增加1个单位，环境立法有效数量降低0.1271。此估计结果与命题6－1结论一致，验证了"地方腐败现象弱化了地区总体的环境规制强度"的假说，也达玛尼亚和弗里克森（2003）及李后建（2013）的研究发现相仿。在方程（6）中的公众环保重视度（petition）变量系数为0.0372，估计结果与命题6－2结论一致，说明我国现行两大表达公众利益的重要机制——环境立法听证制度和环境立法信息公开制度，已经发挥了公众参与环境保护的积极作用，有效推动了我国环境立法严格度不断强化和完善。

表6－6　　腐败、公众诉求与环境规制实施的估计结果

解释变量	被解释变量：排污收费（lnpc）					
	（1）DK	（2）DK	（3）DK	（4）DK	（5）DK	（6）DK
corruption	－0.0103*** （0.0029）	－0.0090*** （0.0025）			－0.0103*** （0.0029）	－0.0091*** （0.0025）
petition			－0.0008 （0.0057）	－0.0056 （0.0046）	－0.0015 （0.0055）	－0.0058 （0.0045）
$pollution_{t-1}$		0.0023** （0.0008）		0.0020** （0.0008）		0.0022** （0.0008）

续表

解释变量	被解释变量：排污收费（lnpc）					
	（1）DK	（2）DK	（3）DK	（4）DK	（5）DK	（6）DK
lnpgdp		1.4328 (1.2629)		0.6941 (1.2539)		1.4651 (1.2730)
$lnpgdp^2$		-0.0315 (0.0647)		0.0115 (0.0656)		-0.0321 (0.0648)
is		-0.1885 (0.3705)		-0.3960 (0.4095)		-0.2266 (0.3996)
trade		0.0388 (0.0836)		0.0927 (0.1130)		0.0832 (0.1138)
lnpd		-1.3755*** (0.3223)		-1.6774*** (0.2863)		-1.4191*** (0.3311)
unemployment		0.0440 (0.0539)		0.0457 (0.0583)		0.0526 (0.0551)
fd		-0.3360*** (0.0885)		-0.3076*** (0.0947)		-0.3382*** (0.0891)
常数项	5.6493*** (0.0917)	3.5034 (7.2325)	5.3265*** (0.0157)	7.9910 (6.9448)	5.6553*** (0.0902)	3.4987 (7.3530)
年份固定效应	Yes	Yes	Yes	Yes	Yes	Yes
省份固定效应	Yes	Yes	Yes	Yes	Yes	Yes
(within) R^2	0.60	0.68	0.57	0.66	0.60	0.68
F统计量	1360.09***	219.17***	378.67***	304.07***	862.41***	529.08***
Robust Hausman	3.62*	5.52***	4.02***	4.15***	5.13**	7.41***

续表

解释变量	被解释变量：排污收费（lnpc）					
	（1）DK	（2）DK	（3）DK	（4）DK	（5）DK	（6）DK
修正的 Wald 统计量	5016.69***	3954.82***	3752.05***	2778.11***	5021.59***	3621.27***
CD 统计量	-1.71	-1.61	-1.96	-1.82	-1.73	-1.53
Baltagi - Wu LBI	0.74	0.94	0.72	0.92	0.74	0.95
组别	30	30	30	30	30	30
观测值	480	480	480	480	480	480

注：***、**和*分别表示在1%、5%和10%的统计水平上显著，小括号内的值为标准误；R^2 表示拟合优度，Robust Hausman 为“稳健的 Hausman 检验”统计量，修正的 Wald 统计量为检验扰动项是否截面异方差的统计量；CD 统计量为检验扰动项是否截面相关的统计量；Baltagi - Wu LBI 为检验扰动项是否个体内时序相关的统计量。

表6-6报告了地区腐败、公众环保关注度与环境规制实施的回归结果，同理，方程（1）至方程（6）都为双维固定效应的面板数据模型下使用 Driscoll and Kraay 方法的估计，方程（1）、方程（3）、方程（5）和方程（2）、方程（4）、方程（6）分别为没有加入控制变量和加入控制变量的估计结果。估计结果显示，地区腐败程度与环境规制实施严格度均呈现负向显著关系，但公众环保诉求变量（petition）与环境规制实施严格度的关系不显著。以方程（6）为例，地区腐败对规制实施的影响系数为-0.0091，与前述的命题6-1仍然一致，说明中国的确存在通过游说或贿赂政府相关部门工作人员降低规制执行严格度的证据，利益链下的“保护伞”成为控制污染排放的绊脚石。然而，表6-6中公众环保关注度对排污收费强度影响效应不显著。对此可能的解释是，排污收费制度通常由地方环保部门负责实施，遵循“污染排放申报—排污审核—排污费收取—排污费上缴”的步骤，先由排污企业自行

向官方提交信息，包括企业基本信息（如所属行业、使用的原材料、主要产品、员工数等）和污染排放信息（如工业“三废”排放量、主要污染物的浓度等），当地环保相关部门通过比对实际使用的原材料、产出及历史污染排放等信息数据，加上对排污企业进行不定期地突击执法检查，经信息核实后再确认企业月度或季度应上缴的排污费。在此过程中，由于缺乏排污费征收的信息公开机制，因而不易被大众获知，公众并未能对规制实施的具体过程起到真正的监督作用。

控制变量的估计结果中，滞后一期的污染排放水平（$pollution_{t-1}$）与地区环境规制强度呈同向显著关系，结论符合直觉，环境规制在制定实施过程中的强度通常与本地生态环境资源状况相吻合，污染破坏越严重的地区对环境治理有更高的需求（Wang et al.，2002）。经济增长变量（lnpgdp）及其平方项与环境规制强度大体呈现“U”型关系，与“EKC”的逻辑一致，在经济发展过程中，环境状况先是恶化而后得到逐步改善，即人均收入与环境污染存在倒“U”型关系，再映射至环境规制强度则体现为人均收入与环境规制的“U”型关系。工业占比（is）对环境规制强度表现出制约作用，这说明在对工业的依赖程度高的地区，维持经济效益的强烈意愿会提高环境污染的容忍度，致使当地政府在制定和实施环境政策时趋向于“松绑”。对外贸易开放度（open）对环境规制有正向的影响，绿色产品在国际市场上备受青睐，我国出口的产品在几大主要贸易对象的市场准入上相继陷入绿色贸易壁垒的尴尬境地，为保持贸易优势，地区环境规制强度得以强化，以此促使企业采用绿色技术、张贴绿色标签，维持竞争力。在人口密度较大、失业率较高及财政赤字严重的地区，企图通过保证经济增长减缓人口和就业市场压力及政府财政紧张情形，因此环境规制强度较为松懈，在环境规制制定、实施和违规惩治的不同变量估计结果中，出现了负向显著关系。

2. 稳健性检验

为确保本书关键指标的稳健性，本书分别寻找腐败和公众诉求的替代变量。首先，使用王小鲁等（2015）发布的《中国分省企业经营环境指数2013年报告》中包含的“政府廉洁”指数，鉴于该报告只包含28个省区市的2006年、2008年、2010年和2012年的数据，因而本书仅采用“政府廉洁指数（GCPI）”指标作为“腐败”变量稳健性分析。“政府廉洁”指数与前文的“腐败”变量正好相反，“政府廉洁”指数越高，说明该地区腐败现象越少。其次，以“环境污染”作为关键词进行谷歌趋势搜索，并进行地区分类，可以得到1998～2009年30个省份的“互联网公众对环境问题的关注度指数（IRPI）”作为“环境信访”变量的稳健性分析。回归结果见附表10和附表11，表中所关注的解释变量系数及显著性与正文的结论一致。

6.4 环境规制的内生机制与地区工业环境效率的实证分析

前文的实证结果表明，腐败和公众诉求分别会弱化和提高地区环境规制强度水平，意味着环境规制对地区工业环境效率的影响可能受到二者的调节作用，因此本节考虑分别加入腐败水平和公众诉求的变量之后环境规制对工业环境效率的影响结果。

6.4.1 计量回归模型的设定

式（6-23）中，下标i和t分别表示地区（省份）和时期（年份），EE为地区工业环境效率的变量，corruption为腐败水平的变量，petition为公众环保诉求强度的变量，ER为环境规制变量，Z为变量corruption或petition，X为控制变量，u表示个体效应，v表示时期效应，ε为随机扰动项。

$$EE_{it} = \alpha_2 + \beta ER_{it} + \gamma_2 corruption + \lambda_2 petition + \eta ER_{it} * Z + X_{2it}\delta_2 + u_{2i} + v_{2t} + \varepsilon_{2it} \quad (6-23)$$

式（6－23）中的变量指标与前文所用指标相同，因此后文省去指标选取和数据来源的介绍。

6.4.2 回归结果分析

表6－7方程（2）的估计结果发现，地区腐败水平变量（corruption）系数为－0.0021，并通过了1%的显著性水平统计检验，说明腐败现象制约了工业环境效率的提升；方程（3）中，腐败与环境立法的交乘项（cepolicy × corruption）呈现显著的倒“U”型关系，与环境立法变量（cepolicy）的符号正好相反，但系数值较小；方程（4）中，腐败与排污收费强度的交乘项（lnpc × corruption）系数为0.0015，却不显著，与方程（1）相比，在控制了腐败的因素之后，变量（lnpc）的系数增加0.0094，说明腐败现象会弱化排污收费制度自身的正向促进作用，使之不能显著发挥功效。回归结果显示，腐败不仅能直接导致环境效率的下降，而且通过影响环境规制的制定和实施强度会扭曲规制本身的作用效果。腐败直接导致环境效率下降的原因在于：首先，腐败破坏了环境资源的产权保护，大量的“副产品（污染）”伴随着生产过程被生产，会极大地降低环境效率；其次，腐败类似于税收，并且其非法性和隐蔽性会使其比税收带来更大的投资扭曲，资源扭曲配置导致效率下降；再次，寻租具有规模报酬递增的特征，这将破坏企业的创新活动，本应投入科研创新上的资金、人才等资源被转移至寻租活动，阻碍了效率的提高（Murphy et al.，1993）。

表 6－7　　腐败、环境规制与地区工业环境效率的估计结果

解释变量	被解释变量：工业环境效率（EE）			
	（1）DK	（2）DK	（3）DK	（4）DK
cepolicy	－0.0320 *** （0.0035）	－0.0355 *** （0.0039）	－0.0355 *** （0.0051）	－0.0353 *** （0.0037）
$cepolicy^2$	0.0007 *** （0.0001）	0.0008 *** （0.0001）	0.0008 *** （0.0001）	0.0008 *** （0.0001）
lnpc	0.0278 * （0.0157）	0.0362 *** （0.0129）	0.0358 *** （0.0116）	0.0372 *** （0.0128）
etps	0.0080 （0.0204）	－0.0042 （0.0149）	0.0015 （0.0172）	－0.0021 （0.0149）
corruption		－0.0021 *** （0.0007）	－0.0019 ** （0.0008）	－0.0020 *** （0.0007）
cepolicy × corruption			0.0005 *** （0.0001）	
$cepolicy^2$ × corruption			－0.000008 ** （0.0000）	
lnpc × corruption				0.0015 （0.0010）
控制变量	Yes	Yes	Yes	Yes
年份固定效应	Yes	Yes	Yes	Yes
省份固定效应	Yes	Yes	Yes	Yes
within R^2	0.62	0.66	0.66	0.66
F 统计量	2656.21 ***	16846.68 ***	603467.96 ***	8456.91 ***
组别	30	30	30	30
观测值	510	480	480	480

注：***、** 和 * 分别表示在 1%、5% 和 10% 的统计水平上显著，小括号内的值为标准误，R^2 表示拟合优度。

表6-8方程（2）的估计结果发现，公众环保诉求变量（petition）系数为0.0014，在10%的显著性水平下通过统计检验，表明公众监督机制的强化能直接促进地区工业环境效率的提高。因为地区公众监督参与度越高意味着公众的环保诉求越强，反映了该地区的低碳环保理念更先进，这种价值观能够直接影响和间接调控国家的“绿色走势”，对企业的低碳技术创新研发和推广运用能起到一定的激励作用（彭星等，2013），从而促使效率的提高。方程（3）中，公众诉求与环境立法的交乘项（cepolicy × petition）呈现显著的“U”型关系，与环境立法变量（cepolicy）的符号一致，说明环境立法在公众参与监督的条件下，严格度会更高。由于表6-6中，公众诉求对排污收费强度影响不显著，因而在此并未加入二者交乘项加以考察，但在控制了公众监督的因素之后，变量（lnpc）的系数增加0.0246，说明虽然排污费征收过程具有隐蔽性，但公众环保诉求依然对该制度的治理效应间接产生的了促进效应。

表6-8　　公众诉求、环境规制与地区工业环境效率的估计结果

解释变量	被解释变量：工业环境效率（EE）		
	（1）DK	（2）DK	（3）DK
cepolicy	-0.0320 *** (0.0035)	-0.0301 *** (0.0021)	-0.0297 *** (0.0036)
$cepolicy^2$	0.0007 *** (0.0001)	0.0007 *** (0.0000)	0.0006 *** (0.0001)
lnpc	0.0278 * (0.0157)	0.0226 ** (0.0092)	0.0472 *** (0.0152)
etps	0.0080 (0.0204)	-0.0096 (0.0107)	-0.0074 (0.0126)
petition		0.0014 * (0.0008)	0.0112 ** (0.0042)

续表

解释变量	被解释变量：工业环境效率（EE）		
	（1）DK	（2）DK	（3）DK
cepolicy × petition			-0.0013** (0.0005)
$cepolicy^2$ × petition			0.00003** (0.0000)
控制变量	Yes	Yes	Yes
年份固定效应	Yes	Yes	Yes
省份固定效应	Yes	Yes	Yes
within R^2	0.62	0.61	0.66
F 统计量	2656.21***	12357.59***	102234.96***
组别	30	30	30
观测值	510	480	480

注：***、** 和 * 分别表示在 1%、5% 和 10% 的统计水平上显著，小括号内的值为标准误，R^2 表示拟合优度。

6.5 本章小结

本章在第5章的基础上，进一步考虑环境规制的制度形成机制，在私利社会关系网所导致的腐败现象这一背景之下，探讨环境规制失灵的情况。首先，以规制俘获理论和寻租理论为主要理论依据，将权力行使主体（地方政府机构）视为同时考虑社会福利和追逐个人私利的“经济人”，进而探讨考虑其在环境规制制度供给时如何同时受被规制对象（排污企业）和社会公众的双重影响。其次，依据理论分析构造包含中央政府、地方政府、被规制对象（企业）和公众四大主体的理论模型，地方政府的目标函数中包含社会福利和个人私利两个部分，通过运用现任政府和排污者三阶段博弈模型分析环境规制内生形成过程，进而得出相关理论命题。最后，运用中国30个省、直辖市、自治区1998~2013年的面板数据对本书的核心命题进行实证检验，并进一步考察在腐败和公众环保诉求（公众参与和监督）的调节作用下环境规制对地区工业环境效率的效应，得到以下主要结论：

第一，地方腐败现象弱化了地区总体的环境规制强度。在我国现行的以政府为主导的污染防治管制体制下，科层制特征决定了中央与地方在环境问题上的分权而治，地方环境规制机构易受被规制对象的“俘获”。规制俘获即腐败的后果体现在环境规制政策的设计和环境规制政策的实施两个层面。经实证回归检验，地区腐败程度与环境立法和环境规制的实施均呈现负向显著关系，说明中国的确存在通过游说或贿赂政府相关部门工作人员降低规制制定及执行严格度的证据，利益链下的“保护伞”成为控制污染排放的绊脚石。

第二，地区公众环保诉求越强，公众参与度越高，会促使地方政府对排污企业施行的环境规制趋严。地方政府在环境制度供给过程中，不仅受到被规制对象（排污企业）的影响，公众的监督也起到了一定的约束作用，主要通过环境立法听证制度和环境立法信息公开机制、对排污企业通过以信访、举报甚至示威游行等方式直接与当地环保规制机构互动，或向上级人民政府表达对当地环境污染的不满和质量改善的需求等方式优化地方政府及相关环保部门的行为，使之为当地公民提供更好的服务。实证结果显示，中国的公众环保诉求度与环境立法的关系显著为正，但与环境规制实施严格度的关系不显著，说明以排污费征收制度为典型代表的环境执法，缺乏信息公开机制，不易被大众获知，公众并未能对规制实施的具体过程起到真正的监督作用。

第三，地方腐败现象不仅能直接导致环境效率的下降，而且通过影响环境规制的制定和实施强度会扭曲规制本身的作用效果，而公众监督机制的强化能直接促进地区工业环境效率的提高，且环境立法在公众参与监督的条件下，严格度也会更高，能更早促使“U”型拐点的到达，对工业环境效率的综合促进效果也会更大。腐败直接导致环境效率下降的原因一方面在于破坏了环境资源的产权保护，大量的“副产品（污染）”伴随着生产过程副产品被生产，极大地降低环境效率；另一方面破坏企业的创新活动，本应投入科研创新上的资金、人才等资源被转移至寻租活动，阻碍了效率的提高。而公众环保诉求度的提高能够直接影响和间接调控国家的“绿色走势”，对企业的低碳技术创新研发和推广运用能起到一定的激励作用。

第 7 章

研究结论、政策建议和展望

本章将对全文得到的主要结论进行梳理，根据分析结果提出相应的政策建议，特别是对如何制定、实施和监督环境规制进行说明，最后将给出有关该问题进一步研究的思路和展望。

7.1 本书主要结论

本书分别展开了对中国环境规制的演进轨迹与特征，中国工业环境效率的测算和分析，环境规制对中国地区工业环境效率的影响方式、机制和途径，腐败、公众环保诉求影响环境规制的治理效应等方面的理论和实证研究，基本回答了本书开篇提出的四大方面的问题，主要研究结论如下：

问题一：中国环境规制是如何演变的？其有何特征？

本书主要从中国环境法制、环境管理体制及主要环境规制工具的实践三个方面回顾了环境规制的演变特性。中国环境法制化大致经过了环境规制的萌芽（新中国成立至 20 世纪 70 年代末）、起步（20 世纪 70 年代末至 80 年代末）、发展（20 世纪 80 年代末至 90 年代末）、完善

（21 世纪初至今）四个阶段，掀起了三次立法高潮，具体立法进程中，历经了环境立法范围从“中央”到“地方”的转变，立法理念从“人类中心主义”到“非人类中心主义”的转变；污染防治立法内容从“末端治理”到“源头削减、过程控制”的转变。环境管理体制的变迁阶段分为初创时期（1971～1979 年《环保法》试行前）、发展时期（1979～1989 年《环保法》试行期间）和形成时期（1989 年《环保法》施行后）三个阶段，环境治理监控方式表现出“点源控制”向“区域联防联控”改变。在我国现行的主要环境规制工具实践中，仍表现出以“命令—控制型为主、市场激励型为辅”的局面，政府在环境治理中扮演着重要角色，而自愿性环境规制仍处于起步阶段，公众参与环境保护的程度也远远不够，但我国已经开始意识到，必须充分利用政府的权威性、市场的高效性、企业的自愿性、社会组织的公益性及公众的公正性等优势，环境治理已逐步从“政府管制”朝着政府、企业、社会“多远共治”的模式转变。

问题二：全国及各区域的工业经济和生态环境和谐发展度如何？从时间和空间上分别呈现何种趋势规律？

中国工业环境效率水平整体偏低，全国范围来看，时间上呈上升的动态变化趋势，空间上呈“东高西低”的非均衡特征，高效率地区主要聚集于以环渤海、长三角、珠三角三大经济圈为核心的东部一线“弓”型区域和长江经济带附近；分区域结果为东部工业环境效率稳步上升，中部缓慢上升，西部趋于分化。总体核密度函数分布曲线呈现向右平移的趋势，形状上由“单峰”向“双峰（多峰）”改变，峰度上出现了由尖峰向宽峰发展变化的趋势，说明中国省域间工业的经济与环境协调度具有非均衡发展特征，且差距明显。中国工业绿色发展空间非均衡问题主要来源于区域间差距，自“十一五”开始，东部与中部、西部地区间、中部与西部之间的差距持续扩大。全国工业环境效率在 1997～2006 年趋于收敛，2007～2013 年出现发散的态势；从三大区域来看，东部工业环境效率波动向下，σ 收敛趋势明显，中部地区各省份工业环境效率具有轻微发散趋势，西部工业环境效率呈现“先收敛、后发散”特征；绝对 β 收敛与 σ 收敛分析的检验结果基本吻合，仅东部地区的工业环境效率存在绝对 β 收敛，而全国及三大经济区的工业环境效率都存在条件 β 收敛。

问题三：中国现行的环境规制工具治理效应如何，何种类型规制工具能够更好地促进工业绿色转型？其途径和作用机制是什么？

全国范围的命令—控制型规制手段对地区工业环境效率的影响呈现“U”型关系，基于市场激励机制下“利用市场”的规制工具——排污收费制度的回归系数显著为正，而“建立市场”的规制工具——排污权交易机制在我国并未找到能产生显著效应的证据。由此说明，市场激励型比命令—控制型规制工具更具减排灵活性和激励长效性，更易实现对地区工业环境效率的正向效应，但“利用市场”的规制工具——排污收费制度这一减排手段的成熟运用挤压了“建立市场”的规制工具——排污权交易机制的空间。此外，我国环境法制的完善对政府“利用市场”起到一定的促进作用，但“建立市场”的法制体系尚未健全。分区域估计结果显示，东部地区的规制运行整体优于中部、西部地区，西部次之，中部最差。

工业环境效率的优化可源于技术效应和结构效应两个方面的因素，技术效应为给定产业结构不变的条件下，生产效率或治污效率的升级；结构效应为该地区的产业结构由“肮脏”向“清洁”行业的转变；环境规制可通过技术效应和结构效应两种渠道促进地区工业环境效率优化，但不同的环境规制工具影响地区工业环境效率的机制渠道存在差异性。其中，工业治污效率对环境规制的敏感度最强，此外命令—控制型的环境立法还可通过结构效应，即限制污染产业市场准入、引导地区工业结构变迁对效率产生影响，而“利用市场”的经济激励型规制工具主要通过技术效应影响效率，且对生产效率和治污效率的作用存在“此消彼长”的替代效应特性。

问题四：环境制度的内在形成机制是什么？在被规制对象（排污企

业）和被保护对象（社会公众）的双重影响下，环境规制强度会有何变化？进而对工业绿色转型产生什么影响？

被规制对象（排污企业）和被保护对象（社会公众）对地方政府治理环境产生较大影响，地方腐败弱化了地区总体的环境规制强度，而公众参与度环境治理会促使地方政府对排污企业施行的环境规制趋严。在我国现行的以政府为主导的污染防治管制体制下，科层制特征决定了中央与地方在环境问题上的分权而治，地方环境规制机构易受被规制对象的“俘获”，中国规制俘获也即腐败的后果体现在环境规制政策的制定和实施两个层面。但地方政府在环境制度供给过程中，不仅受到被规制对象（排污企业）的影响，公众的环保诉求也起到了一定的约束作用，中国在公众参与监督的条件下环境立法趋于严格，但由于规制实施的具体过程缺乏信息公开机制，不易被大众获知，致使公众监督机制失效。

地方腐败现象不仅能直接导致环境效率的下降，而且通过影响环境规制的制定和实施强度会扭曲规制本身的作用效果，而公众监督机制的强化能直接促进地区工业环境效率的提高，且环境立法在公众参与监督的条件下，严格度也会更高，能更早促使“U”型拐点的到达，对工业环境效率的综合促进效果也会更大。

7.2 政策建议

第一，以“科学发展观”为指导，加快工业经济发展方式，推进“生态文明”建设，打造“美丽中国”。生态环境保护与经济发展密不可分，一方面生态环境的恶化是经济粗放型增长、大量消耗自然资源和排放污染物的结果；另一方面，生态环境的治理与改善需要经济发展作为动力和支撑。然而，这并不意味着中国的经济发展和生态保护可以遵循发达国家“先污染、后治理”的路径，尤其是效率值逐渐下降的西部省份，其资源环境超负荷，必须坚持以可持续发展为核心的科学发展观，积极促进经济发展方式由粗放型向集约型转变，实现经济发展与生态保护的动态协调，构建包括“生态文明”在内的“五位一体”全面发展。

第二，构建政府与市场分权而治的全方位环境规制体系，采用命令—控制型和市场激励型相结合的复合型环境规制工具。具体建议如下：一是对于命令—控制型的环境规制，防范资源环境管理中的政府失灵，健全事前环境立法内容、事后监督管理体制。出台《生态文明建设绩效考核实施办法》，提高生态文明指标在地方官员晋升考核中的权重，通过制度有效激励和促使地方政府转变执政理念，遏制以牺牲资源环境换取高增长的短视行为，尽量避免地方政府为当地企业提供政治庇护、权力寻租致使政府失灵。合理确定环境政策目标，积极修订完善相关法律法规，细化项目许可、区域限批、污染物排放的浓度标准、企业技术标准、法律责任等条款内容，增强操作性，确保命令—控制型规制工具实施时有法律保障的参照系可依。监督惩罚环节提高环境监察机构级别和独立性，实行环境执法责任制，坚决取缔严重违规企业。地方政府依据产业基础和资源环境保护目标出台《产业发展指导目录》，限制规模小、产能弱、效率低、污染重的传统企业，规划引导工业结构清洁化，在新兴产业带动下促进产业转型升级。二是对于市场激励型的环境规制，重点深化排污收费制度、尽快推广排污权交易制度。适时调整“利用市场”的代表性环境规制工具——排污费征收的范围、方法、额度等，建立环保资金收支信息公开披露制度。“建立市场”的环境政策对市场依赖性更强，要求具备充分竞争的市场环境，构建统一的排污权交易和碳交易市场，政府应扮演好“狩猎人”的角色，建立一套交易制度，包括市场准入规则、一级市场确定配额总量的方法体系、配额发放竞争机制（逐步从免费为主、有偿发放为辅的模式向拍卖分配配额模式过渡）、二级市场的交易规则等；筹备建立企业能耗监测系统，引入独立的第三方机构，对减排数据进行认证核查确保准确性，依法依规实施监督职能。充分利用市场机制激发“波特假说”中的“技术创新补偿”

效应，丰富激励绿色技术创新、工业技改“机器换人”等鼓励性法律条文，完善绿色专利制度。三是因地制宜分区域制定和实施环境政策，构建区域间环境保护的协调补偿机制。中国区域经济发展水平和生态环境禀赋呈现非均衡特征，各地应按照国家主体功能区战略和规划的要求，结合自身经济目标和生态承载能力，突出地方立法特色、合理运用规制工具、严格实施节能减排政策。东部地区市场化程度高、交易成本低，应突破传统的政府主导型规制方式，重点建设排污权和碳排放权交易市场，发挥市场配置资源功效，促使企业主动履行环境责任。中部、西部地区，强化绿色环保发展理念，依托强制性行政规制工具见效快的优势，更多依靠政府力量治理生态环境，优化地区工业发展模式，避免在“中部崛起”和“西部大开发”战略带动下使生态脆弱地区沦陷为“三高”产业转移的“避难所”，落入盲目追逐经济利益的不可持续、掠夺式发展模式的陷阱。此外，在中央财政纵向转移支付模式基础上，推动地区间建立横向生态补偿制度，弥补欠发达地区生态建设投入及经济发展的机会成本，平衡区域间的环境效率水平。

第三，规范地方政府行为，调动企业、公民和非政府组织等各种利益群体的力量，共同参与环境治理。腐败的根源在于地方政府拥有太多控制资源的权利，若缺乏有效监督，势必演化为寻租或设租的能力（田国强，2013）。因此，必须坚定不移地进一步推进市场化改革，充分界定政府和市场的边界，发挥市场在经济运行中的主导作用，减少地方政府官员的干预，有利于弱化政企间的合谋，降低地区腐败程度，改善环境质量、提高效率。可从以下三个方面采取措施破除其“利益关系网”：一是将环境保护纳入地方政府官员绩效考核中标体系，从政治激励上给予地方政府环境保护的压力，使地方官员“不愿腐”。推动相关官员贯彻实施环境保护政策，引导地区企业清洁生产，提倡循环经济模式，实现经济可持续发展。二是加强反腐法制建设，强化中央对地方政府的监督作用，使地方官员“不敢腐”。三是推进完善官员异地交流机制，抑制腐败的滋生和蔓延，使地方官员“不能腐”。官员任期越稳定，越易建立政企间的“人情网”，导致官员在污染防控方面的监督不力，破坏地方立法和执法的有效性。此外，各地应积极促成“政府—企业—公众”在污染减排行动中的互动模式。企业身为环境污染的制造者，需要对污染治理承担直接的主体责任，新《环境保护法》规定了企业在环境保护方面的9大责任，企业需主动承担相关法律责任甚至超越法律的环境责任将环境规制内部化。企业主要可从以下三个方面入手：一是要树立绿色发展理念，创建公司绿色经营文化；二是自觉遵守“法制化的公序”，推进治污减排，改善生产技术，发展绿色产业；三是主动以ISO14000环境质量认证体系作为生产标准，发挥行业协会通过“组织化的私序”在环境治理中的作用。对环保公益组织、公众人群、大众媒体等社会主体而言，既是污染的受害者，也是生活型和消费型污染的产生者，一方面需要履行环境监督者的权利，维护自身利益，另一方面需要主动践行自身环保责任，通过改变消费行为和生活方式，减少环境污染。目前，我国公众的环保意识较为缺乏，现有的环境听证会制度、环境信息披露机制、行政诉讼制度的不健全限制了公众参与环保监督的途径，发展滞后的环保组织在我国的作用效力更是匮乏。因此，加强环保教育，改革和完善环境听证、环境信访、环境信息披露、环境行政诉讼及环保组织建设等措施，有利于发挥社会公众在改善地区环境质量中的推动作用。

7.3 进一步研究展望

有关环境规制对工业环境效率影响的研究方兴未艾、不断涌现，本书立足中国实际，试图从理论和实证两个方面，详细说明影响机制和效应，但本书的研究仍有不足和缺憾，结合相关领域的发展动向，笔者认为可以在以下几个方面继续展开研究：

第一，在工业环境效率的测算方法上，从中国地区划分特点和经济结构特征出发，使用更加有效的测度方法。首先，在构建生产前沿面时，学者大多使用序列 DEA 或全局 DEA 模型，由于中国存在较大的地区差异，因而基于共同前言的方法计算环境效率可能更具现实意义。其次，DDF – DEA 模型及 SBM – DEA 模型在当前运用更为广泛，而新兴的分阶段 DEA 模型，如网络 DDF – DEA 模型、网络 RAM – DEA 模型、网络 SBM – DEA 模型等测算方法是一个较为有价值的改进方向。

第二，在构建环境规制与环境效率的理论模型上，引入不同类型环境规制的参数进行分析。鉴于理论模型的复杂度较高，本书在模型中并未区分不同类型的环境规制，仅通过刻画排污收费（或排污税）参数代表政府对污染排放主体的管制约束程度，针对不同类型环境规制的作用方式，在书中仅以定性分析的方式来替代。在此基础上，将不同类型的规制方式在理论模型中进行刻画，并能推导出数理化的结论，使得命题更具严谨性，将对该主题的研究赋予重要的意义。

第三，在实证研究的样本数据上，由宏观研究扩展到微观研究。由于缺乏企业污染排放数据的公开平台，该数据在当前仍旧比较敏感，可获取性存在较大困难，因而大多环境效率测算的研究局限于宏观国家层面、省级层面或特定产业层面，虽有少量文献扩展至地市级的数据，但研究结论的可信度不高。此外，系统的环境规制数据更为匮乏，难以由省级扩展到地市级、甚至区县级，更加清楚、多层次的说明中国环境规制的治理效应。随着微观的能源消耗、污染排放、环境监管等相关统计数据库的建立，针对微观领域的研究可为规制体系的完善提供更加可靠的经验证据支持。

附　　表

附表 1　　　　中国主要的环境保护法律法规一览表（部分）

<table>
<tr><th colspan="2">类别</th><th>主要法律法规</th><th>颁布单位</th></tr>
<tr><td colspan="3">《中华人民共和国宪法》——第九条第二款、第十条第五款、第 26 条。</td><td>全国人大</td></tr>
<tr><td colspan="3">《环境保护法》（1979. 09. 13 试行、1989. 12. 26 正式颁布实施、2014. 04. 24 修订）：6 项基本制度——①环境影响评价制度；②“三同时”制度；③排污收费制度；④许可证制度；⑤限期治理制度；⑥环境污染与破坏事故的报告及处理制度</td><td>全国人大常委会</td></tr>
<tr><td rowspan="17">污染和其他公害防治</td><td rowspan="4">水污染</td><td rowspan="3">《中华人民共和国水污染防治法》（1984. 05. 11 通过、1996. 05. 15 修正、2008. 02. 28 修订）
《中华人民共和国水污染防治法实施细则》（1989. 07. 12 - 已废止、2000. 03. 20）</td><td>全国人大常委会</td></tr>
<tr><td>国家环保局</td></tr>
<tr><td>国务院</td></tr>
<tr><td>《水污染物排放许可证管理暂行办法》（1988. 03. 20 颁布、2007. 10. 08 失效）</td><td>国家环保总局</td></tr>
<tr><td rowspan="4">大气污染</td><td rowspan="2">《中华人民共和国大气污染防治法》（1987. 09. 05 通过、1995. 08. 29 修正、2000. 04. 29 第一次修订、2015. 8. 29 第二次修订）
《中华人民共和国大气污染防治法实施细则》（1991. 05. 24 通过、2001. 10. 06 失效）</td><td>全国人大常委会</td></tr>
<tr><td>国家环保局</td></tr>
<tr><td>《汽车排气污染监督管理办法》（1990. 08. 15）</td><td>国家环保局等</td></tr>
<tr><td>《中华人民共和国防沙治沙法》（2001. 08. 31）</td><td>全国人大常委会</td></tr>
<tr><td rowspan="9">固体废物污染</td><td>《中华人民共和国固体废物污染环境防治法》（1995. 10. 30 通过、2004. 12. 29 修订、2013. 06. 29 修正）</td><td>全国人大常委会</td></tr>
<tr><td>《医疗废物管理条例》（2003. 06. 16 颁布、2011. 01. 08 修订）</td><td>国务院</td></tr>
<tr><td>《危险废物经营许可证管理办法》（2004. 05. 30）</td><td>国务院</td></tr>
<tr><td>《放射性废物安全管理条例》（2011. 12. 20）</td><td>国务院</td></tr>
<tr><td>《城市放射性废物管理办法》（1987. 07. 16）</td><td>国家环保局</td></tr>
<tr><td>《防止船舶垃圾和沿岸固体废物污染长江水域管理规定》（1997. 12. 24）</td><td>交通部等</td></tr>
<tr><td>《医疗废物管理行政处罚办法》（2004. 05. 27 颁布、2010. 12. 22 修正）</td><td>卫生部等</td></tr>
<tr><td>《电子废物污染环境防治管理办法》（2007. 09. 27）</td><td>国家环境保护总局</td></tr>
<tr><td>《放射性固体废物贮存和处置许可管理办法》（2013. 12. 30）</td><td>环境保护部</td></tr>
</table>

续表

类别		主要法律法规	颁布单位
污染和其他公害防治	环境噪声污染	《中华人民共和国环境噪声污染防治法》(1996.10.29)	全国人大常委会
		《中华人民共和国环境噪声污染防治条例》(1989.09.26 颁布、1997.03.01 失效)	国务院
资源保护	海洋	《中华人民共和国海洋环境保护法》(1982.08.23 通过、1999.12.25 修订、2013.12.28 修正)	全国人大常委会
		《中华人民共和国海岛保护法》(2009.12.26 通过)	全国人大常委会
		《中华人民共和国海洋石油勘探开发环境保护管理条例》(1983.12.29)	国务院
		《中华人民共和国海洋石油勘探开发环境保护管理条例实施办法》(1990.09.20)	国家海洋局
		《中华人民共和国防止船舶污染海域管理条例》(1983.12.29 颁布、2010.03.01 失效) 《防治船舶污染海洋环境管理条例》(2009.09.09 颁布、2013.12.07 修正、2013.07.18 修正)	国务院
		《中华人民共和国海洋倾废管理条例》(1985.03.06 颁布、2011.01.08 修订)	国务院
		《中华人民共和国海洋倾废管理条例实施办法》(1990. 09. 25)	国家海洋局
		《中华人民共和国防治陆源污染物污染损害海洋环境管理条例》(1990.06.22)	国务院
		《中华人民共和国防治海岸工程建设项目污染损害海洋环境管理条例》(1990.06.25 颁布、2007.09.25 修正)	国务院
		《防治海洋工程建设项目污染损害海洋环境管理条例》(2006.09.19)	国务院
		《中华人民共和国船舶及其有关作业活动污染海洋环境防治管理规定》(2010.11.16 颁布、2013.08.31 修正、2013.12.24 修正)	交通运输部
	水资源	《中华人民共和国水法》(1988.01.21 通过、2002.08.29 修订)	全国人大常委会
		《取水许可制度实施办法》(1993.08.01 颁布、失效 2006.04. 15) 《取水许可和水资源费征收管理条例》(2006.02.21)	国务院

续表

类别		主要法律法规	颁布单位
资源保护	水产资源	《中华人民共和国渔业法》（1986.01.20 通过、2000.10.31 修正、2004.08.28 修正）	全国人大常委会
		《中华人民共和国渔业法实施细则》（1987.10.20）	农牧渔业部
		《渔业资源增殖保护费征收使用办法》（1988.10.09 颁布、2011.01.08 修正）	农业部
		《渔业行政处罚规定》（1998.01.05）	农业部
		《渔业捕捞许可管理规定》（2002.08.23 颁布、2004.07.01 修正）	农业部
		《远洋渔业管理规定》（2003.04.18 颁布、2004.07.01 修正）	农业部
	水土保持	《中华人民共和国水土保持法》（1991.06.29 通过、2010.12. 25 修订）	全国人大常委会
		《中华人民共和国水土保持法实施条例》（1993.08.01 通过、2011.01.08 修正）	国务院
		《水土保持工作条例》（1982.06.30 颁布、1991.06.29 失效）	国务院
		《开发建设项目水土保持方案编报审批管理规定》（1995.05.30 颁布、2005.07.08 修正）	水利部
		《水土保持生态环境监测网络管理办法》（2000.01.31）	水利部
		《开发建设项目水土保持设施验收管理办法》（2002.10.14 颁布、2005.07.08 修正）	水利部
		《生产建设项目水土保持监测资质管理办法》（2011.12.02）	水利部
	土地资源	《中华人民共和国土地管理法》（1986.06.25 通过、1988.12.29 修正、1998.08.29 修订、2004.08.28 修正）	全国人大常委会
		《中华人民共和国土地管理法实施条例》（1991.01.04 颁布－已失效、1998.12.27 颁布、2011.01.08 修正）	国务院
	森林资源	《中华人民共和国森林法》（1979.02.23 试行、1984.09.20 通过、1998.04.29 修正）	全国人大常委会
		《中华人民共和国森林法实施细则》（1986.05.10－已失效）	林业部
		《中华人民共和国森林法实施条例》（2000.01.29、修订 2011.01.08）	国务院
		《森林和野生动物类型自然保护区管理办法》（1985.07.06）	国务院
		《森林采伐更新管理办法》（1987.09.10 颁布、2011.01.08 修正）	林业部
		《森林防火条例》（1988.01.16 颁布、2008.12.01 修正）	国务院
		《森林病虫害防治条例》（1989.12.18）	国务院

续表

类别		主要法律法规	颁布单位
资源保护	草原	《中华人民共和国草原法》（1985.06.18 通过、2002.12.28 修订、2013.06.29 修正）	全国人大常委会
		《草原防火条例》（1993.10.05 颁布、2008.11.29 修订）	国务院
		《草原征占用审核审批管理办法》（2006.01.27）	农业部
	野生动植物	《中华人民共和国野生动物保护法》（1988.11.08 通过、2004.08.28 修正）	全国人大常委会
		《中华人民共和国水生野生动物保护实施条例》（1993.10.05 通过、2011.01.08 修正）	林业部
		《中华人民共和国陆生野生动物保护实施条例》（2011.01.08）	林业部
		《国家重点保护野生动物名录》（1989.04.14 颁布、2003.02.21 修正）	林业部、农业部 国家林业局
		《中华人民共和国水生野生动物利用特许办法》（1999.06.24 颁布、2004.07.01 修正、2010.11.26 修正）	农业部
		《中华人民共和国野生植物保护条例》（1996.09.30）	国务院
		《农业野生植物保护办法》（2002.09.06）	农业部
	矿产资源	《中华人民共和国矿产资源法》（1985.06.18 通过、1996.08. 29 修正）	全国人大常委会
		《中华人民共和国矿产资源法实施细则》（1994.03.26）	国务院
		《矿产资源补偿费征收管理规定》（1994.02.27 颁布、1997.07.03 修正）	国务院
		《矿产资源开采登记管理办法》（1998.02.12）	国务院
		《矿产资源勘查区块登记管理办法》（1998.02.12）	国务院
	煤炭	《中华人民共和国煤炭法》（1996.08.29 通过、2009.08.27 修正、2011.04.22 修正、2013.06.29 修正）	全国人大常委会
		《煤炭生产许可证管理办法实施细则》（1995.03.29）	煤炭工业部

续表

<table>
<tr><th colspan="2">类别</th><th>主要法律法规</th><th>颁布单位</th></tr>
<tr><td colspan="2" rowspan="4">资源利用</td><td>《中华人民共和国清洁生产促进法》（2002.06.29 通过、2012.02.29 修正）</td><td>全国人大常委会</td></tr>
<tr><td>《中华人民共和国循环经济促进法》（2008.08.28）</td><td>全国人大常委会</td></tr>
<tr><td>《中华人民共和国节约能源法》（1997.11.01 通过、2007.10.28 修订）</td><td>全国人大常委会</td></tr>
<tr><td>《中华人民共和国可再生能源法》（2005.02.28、2009.12.26 修正）</td><td>全国人大常委会</td></tr>
<tr><td rowspan="11">环境管理</td><td rowspan="4">排污费</td><td>《征收排污费暂行办法》（1982.02.05 颁布、2003.07.01 失效）
《污染源治理专项基金有偿使用暂行办法》（1988.09.01 颁布、2003.07.01 失效）
《排污费征收使用管理条例》（2003.01.02）</td><td>国务院</td></tr>
<tr><td>《排污费征收标准管理办法》（2003.02.28）</td><td>国家发展计划委员会等</td></tr>
<tr><td>《排污费资金收缴使用管理办法》（2003.03.20）</td><td>财政部、国家环境保护总局</td></tr>
<tr><td>《排污费征收工作稽查办法》（2007.10.23）</td><td>国家环境保护总局</td></tr>
<tr><td rowspan="5">行政监管</td><td>《环境监测管理办法》（2007.07.25）</td><td>国家环境保护总局</td></tr>
<tr><td>《环境监察办法》（2012.07.25）</td><td>环境保护部</td></tr>
<tr><td>《环境行政复议与行政应诉办法》（2006.12.27 颁布、2008.12.31 失效）
《环境行政复议办法》（2008.12.31）</td><td>国家环境保护总局</td></tr>
<tr><td>《环境行政处罚办法》（2010.01.19）</td><td>环境保护部</td></tr>
<tr><td>《环境行政执法后督察办法》（2010.12.15）</td><td>环境保护部</td></tr>
<tr><td colspan="2">《环境标准管理办法》（1999.04.01）</td><td>环保总局</td></tr>
<tr><td colspan="2">《中华人民共和国环境影响评价法》（2002.10.28）</td><td>全国人大常委会</td></tr>
</table>

资料来源：中国法律法规数据库自行整理；张红凤，张细松．环境规制理论研究［M］．北京：北京大学出版社，2011.

附表 2　1997～2013 年中国各省区市的工业环境效率值——基于全局 DEA 的测算

区域	省区	1997 年	1998 年	1999 年	2000 年	2001 年	2002 年	2003 年	2004 年	2005 年	2006 年	2007 年	2008 年	2009 年	2010 年	2011 年	2012 年	2013 年
东部	北京	0.1824	0.1807	0.1798	0.2363	0.2491	0.2693	0.3379	0.3531	0.3677	0.3853	0.4289	0.5252	0.6121	1.0237	0.7604	0.7840	1.0748
	天津	0.2259	0.2525	0.2328	0.2206	0.2605	0.2472	0.2876	0.3527	0.3133	0.4179	0.4288	0.5405	0.4498	0.5141	0.6899	1.0106	1.0293
	河北	0.1410	0.1258	0.1314	0.1220	0.1262	0.1288	0.1422	0.1600	0.1644	0.1719	0.1808	0.1913	0.1934	0.2168	0.2321	0.2589	0.2757
	辽宁	0.1285	0.1110	0.1061	0.0986	0.1042	0.1050	0.1202	0.1368	0.1484	0.1609	0.1917	0.1971	0.2372	0.2659	0.3030	0.3006	0.3583
	上海	0.2118	0.2045	0.2188	0.2088	0.2333	0.2522	0.3541	0.3523	0.3299	0.3645	0.4560	0.5263	0.5205	1.0241	0.8968	1.0055	1.0199
	江苏	0.2073	0.1833	0.1923	0.2130	0.2355	0.2544	0.2859	0.2965	0.3162	0.3680	0.4283	0.4708	0.5837	0.6360	0.6976	0.7804	1.0397
	浙江	0.2003	0.1942	0.1799	0.1874	0.1946	0.2193	0.2509	0.2631	0.2843	0.3039	0.3551	0.3332	0.3817	0.4141	0.5112	0.5197	0.5855
	福建	0.2208	0.2004	0.2067	0.1901	0.2027	0.2005	0.2329	0.2497	0.2435	0.2866	0.3246	0.3669	0.3671	0.4796	0.6020	0.6186	0.6935
	山东	0.1443	0.1506	0.1443	0.1491	0.1560	0.1698	0.1886	0.2297	0.2587	0.2816	0.3173	0.3420	0.4132	0.4176	0.5165	0.5894	1.0368
	广东	0.2590	0.2640	0.2258	0.2137	0.2216	0.2418	0.2956	0.3843	0.3940	0.4297	0.5199	1.0018	1.0143	0.6788	0.8753	1.0001	1.0363
	海南	1.0644	1.1435	1.2972	1.0051	1.2707	0.8828	1.1951	1.0176	1.0012	0.8428	0.8164	1.0178	1.0246	1.0844	1.0424	0.9007	1.0119
中部	山西	0.0893	0.0901	0.0910	0.0859	0.0877	0.0863	0.0973	0.0970	0.0975	0.0936	0.1027	0.1046	0.0979	0.1101	0.1239	0.1324	0.1300
	吉林	0.1452	0.1589	0.1458	0.1375	0.1502	0.1530	0.1901	0.1942	0.2078	0.2164	0.2437	0.2375	0.2870	0.2812	0.3629	0.3648	0.3747
	黑龙江	0.1025	0.0987	0.1218	0.0991	0.1005	0.0900	0.1068	0.1007	0.1201	0.1093	0.1029	0.1017	0.1092	0.1046	0.1078	0.1201	0.1253
	安徽	0.1793	0.1274	0.1227	0.1376	0.1483	0.1512	0.1757	0.1743	0.2086	0.2115	0.2136	0.2169	0.2465	0.2877	0.3519	0.3640	0.3845
	江西	0.1708	0.1572	0.2093	0.1724	0.1828	0.2113	0.2000	0.1933	0.1899	0.2143	0.2326	0.2233	0.2611	0.2720	0.2821	0.3140	0.3361
	河南	0.1301	0.1330	0.1303	0.1336	0.1294	0.1303	0.1540	0.1694	0.1827	0.1914	0.2284	0.2199	0.2403	0.2677	0.3243	0.3381	0.3536
	湖北	0.2198	0.1614	0.1754	0.1512	0.1670	0.1722	0.1490	0.1658	0.1611	0.1761	0.1937	0.2119	0.2046	0.2721	0.3059	0.4013	0.4614
	湖南	0.1125	0.1155	0.1363	0.1455	0.1445	0.1578	0.1497	0.1741	0.1855	0.1932	0.2136	0.2368	0.2406	0.2763	0.3336	0.3418	0.3827

续表

区域	省区	1997 年	1998 年	1999 年	2000 年	2001 年	2002 年	2003 年	2004 年	2005 年	2006 年	2007 年	2008 年	2009 年	2010 年	2011 年	2012 年	2013 年
西部	内蒙古	0. 1350	0. 1366	0. 1348	0. 1230	0. 1265	0. 1497	0. 1439	0. 1590	0. 1439	0. 1488	0. 1651	0. 1744	0. 2022	0. 1992	0. 2235	0. 2154	0. 2178
	广西	0. 1841	0. 1711	0. 1506	0. 1333	0. 1304	0. 1518	0. 1472	0. 1603	0. 1587	0. 1691	0. 1652	0. 1611	0. 1691	0. 1710	0. 2156	0. 2277	0. 2509
	重庆	0. 2016	0. 1606	0. 1735	0. 1878	0. 2061	0. 2232	0. 2470	0. 2466	0. 2404	0. 2389	0. 2581	0. 2674	0. 3123	0. 3422	0. 4885	0. 4846	0. 5209
	四川	0. 1543	0. 1460	0. 1134	0. 1113	0. 1145	0. 1311	0. 1354	0. 1474	0. 1658	0. 1817	0. 2065	0. 2334	0. 2454	0. 2592	0. 3115	0. 3162	0. 3396
	贵州	0. 1885	0. 1589	0. 1632	0. 1550	0. 1482	0. 1648	0. 1659	0. 1631	0. 1655	0. 1569	0. 1662	0. 1725	0. 1680	0. 1603	0. 1679	0. 1764	0. 1873
	云南	0. 1705	0. 1685	0. 1535	0. 1479	0. 1434	0. 1665	0. 1667	0. 1800	0. 1833	0. 1909	0. 1917	0. 1947	0. 1876	0. 1852	0. 1981	0. 2070	0. 1935
	陕西	0. 1700	0. 1616	0. 1563	0. 1556	0. 1356	0. 1467	0. 1568	0. 1656	0. 1559	0. 1578	0. 1595	0. 1743	0. 1820	0. 1950	0. 1995	0. 2056	0. 2278
	甘肃	0. 1688	0. 2005	0. 1752	0. 1461	0. 1772	0. 1621	0. 1610	0. 1561	0. 1694	0. 1587	0. 1667	0. 1576	0. 1663	0. 1658	0. 1849	0. 1822	0. 1910
	青海	1. 1495	1. 0995	1. 0111	1. 0298	1. 0327	1. 0871	1. 0579	1. 0042	0. 2977	0. 2952	0. 2644	0. 2555	0. 2519	0. 2401	0. 2561	0. 2602	0. 2526
	宁夏	1. 0074	0. 3173	0. 2937	0. 3154	0. 2894	0. 3018	0. 2613	0. 2422	0. 2382	0. 2174	0. 2116	0. 2100	0. 1995	0. 1990	0. 1791	0. 1903	0. 1986
	新疆	0. 1339	0. 1218	0. 1501	0. 1501	0. 1659	0. 1645	0. 1452	0. 1389	0. 1386	0. 1303	0. 1227	0. 1265	0. 1154	0. 1088	0. 1218	0. 1051	0. 1025
全国平均		0. 2600	0. 2298	0. 2308	0. 2188	0. 2345	0. 2324	0. 2567	0. 2609	0. 2411	0. 2488	0. 2686	0. 3064	0. 3228	0. 3617	0. 3955	0. 4239	0. 4797

附表 3　1997 ~ 2013 年中国各省区市的工业环境效率值——基于序列 DEA 的测算

区域	省区	1997 年	1998 年	1999 年	2000 年	2001 年	2002 年	2003 年	2004 年	2005 年	2006 年	2007 年	2008 年	2009 年	2010 年	2011 年	2012 年	2013 年
东部	北京	1. 0292	1. 0473	1. 0770	1. 0871	1. 0715	1. 0715	1. 1216	1. 0624	1. 0849	1. 0914	1. 1414	1. 1425	1. 0343	1. 0617	1. 1085	1. 0397	1. 0748
	天津	0. 6263	1. 0118	1. 0167	0. 7423	1. 0351	1. 0351	0. 6046	1. 0044	1. 0215	1. 0398	1. 0207	1. 0304	1. 0217	1. 0115	1. 0282	1. 0373	1. 0293
	河北	0. 3374	0. 2762	0. 3079	0. 3113	0. 3023	0. 3023	0. 2359	0. 2677	0. 2792	0. 2748	0. 2739	0. 2770	0. 2954	0. 2587	0. 2569	0. 2753	0. 2757
	辽宁	0. 3003	0. 2558	0. 2717	0. 2771	0. 2662	0. 2662	0. 2176	0. 2436	0. 2615	0. 2680	0. 3117	0. 3213	0. 3689	0. 3138	0. 3403	0. 3088	0. 3583
	上海	1. 1068	1. 0758	1. 0607	1. 0680	1. 0713	1. 0713	1. 1274	1. 0822	1. 0302	1. 0434	1. 0538	1. 0532	1. 0369	1. 0963	1. 0288	1. 0145	1. 0199
	江苏	1. 0522	1. 0078	1. 0200	1. 0261	1. 0276	1. 0276	1. 0140	0. 6601	1. 0343	1. 0411	1. 0402	1. 0261	1. 0430	1. 0254	1. 0320	1. 0386	1. 0397
	浙江	0. 6922	0. 6533	0. 6250	1. 0069	1. 0096	1. 0096	0. 6879	0. 5867	0. 6466	0. 6334	0. 6298	0. 5119	0. 5734	0. 5327	0. 6001	0. 5874	0. 5855
	福建	1. 0078	0. 5869	0. 6433	0. 6307	0. 6624	0. 6624	0. 4943	0. 4986	0. 5015	0. 5911	0. 5842	0. 5965	0. 5960	0. 6782	0. 7375	0. 7194	0. 6935
	山东	0. 4293	0. 4018	0. 4330	0. 4706	0. 4525	0. 4525	0. 4076	0. 4568	0. 5236	0. 5352	0. 5369	0. 5455	0. 6108	0. 5490	1. 0290	1. 0379	1. 0368
	广东	1. 1257	1. 0489	1. 0304	1. 0374	1. 0585	1. 0585	1. 0638	1. 0707	1. 0424	1. 0465	1. 0541	1. 0685	1. 0306	1. 0392	1. 0469	1. 0171	1. 0363
	海南	9. 9239	1. 3414	1. 3517	1. 0999	1. 4278	1. 4278	1. 2058	1. 0652	1. 0337	1. 0560	1. 0845	1. 1162	1. 0324	1. 0967	1. 0449	1. 0019	1. 0119
中部	山西	0. 2070	0. 1703	0. 1740	0. 1761	0. 1725	0. 1725	0. 1436	0. 1448	0. 1493	0. 1322	0. 1474	0. 1370	0. 1315	0. 1277	0. 1385	0. 1472	0. 1300
	吉林	0. 3098	0. 3624	0. 3006	0. 3241	0. 3317	0. 3317	0. 3099	0. 3164	0. 3424	0. 3592	0. 3936	0. 3619	0. 4371	0. 3561	0. 4127	0. 4236	0. 3747
	黑龙江	0. 2666	0. 2253	0. 2694	0. 2465	0. 2227	0. 2227	0. 1664	0. 1529	0. 1858	0. 1594	0. 1473	0. 1350	0. 1522	0. 1224	0. 1196	0. 1334	0. 1253
	安徽	0. 1793	0. 2627	0. 2758	0. 3269	0. 3285	0. 3285	0. 2752	0. 2756	0. 3389	0. 3365	0. 3320	0. 3198	0. 3659	0. 3656	0. 4122	0. 4187	0. 3845
	江西	0. 3692	0. 2784	0. 3631	0. 3320	0. 3448	0. 3448	0. 2844	0. 2807	0. 2837	0. 3171	0. 3371	0. 3318	0. 3818	0. 3327	0. 3221	0. 3631	0. 3361
	河南	0. 3216	0. 3050	0. 3133	0. 3344	0. 3117	0. 3117	0. 2541	0. 2775	0. 3033	0. 3145	0. 3570	0. 3254	0. 3561	0. 3122	0. 3614	0. 3754	0. 3536
	湖北	0. 5759	0. 3873	0. 4231	0. 4162	0. 4308	0. 4308	0. 2614	0. 2869	0. 2831	0. 2975	0. 3263	0. 3463	0. 3203	0. 3588	0. 3592	0. 4598	0. 4614
	湖南	0. 2824	0. 2250	0. 2788	0. 3149	0. 3093	0. 3093	0. 2347	0. 2705	0. 2911	0. 2921	0. 3185	0. 3357	0. 3498	0. 3420	0. 3870	0. 3951	0. 3827

续表

区域	省区	1997 年	1998 年	1999 年	2000 年	2001 年	2002 年	2003 年	2004 年	2005 年	2006 年	2007 年	2008 年	2009 年	2010 年	2011 年	2012 年	2013 年
西部	内蒙古	0. 2473	0. 2201	0. 2172	0. 2166	0. 2185	0. 2185	0. 1961	0. 2315	0. 2234	0. 2132	0. 2468	0. 2463	0. 2934	0. 2479	0. 2542	0. 2415	0. 2178
	广西	0. 3723	0. 3072	0. 2800	0. 2565	0. 2289	0. 2289	0. 2081	0. 2285	0. 2333	0. 2338	0. 2344	0. 2147	0. 2323	0. 2022	0. 2419	0. 2581	0. 2509
	重庆	0. 4326	0. 2914	0. 3191	0. 3736	0. 4024	0. 4024	0. 3904	0. 3809	0. 3755	0. 3564	0. 3748	0. 3724	0. 4435	0. 4120	0. 5529	0. 5121	0. 5209
	四川	0. 3381	0. 2975	0. 2542	0. 2718	0. 2642	0. 2642	0. 2219	0. 2414	0. 2771	0. 2802	0. 3207	0. 3443	0. 3714	0. 3197	0. 3558	0. 3619	0. 3396
	贵州	0. 3742	0. 2556	0. 2609	0. 2740	0. 2391	0. 2391	0. 2120	0. 2200	0. 2309	0. 2136	0. 2233	0. 2273	0. 2189	0. 1861	0. 1842	0. 1914	0. 1873
	云南	0. 3762	0. 3319	0. 3123	0. 3090	0. 2723	0. 2723	0. 2491	0. 2691	0. 2799	0. 2750	0. 2755	0. 2597	0. 2562	0. 2212	0. 2219	0. 2266	0. 1935
	陕西	0. 3350	0. 2947	0. 2966	0. 3223	0. 2737	0. 2737	0. 2404	0. 2548	0. 2433	0. 2414	0. 2380	0. 2539	0. 2560	0. 2330	0. 2247	0. 2328	0. 2278
	甘肃	0. 3499	0. 4300	0. 3679	0. 2784	0. 3280	0. 3280	0. 2137	0. 2135	0. 2348	0. 2121	0. 2204	0. 1937	0. 2193	0. 1969	0. 2037	0. 2006	0. 1910
	青海	—	1. 1252	1. 0621	1. 2008	1. 0905	1. 0905	1. 0659	1. 0260	0. 3037	0. 3147	0. 2907	0. 2835	0. 2829	0. 2643	0. 2712	0. 2780	0. 2526
	宁夏	1. 1012	0. 3458	0. 3075	0. 3538	0. 3217	0. 3217	0. 2674	0. 2608	0. 2655	0. 2431	0. 2420	0. 2331	0. 2271	0. 2163	0. 1910	0. 1970	0. 1986
	新疆	0. 2712	0. 2118	0. 2577	0. 2661	0. 2798	0. 2798	0. 1867	0. 1831	0. 1890	0. 1673	0. 1604	0. 1618	0. 1470	0. 1252	0. 1319	0. 1119	0. 1025

附表 4　命令—控制型环境规制工具的稳健性检验结果——以法制为例

解释变量	被解释变量：基于序列 DEA 测算的工业环境效率（EE）				
	（1）OLS	（2）DK	（3）IV	（4）差分 GMM	（5）系统 GMM
EE_{t-1}				0.4176*** (0.1135)	0.6201*** (0.0874)
cepolicy	-0.0221*** (0.0038)	-0.0271*** (0.0055)	-0.2570*** (0.0652)	-0.0238** (0.0118)	-0.0236** (0.0120)
$cepolicy^2$	0.0006*** (0.0001)	0.0005*** (0.0001)	0.0055*** (0.0013)	0.0003** (0.0002)	0.0004** (0.0002)
控制变量	Yes	Yes	Yes	Yes	Yes
年份固定效应	No	Yes	Yes	Yes	Yes
省份固定效应	No	Yes	Yes	Yes	Yes
F/Wald 统计量	121.17***	458.56***	2.35***	12775.71***	22696.45***
组别	30	30	30	30	30
观测值	510	510	510	450	480

注：***、**和*分别表示在1%、5%和10%的统计水平上显著，小括号内的值为标准误。

附表 5　市场激励型环境规制工具的稳健性检验结果——以排污收费与排污权交易制度为例

解释变量	被解释变量：基于序列 DEA 测算的工业环境效率（EE）				
	（1）OLS	（2）DK	（3）IV	（4）差分 GMM	（5）系统 GMM
EE_{t-1}				0.4491*** (0.1313)	0.7092*** (0.0377)
lnpc	0.0548*** (0.0190)	0.0600*** (0.0206)	0.5704*** (0.2117)	0.0434* (0.0250)	0.0302* (0.0166)
etps	0.1127*** (0.0333)	0.0371 (0.0219)	-0.1154 (0.0794)	0.0235 (0.0164)	0.0275 (0.0240)
控制变量	Yes	Yes	Yes	Yes	Yes
年份固定效应	No	Yes	Yes	Yes	Yes

续表

解释变量	被解释变量：基于序列 DEA 测算的工业环境效率（EE）				
	（1）OLS	（2）DK	（3）IV	（4）差分 GMM	（5）系统 GMM
省份固定效应	No	Yes	Yes	Yes	Yes
F/Wald 统计量	114.64***	1336.74***	2.36***	51.65***	797.95***
组别	30	30	30	30	30
观测值	510	510	510	450	480

注：***、** 和 * 分别表示在 1%、5% 和 10% 的统计水平上显著，小括号内的值为标准误。

附表 6　中国东部、中部、西部环境规制与地区工业环境效率估计的稳健性检验结果

解释变量	被解释变量：基于序列 DEA 测算的工业环境效率（EE）					
	东部		中部		西部	
	（1）DK	（2）DK	（3）DK	（4）DK	（5）DK	（6）DK
cepolicy	-0.0262*** (0.0082)		-0.0164*** (0.0036)		-0.0454*** (0.0084)	
$cepolicy^2$	0.0005*** (0.0001)		0.0002** (0.0001)		0.0010*** (0.0002)	
lnpc		0.1289*** (0.0367)		-0.0049 (0.0109)		-0.0235 (0.0525)
etps		0.0307 (0.0414)		0.0124 (0.0230)		0.0380 (0.0367)
控制变量	Yes	Yes	Yes	Yes	Yes	Yes
年份固定效应	Yes	Yes	Yes	Yes	Yes	Yes
省份固定效应	Yes	Yes	Yes	Yes	Yes	Yes
within R^2	0.31	0.51	0.61	0.54	0.53	0.21
F 统计量	256.78***	283.10***	18.23***	65.28***	2300.69***	113.27***
组别	11	11	8	8	11	11
观测值	187	187	136	136	187	187

注：***、** 和 * 分别表示在 1%、5% 和 10% 的统计水平上显著，小括号内的值为标准误。

附表 7 命令—控制型与市场激励型相结合的环境规制工具估计的稳健性检验结果

解释变量	被解释变量：基于序列 DEA 测算的工业环境效率（EE）					
	（1） DK	（2） DK	（3） DK	（4） DK	（5） DK	（6） DK
cepolicy	-0.0312*** (0.0038)	-0.0268*** (0.0057)	-0.1441*** (0.0255)	-0.1537*** (0.0211)	-0.0303*** (0.0041)	-0.0256*** (0.0064)
$cepolicy^2$	0.0006*** (0.0001)	0.0005*** (0.0001)	0.0033*** (0.0006)	0.0039*** (0.0006)	0.0006*** (0.0001)	0.0005*** (0.0001)
lnpc	0.0466*** (0.0122)	0.0554*** (0.0165)	-0.1100** (0.0477)	-0.1112** (0.0470)	0.0474*** (0.0122)	0.0536*** (0.0165)
etps	0.0586*** (0.0204)	0.0401* (0.0217)	0.0503*** (0.0182)	0.0387* (0.0190)	0.0025 (0.0301)	0.0067 (0.0747)
lnpc × cepolicy			0.0191*** (0.0048)	0.0208*** (0.0036)		
lnpc × $cepolicy^2$			-0.0004*** (0.0001)	-0.0005*** (0.0001)		
etps × cepolicy					0.0025 (0.0030)	-0.0005 (0.0064)
etps × $cepolicy^2$					0.000001 (0.0001)	0.00007 (0.0002)
控制变量	No	Yes	No	Yes	No	Yes
年份固定效应	No	Yes	No	Yes	No	Yes
省份固定效应	Yes	Yes	Yes	Yes	Yes	Yes
within R^2	0.20	0.29	0.24	0.33	0.20	0.29
F 统计量	48.99***	11893.58***	186.49***	63915.13***	30.82***	3917.86***
组别	30	30	30	30	30	30
观测值	510	510	510	510	510	510

注：***、**和*分别表示在1%、5%和10%的统计水平上显著，小括号内的值为标准误。

附表 8　　稳健性检验：环境规制与地区工业环境效率——考虑结构效应和技术效应回归结果

解释变量	被解释变量 EE		被解释变量 lnpatent	被解释变量 greenpatent	被解释变量 dirty
	(1) DK	(2) DK	(3) DK	(4) DK	(4) DK
cepolicy	-0.0320*** (0.0035)	-0.0515*** (0.0071)	0.0614*** (0.0145)	-0.8252*** (0.2927)	-0.0063*** (0.0015)
$cepolicy^2$	0.0007*** (0.0001)	0.0011*** (0.0002)	-0.0009*** (0.0002)	0.0279*** (0.0097)	0.0001*** (0.0000)
lnpc	0.0278* (0.0157)	0.0347** (0.0127)	-0.1787** (0.0657)	1.1610** (0.4977)	0.0049 (0.0116)
etps	0.0080 (0.0204)	-0.0217* (0.0106)	-0.0744 (0.0763)	-1.5128 (2.0415)	-0.0154* (0.0076)
lnpatent		0.0560*** (0.0160)			
greenpatent		0.0004* (0.0002)			
dirty		-0.5818*** (0.1790)			
控制变量	Yes	Yes	Yes	Yes	Yes
年份固定效应	Yes	Yes	Yes	Yes	Yes
省份固定效应	Yes	Yes	Yes	Yes	Yes
within R^2	0.62	0.54	0.91	0.12	0.45
F 统计量	2656.21***	376.05***	6067076.65***	252.73***	20890.67***
组别	30	30	30	30	30
观测值	510	300	420	300	480

注：***、** 和 * 分别表示在 1%、5% 和 10% 的统计水平上显著，小括号内的值为标准误，R^2 表示拟合优度。

附表 9　稳健性检验：环境规制与地区工业环境效率——基于技术效应和结构效应的中介效应检验结果

	c	c′	a	b	ab	Bootstrap 检验	结论
生产效率							
cepolicy	-0.0320 *** (0.0035)	-0.0515 *** (0.0071)	0.0614 *** (0.0145)	0.0560 *** (0.0160)	0.0034 都显著	—	/ab/c′/ = 0.07 遮掩效应
cepolicy^2	0.0007 *** (0.0001)	0.0011 *** (0.0002)	-0.0009 *** (0.0002)	0.0560 *** (0.0160)	-0.00005 都显著	—	/ab/c′/ = 0.05 遮掩效应
lnpc	0.0278 * (0.0157)	0.0347 ** (0.0127)	-0.1787 ** (0.0657)	0.0560 *** (0.0160)	-0.0100 都显著	—	/ab/c′/ = 0.29 遮掩效应
etps	0.0080 (0.0204)	-0.0217 * (0.0106)	-0.0744 (0.0763)	0.0560 *** (0.0160)			c 不显著 遮掩效应
治污效率							
cepolicy	-0.0320 *** (0.0035)	-0.0515 *** (0.0071)	-0.8252 *** (0.2927)	0.0004 * (0.0002)	-0.0003 都显著	—	ab/c′ = 0.01 部分中介效应
cepolicy^2	0.0007 *** (0.0001)	0.0011 *** (0.0002)	0.0279 *** (0.0097)	0.0004 * (0.0002)	0.00001 都显著	—	ab/c′ = 0.01 部分中介效应
lnpc	0.0278 * (0.0157)	0.0347 ** (0.0127)	1.1610 ** (0.4977)	0.0004 * (0.0002)	0.0005 都显著	—	ab/c′ = 0.01 部分中介效应
etps	0.0080 (0.0204)	-0.0217 * (0.0106)	-1.5128 (2.0415)	0.0004 * (0.0002)			c 不显著 遮掩效应
产业结构							
cepolicy	-0.0320 *** (0.0035)	-0.0515 *** (0.0071)	-0.0063 *** (0.0015)	-0.5818 *** (0.1790)	0.0037 都显著	—	/ab/c′/ = 0.07 遮掩效应
cepolicy^2	0.0007 *** (0.0001)	0.0011 *** (0.0002)	0.0001 *** (0.0000)	-0.5818 *** (0.1790)	-0.00006 都显著	—	/ab/c′/ = 0.04 遮掩效应
lnpc	0.0278 * (0.0157)	0.0347 ** (0.0127)	0.0049 (0.0116)	-0.5818 *** (0.1790)	-0.0029	不能拒绝 H_0	ab 不显著 遮掩效应
etps	0.0080 (0.0204)	-0.0217 * (0.0106)	-0.0154 * (0.0076)	-0.5818 *** (0.1790)	—		c 不显著 遮掩效应

注：***、** 和 * 分别表示在 1%、5% 和 10% 的水平上统计显著，小括号内的值为标准误。

附表 10　　更换腐败变量代理指标的稳健性检验

解释变量	环境规制的制定 - 环境立法（cepolicy）			环境规制的执行 - 排污收费（lnpc）		
	（1）DK	（2）DK	（3）DK	（4）DK	（5）DK	（6）DK
GCPI	6.6852*** (0.6690)	3.0397*** (0.3833)	2.7621*** (0.4007)	0.2614* (0.1486)	0.3198** (0.1522)	0.2721** (0.1111)
petition			0.0304** (0.0120)			0.0052* (0.0029)
控制变量	No	Yes	Yes	No	Yes	Yes
年份固定效应	Yes	Yes	Yes	Yes	Yes	Yes
省份固定效应	Yes	Yes	Yes	Yes	Yes	Yes
within R^2	0.26	0.49	0.49	0.06	0.29	0.30
F 统计量	99.85***	1108.59***	800.68***	3.09*	54.37***	76.37***
组别	28	28	28	28	28	28
观测值	112	112	112	112	112	112

注：***、** 和 * 分别表示在 1%、5% 和 10% 的统计水平上显著，小括号内的值为标准误，R^2 表示拟合优度。

附表 11　　更换公众诉求变量代理指标的稳健性检验

解释变量	环境规制的制定 - 环境立法（cepolicy）			环境规制的执行 - 排污收费（lnpc）		
	（1）DK	（2）DK	（3）DK	（4）DK	（5）DK	（6）DK
corruption			-0.1141*** (0.0137)			-0.0101*** (0.0021)
IRPI	1.6774*** (0.2863)	1.4191* (0.7311)	1.3063** (0.6221)	0.0927 (0.1130)	0.0832 (0.1138)	0.0388 (0.0836)
控制变量	No	Yes	Yes	No	Yes	Yes
年份固定效应	Yes	Yes	Yes	Yes	Yes	Yes
省份固定效应	Yes	Yes	Yes	Yes	Yes	Yes

续表

解释变量	环境规制的制定 - 环境立法（cepolicy）			环境规制的执行 - 排污收费（lnpc）		
	（1）DK	（2）DK	（3）DK	（4）DK	（5）DK	（6）DK
within R^2	0.39	0.52	0.53	0.47	0.61	0.62
F 统计量	179.85***	2098.32***	2047.87***	13.96*	516.26***	476.44***
组别	30	30	30	30	30	30
观测值	360	360	360	360	360	360

注：***、** 和 * 分别表示在 1%、5% 和 10% 的统计水平上显著，小括号内的值为标准误，R^2 表示拟合优度。

参 考 文 献

[1] 安东尼·奥格斯. 规制：法律形式与经济学理论 [M]. 北京：中国人民大学出版社，2009：1 - 2.

[2] 包群，邵敏，杨大利. 环境管制抑制了污染排放吗？[J]. 经济研究，2013 (12)：42 - 54.

[3] 蔡宁，吴婧文，刘诗瑶. 环境规制与绿色工业全要素生产率——基于我国30个省市的实证分析 [J]. 辽宁大学学报：哲学社会科学版，2014，42 (1)：65 - 73.

[4] 蔡守秋，王欢欢. 改革开放30年：中国环境资源法、环境资源法学与环境资源法学教育的发展 [J]. 甘肃政法学院学报，2009 (3)：1 - 9.

[5] 蔡守秋. 环境资源法学 [M]. 长沙：湖南大学出版社，2005：29 - 33.

[6] 曹明德. 中国环境资源法、能源法的现在与未来 [J]. 法学论坛，2006，21 (2)：5 - 8.

[7] 陈德敏，张瑞. 环境规制对中国全要素能源效率的影响 [J]. 经济科学，2012 (4)：50 - 65.

[8] 陈刚，李树，尹希果. 腐败与中国经济增长——实证主义的视角 [J]. 经济社会体制比较，2008 (3)：59 - 68.

[9] 陈刚，李树. 官员交流，任期与反腐败 [J]. 世界经济，2012 (2)：120 - 142.

[10] 陈红枫，污染管制效率与交易成本 [M]. 北京：中国环境科

学出版社，2011：2.

[11] 陈红蕾，覃伟芳. 中国经济的包容性增长：基于包容性全要素生产率视角的解释 [J]. 中国工业经济，2014 (1)：18 - 30.

[12] 陈诗一. 中国的绿色工业革命：基于环境全要素生产率视角的解释 (1980—2008) [J]. 经济研究，2010 (11)：21 - 34.

[13] 程丹润，李静. 环境约束下的中国省区效率差异研究：1990—2006 [J]. 财贸研究，2009 (1)：13 - 17.

[14] 杜传忠. 政府规制俘获理论的最新发展 [J]. 经济学动态，2005 (11)：72 - 76.

[15] 傅京燕，李丽莎. 环境规制，要素禀赋与产业国际竞争力的实证研究——基于中国制造业的面板数据 [J]. 管理世界，2010 (10)：87 - 98.

[16] 古冰，朱方明. 我国污染密集型产业区域转移动机及区位选择的影响因素研究 [J]. 云南社会科学，2013 (3)：66 - 70.

[17] 顾为东. 中国雾霾特殊形成机理研究 [J]. 宏观经济研究. 2014 (6)：3 - 7.

[18] 郭道晖. 当代中国立法 (上) [M]. 北京：中国民主法制出版社，1998：178.

[19] 国涓，刘丰，王维国. 中国区域环境绩效动态差异及影响因素——考虑可变规模报酬和技术异质性的研究 [J]. 资源科学，2013，35 (12)：2444 - 2456.

[20] 韩德培，陈汉光. 环境保护法教程 (第三版) [M]. 北京：法律出版社，1998：40 - 42

[21] 韩晶，陈超凡，冯科. 环境规制促进产业升级了吗？——基于产业技术复杂度的视角 [J]. 北京师范大学学报 (社会科学版)，2014，2 (1)：148 - 160.

[22] 韩晶，陈超凡，施发启. 中国制造业环境效率、行业异质性与最优规制强度 [J]. 统计研究，2014 (3)：61 - 67.

[23] 韩玉军，陆旸．经济增长与环境的关系 [J]．经济理论与经济管理，2009 (3)：5－11.

[24] 韩元军，林坦，殷书炉．中国的环境规制强度与区域工业效率研究：1999—2008 [J]．上海经济研究，2011 (10)：102－113.

[25] 何枫，祝丽云，马栋栋等．中国钢铁企业绿色技术效率研究 [J]．中国工业经济，2015 (7)：84－98.

[26] 胡鞍钢，郑京海，高宇宁等．考虑环境因素的省级技术效率排名 (1999—2005) [J]．经济学（季刊），2008，7 (3)：933－960.

[27] 环境保护部环境监察局．排污收费 30 年变迁——中国排污收费制度 30 年回顾及经验启示 [J]．环境保护，2009 (20)：12－16.

[28] 黄晓波，段秀芝．交易费用的会计计量及其对公司绩效的影响：理论与证据 [J]．审计与经济研究，2009，24 (5)：52－57.

[29] 江珂，卢现祥．环境规制变量的度量方法研究 [J]．统计与决策，2011 (22)：19－22.

[30] 江珂．中国环境规制对外商直接投资的影响研究 [D]．华中科技大学，2010.

[31] 蒋伏心，王竹君，白俊红．环境规制对技术创新影响的双重效应——基于江苏制造业动态面板数据的实证研究 [J]．中国工业经济，2013 (7)：44－55.

[32] 教育部人文社会科学重点研究基地南昌大学中国中部经济社会发展研究中心．中国中部经济社会竞争力报告 [M]．北京：社会科学文献出版社，2013.

[33] 金瑞林．市场经济与环境立法 [J]．环境保护，1995 (6).

[34] 匡远凤，彭代彦．中国环境生产效率与环境全要素生产率分析 [J]．经济研究，2012 (7)：62－74.

[35] 蓝庆新，韩晶．中国工业绿色转型战略研究 [J]．经济体制改革，2012 (1)：24－28.

[36] 李斌，彭星，陈柱华．环境规制，FDI 与中国治污技术创

新——基于省际动态面板数据的分析 [J]. 财经研究, 2011, 37 (10): 92-102.

[37] 李斌, 彭星, 欧阳铭珂. 环境规制、绿色全要素生产率与中国工业发展方式转变——基于36个工业行业数据的实证研究 [J]. 中国工业经济, 2013 (4): 56-68.

[38] 李钢, 马岩, 姚磊磊. 中国工业环境管制强度与提升路线——基于中国工业环境保护成本与效益的实证研究 [J]. 中国工业经济, 2010 (3): 31-41.

[39] 李红利. 环境困局与科学发展: 中国地方政府环境规制研究 [M]. 上海: 上海人民出版社, 2012: 60

[40] 李后建. 腐败会损害环境政策执行质量吗? [J]. 中南财经政法大学学报, 2013 (6): 34-42.

[41] 李静, 倪冬雪. 中国工业绿色生产与治理效率研究——基于两阶段SBM网络模型和全局Malmquist方法 [J]. 产业经济研究, 2015 (3): 42-53.

[42] 李静. 中国区域环境效率的差异与影响因素研究 [J]. 南方经济, 2009 (12): 24-35.

[43] 李玲, 陶锋. 污染密集型产业的绿色全要素生产率及影响因素——基于SBM方向性距离函数的实证分析 [J]. 经济学人, 2011 (12): 32-39.

[44] 李玲, 陶锋. 中国制造业最优环境规制强度的选择——基于绿色全要素生产率的视角 [J]. 中国工业经济, 2012 (5): 70-82.

[45] 李胜兰, 初善冰, 申晨. 地方政府竞争、环境规制与区域生态效率 [J]. 世界经济, 2014 (4): 88-110.

[46] 李胜兰, 申晨, 林沛娜. 环境规制与地区经济增长效应分析——基于中国省际面板数据的实证检验 [J]. 财经论丛, 2014 (6): 88-96.

[47] 李胜文, 李大胜, 邱俊杰等. 中西部效率低于东部吗? ——

基于技术集差异和共同前沿生产函数的分析 [J]. 经济学 (季刊), 2013, 12 (2): 777 - 798.

[48] 李胜文, 李新春, 杨学儒. 中国的环境效率与环境管制——基于1986—2007年省级水平的估算 [J]. 财经研究, 2010, 36 (2): 59 - 68.

[49] 李树, 陈刚, 陈屹立. 环境立法, 执法对环保产业发展的影响——基于中国经验数据的实证分析 [J]. 上海经济研究, 2011 (8): 71 - 82.

[50] 李树, 陈刚. 环境管制与生产率增长——以APPCL2000的修订为例 [J]. 经济研究, 2013 (1): 17 - 31.

[51] 李树, 翁卫国. 我国地方环境管制与全要素生产率增长——基于地方立法和行政规章实际效率的实证分析 [J]. 财经研究, 2014, 40 (2): 19 - 29.

[52] 李小平, 卢现祥, 陶小琴. 环境规制强度是否影响了中国工业行业的贸易比较优势 [J]. 世界经济, 2012 (4): 62 - 78.

[53] 李小胜, 余芝雅, 安庆贤. 中国省际环境全要素生产率及其影响因素分析 [J]. 中国人口·资源与环境, 2014 (10): 17 - 32.

[54] 李永友, 沈坤荣. 我国污染控制政策的减排效果——基于省际工业污染数据的实证分析 [J]. 管理世界, 2008 (8): 7 - 17.

[55] 李昭华, 蒋冰冰. 欧盟玩具业环境规制对我国玩具出口的绿色壁垒效应——基于我国四类玩具出口欧盟十国的面板数据分析: 1990—2006 [J]. 经济学 (季刊), 2009 (3): 813 - 828.

[56] 李子豪, 刘辉煌. 腐败加剧了中国的环境污染吗——基于省级数据的检验 [J]. 山西财经大学学报, 2013 (7): 1 - 11.

[57] 梁冬寒, 袭著燕, 李刚. 环境规制与出口绩效相互影响效应分析——基于重污染制造业的考察 [J]. 统计与决策, 2009 (7): 80 - 82.

[58] 林季红, 刘莹. 内生的环境规制: 污染天堂假说在中国的再

检验［J］. 中国人口·资源与环境，2013（1）：13－18.

［59］刘超. 管制、互动与环境污染第三方治理［J］. 中国人口·资源与环境，2015（2）：96－104.

［60］刘华军. 城市化对二氧化碳排放的影响——来自中国时间序列和省际面板数据的经验证据［J］. 上海经济研究，2012（5）：24－35.

［61］刘巧玲，王奇，李鹏. 我国污染密集型产业及其区域分布变化趋势［J］. 生态经济，2012（1）：107－112.

［62］刘瑞翔，安同良. 资源环境约束下中国经济增长绩效变化趋势与因素分析［J］. 经济研究，2012（11）：34－47.

［63］刘伟明，唐东波. 环境规制、技术效率和全要素生产率增长［J］. 产业经济研究，2012（5）：28－35.

［64］刘伟明. 中国的环境规制与地区经济增长研究［D］. 复旦大学，2012.

［65］刘研华. 中国环境规制改革研究［D］. 辽宁大学，2007.

［66］龙硕，胡军. 政企合谋视角下的环境污染：理论与实证研究［J］. 财经研究，2014（10）：131－144.

［67］卢现祥，朱巧玲. 新制度经济学［M］. 北京：北京大学出版社，2010：214－220.

［68］陆新元. 中国环境行政执法能力建设现状调查与问题分析［J］. 环境科学研究，2006：1－11.

［69］陆旸. 环境规制影响了污染密集型商品的贸易比较优势吗？［J］. 经济研究，2009（4）：28－40.

［70］吕忠梅. 监管环境监管者：立法缺失及制度构建［J］. 法商研究，2009（5）：139－145.

［71］倪星，陈珊珊. 经济结构，制度安排与地区腐败——基于副省级城市2000—2010年的数据分析［J］. 中山大学学报（社会科学版），2013，53（6）：138－150.

[72] 倪星等. 官员历练与腐败治理：中国的准实验研究 [R]. 工作论文，2011.

[73] 聂辉华，李金波. 政企合谋与经济发展 [J]. 经济学（季刊），2007（1）：75－90.

[74] 聂辉华，张彧，江艇. 中国地区腐败对企业全要素生产率的影响 [J]. 中国软科学，2014（5）：37－48.

[75] 聂辉华. 腐败对效率的影响：一个文献综述 [J]. 金融评论，2014（1）：13－23.

[76] 聂普焱，黄利. 环境规制对全要素能源生产率的影响是否存在产业异质性？[J]. 产业经济研究，2013（4）.

[77] 彭可茂，席利卿，雷玉桃. 中国工业的污染避难所区域效应——基于2002—2012年工业总体与特定产业的测度与验证 [J]. 中国工业经济，2013（10）：44－56.

[78] 彭星，李斌，金培振. 文化非正式制度有利于经济低碳转型吗？——地方政府竞争视角下的门限回归分析 [J]. 财经研究，2013（7）：110－121.

[79] 任保平，宋文月. 我国城市雾霾天气形成与治理的经济机制探讨 [J]. 西北大学学报（哲学社会科学版），2014（2）：77－84.

[80] 任力，黄崇杰. 国内外环境规制对中国出口贸易的影响 [J]. 世界经济，2015（5）：59－80.

[81] 沈伯平. 论转轨时期中国规制型政府的构建 [J]. 经济问题探索，2006（5）：4－8.

[82] 沈满洪. 论环境问题的制度根源 [J]. 浙江大学学报（人文社会科学版），2000（3）：57－65.

[83] 沈能. 环境效率、行业异质性与最优规制强度——中国工业行业面板数据的非线性检验 [J]. 中国工业经济，2012（3）：56－68.

[84] 孙晓伟. 企业环境责任缺失：成因及治理 [D]. 西南财经大学，2010：110.

[85] 汤韵，梁若冰．两控区政策与二氧化硫减排——基于倍差法的经验研究［J］．山西财经大学学报，2012（6）：9－16.

[86] 田国强．中国改革的未来之路及其突破口［J］．比较，2013（1）：53－72.

[87] 田银华，贺胜兵．环境约束下地区全要素生产率增长的再估算：1998—2008［J］．中国工业经济，2010（11）.

[88] 铁燕．中国环境管理体制改革研究［D］．武汉大学，2010.

[89] 涂正革，谌仁俊．传统方法测度的环境技术效率低估了环境治理效率？——来自基于网络DEA的方向性环境距离函数方法分析中国工业省级面板数据的证据［J］．经济评论，2013（5）：89－99.

[90] 涂正革，谌仁俊．排污权交易机制在中国能否实现波特效应？［J］．经济研究，2015（7）：160－173.

[91] 涂正革，刘磊珂．考虑能源，环境因素的中国工业效率评价［J］．经济评论，2011（2）：55－65.

[92] 涂正革，肖耿．环境约束下的中国工业增长模式研究［J］．世界经济，2009（11）：41－54.

[93] 涂正革．环境，资源与工业增长的协调性［J］．经济研究，2008，2（3）.

[94] 万广华，吴一平．制度建设与反腐败成效：基于跨期腐败程度变化的研究［J］．管理世界，2012（4）：60－69.

[95] 王兵，黄人杰．中国区域绿色发展效率与绿色全要素生产率：2000—2010——基于参数共同边界的实证研究［J］．产经评论，2014（1）：16－35.

[96] 王兵，刘广天．节能减排与中国绿色经济增长——基于全要素生产率的视角［J］．中国工业经济，2015（5）：57－69.

[97] 王兵，罗佑军．中国区域工业生产效率，环境治理效率与综合效率实证研究——基于RAM网络DEA模型的分析［J］．世界经济文汇，2015（1）：99－119.

［98］王兵，王丽．环境约束下中国区域工业技术效率与生产率及其影响因素实证研究［J］．南方经济，2010（11）：3－19.

［99］王兵，吴延瑞，颜鹏飞．中国区域环境效率与环境全要素生产率增长［J］．经济研究，2010（5）：95－109.

［100］王恩旭，武春友．基于超效率DEA模型的中国省际生态效率时空差异研究［J］．管理学报，2011，8（3）：443－450.

［101］王金南，排放绩效：电力减排新机制［M］．北京：中国环境科学出版社，2006：181.

［102］王俊豪，李云雁．民营企业应对环境管制的战略导向与创新行为——基于浙江纺织行业调查的实证分析［J］．中国工业经济，2009（9）：16－26.

［103］王萌．我国排污费制度的局限性及其改革［J］．税务研究，2009（7）：28－31.

［104］王书斌，徐盈之．环境规制与雾霾脱钩效应——基于企业投资偏好的视角［J］．中国工业经济，2015（4）：18－30.

［105］王小鲁，余静文，樊纲．中国分省企业经营环境指数2013年报告［M］．中信出版社，2015.

［106］王雅莉，毕乐强．公共规制经济学［M］．北京：清华大学出版社，2011：15－18.

［107］王燕．论环境保护的公众参与原则［J］．徐州师范大学学报（哲学社会科学版），2002（1）：28－30.

［108］魏楚，黄文若，沈满洪．环境敏感性生产率研究综述［J］．世界经济，2011（5）：136－160.

［109］温忠麟，叶宝娟．中介效应分析：方法和模型发展［J］．心理科学进展，2014（5）：731－745.

［110］温忠麟，张雷，侯杰泰等．中介效应检验程序及其应用［J］．心理学报，2004，36（5）：614－620.

［111］吴军．环境约束下中国地区工业全要素生产率增长及收敛分

析［J］. 数量经济技术经济研究，2009（11）：17－27.

［112］吴一平，芮萌. 地区腐败，市场化与中国经济增长［J］. 管理世界，2010（11）：10－17.

［113］吴一平. 财政分权，腐败与治理［J］. 经济学（季刊），2008（2）：1045－1060.

［114］郄建荣. 工业园区环境违法率高达87.3%［N］. 法制日报，2007－07－05（7）.

［115］肖宏. 环境规制约束下污染密集型企业越界迁移及其治理［D］. 复旦大学，2008：62.

［116］肖兴，姜素红. 论我国地方环境立法之完善［J］. 中南林业科技大学学报（社会科学版），2007（4）：19－22.

［117］肖兴志，李少林. 环境规制对产业升级路径的动态影响研究［J］. 经济理论与经济管理，2013（6）：102－112.

［118］徐圆. 源于社会压力的非正式性环境规制是否约束了中国的工业污染？［J］. 财贸研究，2014，25（2）：7－15.

［119］许庆明. 试析环境问题上的政府失灵［J］. 管理世界，2001（5）：195－197.

［120］闫鸣. 谁"污染"了环保部门？［N］. 中国纪检监察报，2007－04－22.

［121］闫文娟，郭树龙，熊艳. 政府规制和公众参与对中国环境不公平的影响——基于动态面板及中国省际工业废水排放面板数据的经验研究［J］. 产经评论，2012，3（3）：102－110.

［122］杨朝飞. 我国环境法律制度与环境保护［J］. 中国人大，2012（21）：35－42.

［123］杨海生，陈少凌，周永章. 地方政府竞争与环境政策——来自中国省份数据的证据［J］. 南方经济，2008（6）：15－30.

［124］杨洪刚. 中国环境政策工具的实施效果及其选择研究［D］. 复旦大学，2009.

［125］杨俊，邵汉华．环境约束下的中国工业增长状况研究——基于 Malmquist – Luenberger 指数的实证分析［J］．数量经济技术经济研究，2009（9）：64 – 78.

［126］杨添翼，宋宗宇，徐信贵．论生态危机视阈下的环境立法公众参与［J］．生态经济，2013（2）：161 – 164.

［127］杨烨．工业园区成污染大户保护伞：环保部门为其跑关系［N］．经济参考报，2014 – 3 – 18.

［128］于文超，高楠，龚强．公众诉求、官员激励与地区环境治理［J］．浙江社会科学，2014（5）：23 – 35.

［129］余长林，高宏建．环境管制对中国环境污染的影响——基于隐性经济的视角［J］．中国工业经济，2015（7）：21 – 35.

［130］余光辉，陈亮．论我国环境执法机制的完善——从规制俘获的视角［J］．法律科学（西北政法大学学报），2010（5）：93 – 99.

［131］袁凯华，李后建．政企合谋下的策略减排困境——来自工业废气层面的度量考察［J］．中国人口·资源与环境，2015（1）：134 – 141.

［132］袁晓玲，张宝山，杨万平．基于环境污染的中国全要素能源效率研究［J］．中国工业经济，2009（2）：76 – 86.

［133］原毅军，谢荣辉．环境规制的产业结构调整效应研究——基于中国省际面板数据的实证检验［J］．中国工业经济，2014（8）：57 – 69.

［134］曾丽红．我国环境规制的失灵及其治理——基于治理结构、行政绩效、产权安排的制度分析［J］．吉首大学学报（社会科学版），2013（4）：73 – 78.

［135］曾祥坤．我国环境监督管理体制的历史考察与评价［D］．武汉大学，2005.

［136］张成，郭炳南，于同申．污染异质性，最优环境规制强度与生产技术进步［J］．科研管理，2015（36）：138 – 144.

[137] 张成，陆旸，郭路等．环境规制强度和生产技术进步 [J]．经济研究，2011 (2)：113 - 124.

[138] 张各兴，夏大慰．所有权结构、环境规制与中国发电行业的效率——基于2003—2009年30个省级面板数据的分析 [J]．中国工业经济，2011 (6)：130 - 140.

[139] 张红凤，张细松．环境规制理论研究 [M]．北京：北京大学出版社，2011：15 - 18.

[140] 张江雪，蔡宁，杨陈．环境规制对中国工业绿色增长指数的影响 [J]．中国人口·资源与环境，2015，25 (1)：24 - 31.

[141] 张军，高远，傅勇等．中国为什么拥有了良好的基础设施? [J]．经济研究，2007，3 (3)：4 - 19.

[142] 张璐．环境与资源保护法学 [M]．北京：北京大学出版社，2010：43 - 47.

[143] 张嫚．环境规制对企业竞争力的影响 [J]．中国人口·资源与环境，2004，14 (4)：126 - 130.

[144] 张嫚．环境规制约束下的企业行为 [M]．北京：经济科学出版社，2006：20 - 60.

[145] 张平淡，何晓明．环境技术、环境规制与全过程管理——来自"十五"与"十一五"的比较 [J]．北京理工大学学报 (社会科学版)，2014 (1)：19 - 26.

[146] 张秋．环境治理制度的逆向选择与矫正 [J]．华南师范大学学报 (社会科学版)，2009，(6)：102 - 106.

[147] 张三峰，卜茂亮．嵌入全球价值链，非正式环境规制与中国企业ISO14001认证——基于2004—2011年省际面板数据的经验研究 [J]．财贸研究，2015，26 (2)：70 - 78.

[148] 张文彬，张理芃，张可云．中国环境规制强度省际竞争形态及其演变——基于两区制空间Durbin固定效应模型的分析 [J]．管理世界，2011 (12)：34 - 44.

[149] 张宇，蒋殿春.FDI、政府监管与中国水污染——基于产业结构与技术进步分解指标的实证检验 [J]. 经济学（季刊），2014（2）：491－514.

[150] 赵红. 环境规制对产业绩效影响——对国外三种观点的理论综述 [J]. 生态经济（学术版），2008（1）：270－272.

[151] 赵细康. 环境保护与产业竞争力 [M]. 北京：中国社会科学文献出版社，2003：248.

[152] 赵霄伟. 环境规制，环境规制竞争与地区工业经济增长——基于空间 Durbin 面板模型的实证研究 [J]. 国际贸易问题，2014（7）：82－92.

[153] 赵玉民，朱方明，贺立龙. 环境规制的界定、分类与演进研究 [J]. 中国人口·资源与环境，2009（6）：85－90.

[154] 郑思齐，万广华，孙伟增等. 公众诉求与城市环境治理 [J]. 管理世界，2013（6）：72－84.

[155] 中国社会科学院工业经济研究所课题组，李平. 中国工业绿色转型研究 [J]. 中国工业经济，2011（4）：5－14.

[156] 忠梅著. 环境法新视野 [M]. 武汉：中国政法大学出版社，2002：240.

[157] 周浩，郑越. 环境规制对产业转移的影响——来自新建制造业企业选址的证据 [J]. 南方经济，2015（4）：12－26.

[158] 周黎安，陶婧. 政府规模、市场化与地区腐败问题研究 [J]. 经济研究，2009（1）：57－69.

[159] 周丽燕. 上半年全国共处罚环境违法案件 19289 件 [N]. 人民日报，2014－11－28（5）.

[160] 周生贤. 加快推进历史性转变努力开创环境保护工作新局面——在 2006 年全国环保厅局长会议上的讲话 [J]. 环境保护，2006（9）：4－15.

[161] 周五七，聂鸣. 中国工业碳排放效率的区域差异研究——基

于非参数前沿的实证分析［J］. 数量经济技术经济研究，2012（9）：58－70.

［162］周五七. 绿色生产率增长的非参数测度方法：演化和进展［J］. 技术经济，2015（9）：48－54.

［163］周泽炯，胡建辉. 基于 Super－SBM 模型的低碳经济发展绩效评价研究［J］. 资源科学，2013，35（12）：2457－2466.

［164］朱平芳，张征宇，姜国麟. FDI 与环境规制：基于地方分权视角的实证研究［J］. 经济研究，2011（6）：133－145.

［165］左家. 完善中国环境规制的法律体系研究［D］. 辽宁大学，2009.

［166］Arellano M，Bover O. Another look at the instrumental variable estimation of error-components models［J］. Journal of econometrics，1995，68（1）：29－51.

［167］Baltagi B H，Wu P X. Unequally spaced panel data regressions with AR（1）disturbances［J］. Econometric Theory，1999，15（6）：814－823.

［168］Barbera A J，McConnell V D. The impact of environmental regulations on industry productivity：direct and indirect effects［J］. Journal of environmental economics and management，1990，18（1）：50－65.

［169］Baron R M，Kenny D A. The moderator-mediator variable distinction in social psychological research：Conceptual，strategic，and statistical considerations［J］. Journal of personality and social psychology，1986，51（6）：1173.

［170］Baumol W J. The theory of environmental policy［M］. Cambridge University Press，1988.

［171］Becker G S. A Theory of Competition among Pressure Groups for Political Influence［J］. Quarterly Journal of Economics，1983，98（3）：371－400.

[172] Ben Kheder S, Zugravu N. The Pollution Haven Hypothesis: A Geographic Economy Model in a Comparative Study [J]. Ssrn Electronic Journal, 2008: 73.

[173] Berger A N, Humphrey D B. Efficiency of financial institutions: International survey and directions for future research [J]. Social Science Electronic Publishing, 1997, 98 (2): 175 -212.

[174] Bi G B, Song W, Zhou P, et al. Does environmental regulation affect energy efficiency in China's thermal power generation? Empirical evidence from a slacks-based DEA model [J]. Energy Policy, 2014 (66): 537 -546.

[175] Blackman A, Kildegaard A. Clean technological change in developing-country industrial clusters: Mexican leather tanning [J]. Environmental Economics & Policy Studies, 2010, 12 (3): 115 -132.

[176] Blundell R, Bond S. Initial conditions and moment restrictions in dynamic panel data models [J]. Journal of econometrics, 1998, 87 (1): 115 -143.

[177] Brunnermeier S B, Cohen M A. Determinants of environmental innovation in US manufacturing industries [J]. Journal of environmental economics and management, 2003, 45 (2): 278 -293.

[178] Cai H, Fang H, Xu L C. Eat, Drink, Firms, Government: An Investigation of Corruption from the Entertainment and Travel Costs of Chinese Firms [J]. Journal of Law and Economics, 2011, 54 (1): 55 -78.

[179] Charnes A, Cooper W W, Golany B, et al. Foundations of data envelopment analysis for Pareto – Koopmans efficient empirical production functions [J]. Journal of Econometrics, 1985, 30 (85): 91 -107.

[180] Charnes A, Cooper W W. Programming with linear fractional functionals [J]. Naval Research Logistics Quarterly, 1963, 9 (3 -4): 181 -186.

[181] Christiansen G B, Haveman R H. The determinants of the decline

in measured productivity growth: an evaluation [J]. Special Study on Economic Change, 1980 (10): 1 -17.

[182] Chung Y H, Färe R, Grosskopf S. Productivity and Undesirable Outputs: A Directional Distance Function Approach [J]. Journal of Environmental Management, 1995, 51 (3): 229 -240.

[183] Clift R, Wright L. Relationships between environmental impacts and added value along the supply chain [J]. Technological Forecasting and Social Change, 2000, 65 (3): 281 -295.

[184] Clogg C C, Petkova E, Shihadeh E S. Statistical methods for analyzing collapsibility in regression models [J]. Journal of Educational and Behavioral Statistics, 1992, 17 (1): 51 -74.

[185] Coase R H. Problem of Social Cost [J]. The Journal of Law and Economics, 1960 (3): 1 -44.

[186] Cole M A, Elliott R J R, Fredriksson P G. Endogenous Pollution Havens: Does FDI Influence Environmental Regulations? [J]. The Scandinavian Journal of Economics, 2006, 108 (1): 157 -178.

[187] Cole M A, Elliott R J R, Shimamoto K. Industrial characteristics, environmental regulations and air pollution: an analysis of the UK manufacturing sector [J]. Journal of environmental economics and management, 2005, 50 (1): 121 -143.

[188] Cole M A, Elliott R J. Do environmental regulations cost jobs? An industry-level analysis of the UK [J]. The BE Journal of Economic Analysis & Policy, 2007, 7 (1).

[189] Cole M A. Corruption, Income and the Environment: An Empirical Analysis [J]. Ecological Economics, 2007, 62 (3): 637 -647.

[190] Copeland B R, Taylor M S. Trade and the Environment: Theory and Evidence [M]. Princeton University Press, 2005.

[191] Copeland B R, Taylor M S. Trade, Growth, and the Environ-

ment [J]. Journal of Economic Literature, 2004 (42): 7 -71.

[192] Damania R, Fredriksson P G, List J A. Trade liberalization, corruption, and environmental policy formation: theory and evidence [J]. Journal of environmental economics and management, 2003, 46 (3): 490 - 512.

[193] Dasgupta S, Wheeler D. Citizen complaints as environmental indicators: evidence from China [M]. World Bank Publications, 1997.

[194] Eliste P, Fredriksson P G. Does Trade Liberalization Cause a Race-to-the - Bottom in Environmental Policies? A Spatial Econometric Analysis [M]. Advances in Spatial Econometrics. Springer Berlin Heidelberg, 2004: 383 -396.

[195] Farrell M J. The Measurement of Productive Efficiency [J]. Journal of the Royal Statistical Society, 1957, 120 (3): 253 -290.

[196] Farzin Y H, Bond C A. Democracy and environmental quality [J]. Journal of Development Economics, 2006, 81 (1): 213 -235.

[197] Fet A M. Ecoefficiency reporting exemplified by case studies [J]. Clean Technologies & Environmental Policy, 2003, 5 (3): 232 -239.

[198] Fredriksson P G, List J A, Millimet D L. Bureaucratic corruption, environmental policy and inbound US FDI: theory and evidence [J]. Journal of public Economics, 2003, 87 (7): 1407 -1430.

[199] Fredriksson P G, Svensson J. Political instability, corruption and policy formation: the case of environmental policy [J]. Journal of public economics, 2003, 87 (7): 1383 -1405.

[200] Fukuyama H, Weber W L. A directional slacks-based measure of technical inefficiency [J]. Socio - Economic Planning Sciences, 2009, 43 (4): 274 -287.

[201] Färe R, Grosskopf S, Carl A Pasurka Jr. Accounting for Air Pollution Emissions in Measures of State Manufacturing Productivity Growth [J].

Journal of Regional Science, 2001, 41 (3): 381 -409.

[202] Färe R, Grosskopf S, Pasurka C A. Joint production of good and bad outputs with a network application [J]. Encyclopedia of energy, natural resources and environmental economics, 2013 (2): 109 -118.

[203] Féres J, Reynaud A. Assessing the impact of formal and informal regulations on environmental and economic performance of Brazilian manufacturing firms [J]. Environmental and Resource Economics, 2012, 52 (1): 65 -85.

[204] Ghosh R, Kathuria V. The effect of regulatory governance on efficiency of thermal power generation in India: A stochastic frontier analysis [J]. Energy Policy, 2016 (89): 11 -24.

[205] Goel R K, Herrala R. Global CO_2 Efficiency: Country - Wise Estimates Using a Stochastic Cost Frontier [J]. Energy Policy, 2016, 45.

[206] Golany B, Roll Y. An application procedure for DEA [J]. Omega, 1989, 17 (3): 237 -250.

[207] Gollop F M, Roberts M J. Environmental regulations and productivity growth: the case of fossil-fueled electric power generation [J]. The Journal of Political Economy, 1983: 654 -674.

[208] Gray W B, Shadbegian R J, Wang C, et al. Do EPA regulations affect labor demand? Evidence from the pulp and paper industry [J]. Journal of Environmental Economics and Management, 2014, 68 (1): 188 -202.

[209] Greenstone M, Hanna R. Environmental Regulations, Air and Water Pollution, and Infant Mortality in India [J]. American Economic Review, 2014, 104 (10): 3038 -72.

[210] Gómezcalvet R, Conesa D, Gómezcalvet A R, et al. Extending the use of super-efficiency under undesirable outputs: An application to energy efficiency in the European Union [J]. Working Papers, 2014.

[211] Hanna R, Oliva P. The effect of pollution on labor supply: Evi-

dence from a natural experiment in Mexico City [J]. Journal of Public Economics, 2015 (122): 68 –79.

[212] Harrison A, Hyman B, Martin L, et al. When do Firms Go Green? Comparing Price Incentives with Command and Control Regulations in India [J]. Nber Working Papers, 2015.

[213] Heinz H. Corruption, Growth, and the Environment: A Cross – Country Analysis [J]. Environment and Development Economics, 2004, 9 (5): 663 –693.

[214] Hering L, Poncet S. Environmental policy and exports: Evidence from Chinese cities [J]. Journal of Environmental Economics and Management, 2014, 68 (2): 296 –318.

[215] Hinterberger F, Bamberger K, Manstein C, et al. Eco-efficiency of regions: How to improve competitiveness and create jobs by reducing environmental pressure [J]. Vienna, Sustainnabl Europe Research Institute (sERI), 2000.

[216] Jiang T, McKibbin W J. Assessment of China's pollution levy system: an equilibrium pollution approach [J]. Environment and Development Economics, 2002, 7 (1): 75 –105.

[217] Jin Y, Lin L. China's provincial industrial pollution: the role of technical efficiency, pollution levy and pollution quantity control [J]. Environment and Development Economics, 2014, 19 (1): 111 –132.

[218] Kahn M E, Kotchen M J. Business cycle effects on concern about climate change: the chilling effect of recession [J]. Climate Change Economics, 2011, 2 (3): 257 –273.

[219] Kathuria V. Informal regulation of pollution in a developing country: Evidence from India [J]. Ecological Economics, 2007, 63 (2): 403 – 417.

[220] Konisky D M. Regulatory competition and environmental enforce-

ment: Is there a race to the bottom? [J]. American Journal of Political Science, 2007, 51 (4): 853 – 872.

[221] Koopmans T C. Analysis of production as an efficient combination of activities [J]. Activity analysis of production and allocation, 1951 (13): 33 – 97.

[222] Koyuncu C, Yilmaz R. The impact of corruption on deforestation: a cross-country evidence [J]. Journal of Developing Areas, 2009, 42 (2): 213 – 222.

[223] Langpap C, Shimshack J P. Private citizen suits and public enforcement: Substitutes or complements? [J]. Journal of Environmental Economics and Management, 2010, 59 (3): 235 – 249.

[224] Lanjouw J O, Mody A. Innovation and the international diffusion of environmentally responsive technology [J]. Research Policy, 1996, 25 (4): 549 – 571.

[225] Laplante B, Rilstone P. Environmental inspections and emissions of the pulp and paper industry in Quebec [J]. Journal of Environmental Economics and Management, 1996, 31 (1): 19 – 36.

[226] Leader W N, Baldus R D, Smith R J. The Influence of Corruption on the Conduct of Recreational Hunting [M]. Recreational Hunting, Conservation and Rural Livelihoods: Science and Practice. Wiley – Blackwell, 2009: 296 – 316.

[227] Leitao A. Corruption and the environmental Kuznets Curve: Empirical evidence for sulfur [J]. Ecological Economics, 2010, 69 (11): 2191 – 2201.

[228] Li H, Fang K, Yang W, et al. Regional environmental efficiency evaluation in China: Analysis based on the Super – SBM model with undesirable outputs [J]. Mathematical & Computer Modelling, 2013, 58 (s5 – 6): 1018 – 1031.

[229] Li H, Shi J F. Energy efficiency analysis on Chinese industrial sectors: an improved Super – SBM model with undesirable outputs [J]. Journal of Cleaner Production, 2014, 65 (4): 97 – 107.

[230] Lin L. Enforcement of pollution levies in China [J]. Journal of Public Economics, 2013, 98 (1): 32 – 43.

[231] List J A, Sturm D M. How Elections Matter: Theory and Evidence from Environmental Policy [J]. The Quarterly Journal of Economics, 2006, 121 (4): 1249 – 1281.

[232] Lopez R, Mitra S. Corruption, Pollution, and the Kuznets Environment Curve [J]. Journal of Environmental Economics and Management, 2000, 40 (2): 137 – 150.

[233] Low P, Yeats A. Do "dirty" industries migrate? [C]. International Trade Division, International Economics Department, The World Bank, 1992: 89 – 103.

[234] Magat W A, Viscusi W K. Effectiveness of the EPA's regulatory enforcement: The case of industrial effluent standards [J]. Journal of Law and Economics, 1990: 331 – 360.

[235] Mandal S K. Do undesirable output and environmental regulation matter in energy efficiency analysis? Evidence from Indian cement industry [J]. Energy Policy, 2010, 38 (10): 6076 – 6083.

[236] Mani M, Wheeler D. In Search of Pollution Havens? Dirty Industry Migration in the World Economy [J]. Journal of Environment Development, 1997, 7 (3): 215 – 247.

[237] Mani M, Wheeler D. In Search of Pollution Havens? [J]. Trade, global policy, and the environment, 1999 (402): 115.

[238] Martens 1 S. Public participation with Chinese characteristics: citizen consumers in China's environmental management [J]. Environmental politics, 2006, 15 (2): 211 – 230.

[239] Mechesney F S. Money for nothing: politicians, rent extraction, and political extortion [M]. Harvard University Press, 1997.

[240] Miller S M, Upadhyay M P. Total Factor Productivity and the Manufacturing Sectors in Industrialized and Developing Countries [J]. Energy Policy, 2002 (29): 769 -775.

[241] Morgenstern R D, Pizer W A, Shih J S. Jobs versus the environment: an industry-level perspective [J]. Journal of Environmental Economics and Management, 2002, 43 (3): 412 -436.

[242] Morse, S. Is corruption bad for environmental sustainability? a cross-national analysis. Ecology and Society, 2006, 11 (1): 22.

[243] Murphy K M, Shleifer A, Vishny R W. Why is rent-seeking so costly to growth? [J]. The American Economic Review, 1993, 83 (2): 409 -414.

[244] Müller K, Sturm A. Standardized eco-efficiency indicators [J]. Basel: Ellipson, 2001.

[245] Nie H, Jia R. Institutional Quality and the Ownerships of Foreign Direct Investment in China [R]. Working Paper, 2011.

[246] Oh D H. A global Malmquist - Luenberger productivity index [J]. Journal of Productivity Analysis, 2010, 34 (3): 183 -197.

[247] Oh D, Lee J. A metafrontier approach for measuring Malmquist productivity index [J]. Empirical Economics, 2010, 38 (1): 47 -64.

[248] Oh D. A metafrontier approach for measuring an environmentally sensitive productivity growth index [J]. Energy Economics, 2010, 32 (1): 146 -157.

[249] Oliva P. Environmental regulations and corruption: Automobile emissions in Mexico City [J]. Journal of Political Economy, 2015, 123 (3): 686 -724.

[250] Olson M. The logic of collective action: Public goods and the the-

ory of groups, revised edition [J]. Cambridge: Harvard University Press, [1965, 1971].

[251] Peltzman S. Toward a more general theory of regulation [J]. Jorunal of Law and Economics, 1976, 19 (2): 211 - 241.

[252] Pesaran M H. General Diagnostic Tests for Cross Section Dependence in Panels [J]. M Hashem Pesaran, 2004 (7).

[253] Pigou A C. The economics of welfare [M]. Transaction Publishers, 1924.

[254] Porter M E, Van der Linde C. Toward a new conception of the environment-competitiveness relationship [J]. The Journal of Economic Perspectives, 1995: 97 - 118.

[255] Porter. America's green strategy [J]. Business and the Environment. Earthscan, London, 1996: 33.

[256] Posner R A. Theories of Economic Regulation [J]. Bell Journal of Economics and Management Science, 1974 (5): 335.

[257] Quah D T. Empirics for economic growth and convergence [J]. European economic review, 1996, 40 (6): 1353 - 1375.

[258] Robbins P, Mcsweeney K, Waite T, et al. Even conservation rules are made to be broken: implications for biodiversity [J]. Environmental Management, 2006, 37 (2): 162 - 169.

[259] Sala-i - Martin X X. The classical approach to convergence analysis [J]. The Economic Journal, 1996: 1019 - 1036.

[260] Scheel H. Undesirable outputs in efficiency valuations [J]. European Journal of Operational Research, 2001, 132 (2): 400 - 410.

[261] Seppala, J., M. Melanen, I. Maenpaa, S. Koskela, J. Tenhunen and M. Hiltunen. How Can the Eco-efficiency of a Region be Measured and Monitored? [J]. Journal of Industrial Ecology, 2005 (9): 117 - 130.

[262] Simar L, Wilson P W. Estimating and bootstrapping Malmquist

indices [J]. European Journal of Operational Research, 1999, 115 (3): 459 – 471.

[263] Simar L, Wilson P W. Estimation and inference in two-stage, semi-parametric models of production processes [J]. Journal of econometrics, 2007, 136 (1): 31 – 64.

[264] Stigler G. J. The Theory of Economic Regulation [J]. The Bell Journal of Economic and Management Science. 1971, 2 (1): 3 – 21.

[265] Sturm A, Müller K, Upasena S. A manual for the preparers and users of eco-efficiency indicators: version 1.1 [C]. United Nations Conference on Trade and Development, 2004.

[266] Sueyoshi T, Goto M. DEA approach for unified efficiency measurement: assessment of Japanese fossil fuel power generation [J]. Energy Economics, 2011, 33 (2): 292 – 303.

[267] Sundström A. Corruption in the commons: why bribery hampers enforcement of environmental regulations in South African fisheries [J]. International Journal of the Commons, 2013, 7 (2): 454 – 472.

[268] Tanaka S, Yin W, Jefferson G H. Environmental regulation and industrial performance: Evidence from China [R]. Mimeo, 2014.

[269] Tanaka S. Environmental regulations on air pollution in China and their impact on infant mortality [J]. Journal of health economics, 2015 (42): 90 – 103.

[270] Tang J. Testing the pollution haven effect: Does the type of FDI matter? [J]. Environmental and Resource Economics, 2015, 60 (4): 549 – 578.

[271] Tobey J A. The effects of domestic environmental policies on patterns of world trade: an empirical test [J]. Kyklos, 1990, 43 (2): 191 – 209.

[272] Tombe T, Winter J. Environmental Policy and Misallocation: The

Productivity Effect of Intensity Standards [J]. Journal of Environmental Economics and Management, 2015, 104 (10): 137 -163.

[273] Tone K, Tsutsui M. Network DEA: a slacks-based measure approach [J]. European Journal of Operational Research, 2009, 197 (1): 243 -252.

[274] Tone K. A slacks-based measure of efficiency in data envelopment analysis [J]. European Journal of Operational Research, 2001, 130 (3): 498 -509.

[275] Tone K. A slacks-based measure of super-efficiency in data envelopment analysis [J]. European Journal of Operational Research, 2002, 143 (1): 32 -41.

[276] Tone K. Dealing with undesirable outputs in DEA: A slacks-based measure (SBM) approach [J]. GRIPS Research Report Series, 2003.

[277] Tu Z, Shen R. Can China's Industrial SO2 Emissions Trading Pilot Scheme Reduce Pollution Abatement Costs? [J]. Sustainability, 2014, 6 (11): 7621 -7645.

[278] Tulkens H, Eeckaut P V. Non-parametric efficiency, progress and regress measures for panel data: Methodological aspects [J]. European Journal of Operational Research, 1995, 80 (3): 474 -499.

[279] Tyteca D. Linear programming models for the measurement of environmental performance of firms – concepts and empirical results [J]. Journal of productivity analysis, 1997, 8 (2): 183 -197.

[280] Van Beers C, Van Den Bergh J C J M. An Empirical Multi – Country Analysis of the Impact of Environmental Regulations on Foreign Trade Flows [J]. Kyklos, 1997, 50 (1): 29 -46.

[281] Van Beers C, Van Den Bergh J C J M. The impact of environmental policy on foreign trade: tobey revisited with a bilateral flow model [R].

Tinbergen Institute Discussion Paper, 2000.

[282] Walley, Whitehead. It's not easy being green [J]. The Earthscan reader in business and the environment, 1994: 36 - 44.

[283] Walter I, Ugelow J L. Environmental policies in developing Countries [J]. Ambio, 1979: 102 - 109.

[284] Wang H, Di W. The determinants of government environmental performance: An empirical analysis of Chinese townships [J]. World Bank Policy Research Working Paper, 2002 (2937).

[285] Wang H, Mamingi N, Laplante B, et al. Incomplete Enforcement of Pollution Regulation: Bargaining Power of Chinese Factories [J]. Environmental & Resource Economics, 2002, 24 (24): 245 - 262.

[286] Wang H, Wheeler D. Financial incentives and endogenous enforcement in China's pollution levy system [J]. Journal of Environmental Economics and Management, 2005, 49 (1): 174 - 196.

[287] Wang Y, You J. Corruption and firm growth: Evidence from China [J]. China Economic Review, 2012, 23 (2): 415 - 433.

[288] Warwick M, Ortolano L. Benefits and costs of Shanghai's environmental citizen complaints system [J]. China Information, 2007, 21 (2): 237 - 268.

[289] Watanabe M, Tanaka K. Efficiency analysis of Chinese industry: a directional distance function approach [J]. Energy Policy, 2007, 35 (12): 6323 - 6331.

[290] Wheeler D, Dasgupta S. Citizen complaints as environmental indicators: evidence from China [J]. World Bank Policy Research Working Paper, 1997 (1704).

[291] Wilson J S, Tsunehiro O, Sewadeh M. Dirty exports and environmental regulation: do standards matter to trade? [M]. World Bank Publications, 2002.

[292] Windmeijer F. A finite sample correction for the variance of linear efficient two-step GMM estimators [J]. Journal of econometrics, 2005, 126 (1): 25 -51.

[293] Wooldridge J M. Econometric analysis of cross section and panel data [M]. MIT press, 2002: 288 -291.

[294] Wu Y. Environmental Efficiency and Its Determinants in Chinaas Regional Economies [J]. Economics Discussion, 2007.

[295] Xu X. International trade and environmental regulation: time series evidence and cross section test [J]. Environmental and Resource Economics, 2000, 17 (3): 233 -257.

[296] Youno A. The tyranny of numbers: confronting the statistical realities of the East Asian growth experience [J]. The Quarterly Journal of Economics, 1995.

[297] Zhang B, Bi J, Fan Z, et al. Eco-efficiency analysis of industrial system in China: A data envelopment analysis approach [J]. Ecological Economics, 2008, 68 (1 -2): 306 -316.

[298] Zhang J, Zeng W, Wang J, et al. Regional low-carbon economy efficiency in China: analysis based on the Super - SBM model with CO_2 emissions [J]. Journal of Cleaner Production, 2015.

[299] Zhang N, Zhou P, Kung C C. Total-factor carbon emission performance of the Chinese transportation industry: A bootstrapped non-radial Malmquist index analysis [J]. Renewable and Sustainable Energy Reviews, 2015 (41): 584 -593.

[300] Zhao X, Yin H, Zhao Y. Impact of environmental regulations on the efficiency and CO_2 emissions of power plants in China [J]. Applied Energy, 2015 (149): 238 -247.

[301] Zheng J, Liu X, Bigsten A. Ownership structure and determinants of technical efficiency: an application of data envelopment analysis to

Chinese enterprises (1986 - 1990) [J]. Journal of Comparative Economics, 1998, 26 (3): 465 - 484.

[302] Zhengfei G, Lansink A O. The source of productivity growth in Dutch agriculture: a perspective from finance [J]. American Journal of Agricultural Economics, 2006, 88 (3): 644 - 656.

[303] Zhou, P., Ang, B. W., Poh, K. L. Slacks-based efficiency measures for modeling environmental performance [J]. Ecological Economics, 2006, 60 (1): 111 - 118.

[304] Zhu J, Ruth M. Relocation or reallocation: Impacts of differentiated energy saving regulation on manufacturing industries in China [J]. Ecological Economics, 2015 (110): 119 - 133.

[305] Zofío J L, Prieto A M. Environmental efficiency and regulatory standards: the case of CO_2 emissions from OECD industries [J]. Resource and Energy Economics, 2001, 23 (1): 63 - 83.